Utta Keppler · Franziska von Hohenheim

Utta Keppler

Franziska von Hohenheim

Die tapfere Frau an der Seite Carl Eugens

Ein biographischer Roman

Stieglitz Verlag · E. Händle · Mühlacker

Umschlagentwurf: HF Ottmann, Leonberg

Bildnachweis:
Herzog Carl Eugen,
Carl und Franziska,
Schloß Hohenheim: Württ. Landesbildstelle Stuttgart

Palais Leutrum: Stadtarchiv Pforzheim

ISBN 3-7987-0219-5

Druck: Karl Elser GmbH, Mühlacker

gezeichnet und radirt ao

Carl und Francisca

Meinen Landsleuten gewidmet

J. F. K.

Frühling 1765

Das Tal lag im Glanz des Frühlingstages. Vor dem farblosen Himmel spann sich das Gewirr fiedriger Äste, an denen das neue Blattwerk funkelte. Vorjähriges Laub deckte den Hang und wirbelte in feinen Schauern unter dem schwachen Wind zu Tal. Drunten leuchteten die Wiesen – feuchtes flirrendes Grün, vollgesogen mit der ersten Sonne, blaßlila schleierndes Schaumkraut, Schlüsselblumen und blaue Inseln von Vergißmeinnicht am überwucherten Bach. Das geschwungene Tal mündete an einem vergrasten See.

Auf dem Weg, den Licht und Schatten fleckten, rasselte die Karosse heran; steif saß der Freiherr von Bernerdin im Fond, hinter und neben ihm drei Töchter und auf dem Bock beim Kutscher der Hauslehrer Weber im braunen Schoßrock, über dem der Zopf tanzte. Die Mädchen hielten sich an den runden Kinderhänden: Johanne Eberhardine und Juliane, elf- und fünfjährig, schauten großäugig über die schimmernden Wiesen. Franziska lehnte schüchtern neben dem ernsten Vater, den Spitzenschirm gegen die Sonne gehalten.

Bernerdin saß hager und sorgenvoll da, die Knie angezogen, und überdachte den Ertrag des kleinen Gutes im Ellwangischen, das er mit seiner rührigen

Frau schlecht und recht umtrieb. Franziska lachte vor sich hin und spielte mit dem Schirm. Der junge Hauslehrer drehte sich um und wurde rot dabei. Während die Pferde gleichmäßig forttrabten, tauchten hinter den Feldern die Parkbäume auf und zwischen ihnen das schmale Dach des Hauses. Es war still im Wagen, während die Kutsche in den engen Schloßhof von Adelmannsfelden einbog.
Die schweren Gäule hielten. Bernerdins Gesicht verschloß sich vollends, als die Freifrau unter der Haustür erschien, unruhig nickend, unter dem weißen Häubchen sehr blaß. Hinter ihr schielte die Tochter Louise durch den Türspalt und winkte den Schwestern. Flüchtig begrüßte Frau von Bernerdin die Heimgekommenen, fegte die Mädchen mit einem Wink in ihre Kammern und machte ihrem Mann ein Zeichen. Er warf ihr einen mißvergnügten Blick zu – er hatte sich auf Ruhe gefreut, aber hier mußte etwas Wichtiges im Gang sein, wenn Charlotte Dorothea so aussah.
Sie zog ihn am Rockärmel in das winzige Kabinett neben dem Eßzimmer, wo ein paar von ihren Vohensteinschen Ahnen pastellblaß aus den geschwungenen Rahmen herunterstarrten.
„Bernerdin!“
„Was gibt's denn?“
„Bernerdin!“
„Sprich schon, ich weiß nachgerade, wie ich heiße!“
„Spotte nicht, Bernerdin! Ein Reitender hat einen Brief vom Leininger gebracht: Der Leutrum, schreibt er, hält durch ihn um eine unserer Töchter an, für seinen Sohn.“

„Der Ritterschaftsrat? Weiß Gott, ihm verdank' ich etliche hundert Gulden . . .", sagte der Freiherr erschrocken.

„Tausend, Mann, und der Alte wär' schon richtig . . ." Sie setzte sich ächzend, aber er ließ sie nicht weitersprechen.

„Frau, können wir denn mehr verlangen, als daß der für seinen Reinhard nach unserer Louise fragt? Er ist immerhin Karlsruher Oberhofmeister und Baden-Durlachscher Geheimderat! Und sie ist schon einundzwanzig! Was soll da das Gejammer? Bist doch sonst so genau mit unserer Rechnung, und jetzt kommt das Geld ins Haus, noch dazu vom Gläubiger selber – wer kann da nein sagen? Wohin will sonst ein Vater mit vier unversorgten Töchtern?"

„Die Marie ist aus dem Haus", flüsterte die Mutter und wischte die Augen, „die haben wir doch an einen ehrenwerten Mann von gutem Namen gebracht."

„Aber da sind immer noch vier, die Louise, die Franzel, die Eberhardine, die Julie – uns ist ja kein Sohn geblieben, der das Gut herauswirtschaften könnte . . .", er sah sie vorwurfsvoll an.

„Zehn kleine Särge sind auf dem Friedhof, Mann, und alle zehn hab ich so willig empfangen und getragen und geboren wie die fünf Töchter, die uns geblieben sind."

„Deshalb dürfen wir sie aber nicht festhalten, auch wenn Du's meinst – es ist Zeit für Louise; und es wird ihr bestes sein."

„Hat er denn Louise gemeint?" fragte Frau von

Bernerdin und stand auf. „Irgendeine, so hieß es, eine von unseren Mädchen . . ." Irgendeine? dachte Bernerdin aufgestört. „Franziska ist zu jung, die nicht. Es wird sicher Louise treffen."
Bernerdin ging eine Weile schweigend hin und her. Dann blieb er stehen. „Wir können dem nicht zuwider sein, Charlotte", redete er ernst, „es ist der gewiesene Weg."
Frau von Bernerdin hatte sich schon in die Lage gefunden; sie rechnete heimlich. „Und wann sollen wir den jungen Leutrum einladen?" fragte sie.
„Je eher, desto besser, eh er sich's anders überlegt."
„Am Sonntag?" schlug sie vor; „wir können ja dann immer noch mit ihm verhandeln. Ich kenn ihn doch gar nicht und . . . du willst unseren künftigen Eidam – will's Gott, er ist respektabel – auch vorher noch prüfen. Und die Mädchen werde ich vorbereiten müssen."
Bernerdin erhob sich.
„Wir wollen ihnen noch nichts sagen, das hat Zeit, wenn er da ist."
Das gemeinsame Abendessen verlief still; die Kinder spürten, daß etwas in der Luft lag. Louise, die während der Ausfahrt bei der Mutter geblieben war, schaute heimlich den Vater an, dessen starkbrauiges dunkles Gesicht sie geerbt hatte. Aber beide Eltern schwiegen so nachdrücklich, daß keine der Töchter wagte, zu fragen. Endlich setzte man sich zum Äpfelschälen zusammen – das Winterobst faule im Keller und müsse verbraucht werden, hatte Frau von Bernerdin wortkarg festgestellt. Franziska ging rasch und geschickt mit ihrem Messer um, während

sie an dem herumrätselte, was noch ungreifbar in der Luft lag.
Für den Mai war dieser Sonntag zu warm; eine brütende Dämmerung lag seit dem Morgen über den Wäldern. Kein Wind rührte sich, der den fahlen Himmel bewegt hätte.
Üppiger als sonst hatte Frau von Bernerdin schon seit Tagen gebacken und gebraten, die Mägde gehetzt und die Knechte herumgejagt. Der Feiertag begann mit dem Auswählen des Putzes für die heiratsfähigen Töchter, solange sie alle noch schliefen. Einmal schlich die Mutter an die Kammertür, hinter der die beiden Älteren lagen, und horchte auf ihr kaum merkliches Atmen. Dann riß sie sich los, stand gleich darauf wieder in der Küche und befahl, den Braten aufzusetzen, die Rüben zu putzen, die Hühnersuppe am Kochen zu halten.
Bernerdin saß schon früh auf dem Pferd. Er wollte dem Umtrieb im Haus entgehen und seiner eigenen Ruhelosigkeit Herr werden. Er ritt durch den Buchenwald, wo das Vogelgezwitscher seltsam gedämpft klang in dem diesigen Licht des durchsonnten Nebels. Noch einmal überlegte er, was man ihm berichtet hatte: Der junge Leutrum war durch seinen Vater, den Ritterschaftsrat, an den Hof gekommen, er war in Bayreuth Kammerjunker gewesen und galt als Mann von gutem Benehmen und kavaliersmäßigen Sitten; zwar spielte und trank er gern und hatte einige auffällige Affären hinter sich. Aber kein Zug in diesem Bild stach vom Üblichen ab, wenn es auch Bernerdins puritanischen Grundsätzen nicht ganz entsprach. Offenbar

sah man dem jungen Menschen vieles nach. Es klang manchmal geringschätzig oder doch mitleidig, wenn von ihm geredet wurde, und es machte dem Freiherrn ein wenig Sorge, daß er so klein sein sollte, so „mäßig von Wuchs", wie es der Leininger ausdrückte. Nun – man mußte abwarten, und die Mädchen sollten nicht schon erschreckt werden, noch ehe der Freier selbst auftauchte.
Die Töchter tuschelten untereinander. Sie fürchteten und hofften allerlei – wenigstens eine Abwechslung in ihrem wohlgeregelten Tageslauf. Sie errieten auch ungefähr das Richtige, denn was konnte ihr Putz und die festliche Aufregung im Hause sonst bedeuten? Endlich gab die Mutter eine halbe Erklärung: Ein wichtiger Gast werde erwartet, ein Mann von Stand und Ruf, und man müsse es sich zur Ehre anrechnen, daß er sich herbemühe.
Es war gegen elf Uhr am Vormittag. Über den mißfarbenen Himmel zogen vereinzelt grelle Sonnenstreifen. Das junge Laub im Garten glänzte schweflig wie vor einem Unwetter. Bernerdin war heimgekommen und zog sich, als der Knecht das Pferd versorgt hatte, hastig in sein Kabinett zurück. Da kam der Mann gelaufen, den er als Posten im Straßengebüsch aufgestellt hatte: die hochherrschaftliche Kutsche sei im Anrollen.
Frau von Bernerdin ließ die Mägde anrichten. Mit dem Auftragen sollte jedoch gewartet werden; man rufe dann . . .
Bernerdin erschien im grünen Samtrock, gepudert und frisiert, ein vergilbtes Spitzenjabot unter dem bläulichen Kinn. Die vier Töchter saßen unbehag-

lich und bedrückt herum und flüsterten miteinander. Frau von Bernerdin hatte ausnahmsweise verboten, daß sie irgend etwas halfen. Weber war nirgends zu sehen.

Der Hund schlug an – man hatte ihn vorsorglich festgebunden. Das Prachtgefährt rollte langsam ins Tor. Ein Lakai mit weißen Handschuhen sprang ab und öffnete den Wagenschlag im gleichen Augenblick, als die Bernerdins aus der Haustür traten. Oben am Fenster drängten sich die Mädchen hinter den Gardinen.

Sie sahen nicht viel: Bernerdins hohe Gestalt verdeckte den Aussteigenden, die Freifrau versank mit gespreizten Röcken in einen Hofknicks und nahm ihnen die Sicht. Der Lakai hielt den Dreispitz des Besuchers, auch der Kutscher war vom Bock geklettert und stellte sich dienstbereit neben seinen Herrn. Dann verschwanden alle im Haus.

Es dauerte nicht lange, bis Louise und Franziska gerufen wurden. Sie folgten neugierig. Im kleinen Salon saßen Eltern und Gast auf den Brokatstühlen mit den geschwungenen Beinen. Errötend schoben sich die Mädchen hintereinander in den Raum, beide verlegen, geschmeichelt und scheu zugleich. Die Vorhänge waren zugezogen, eine braungraue Dämmerung hielt das stumpfe Tageslicht ab. Stühle wurden gerückt. Die Herren standen auf.

Als Franziska, die neben Louise trat, über die rundlichen Schultern ihrer Mutter spähen konnte, entdeckte sie etwas Grünes, gurkengrüne Seide, Spitzengeriesel, Goldknöpfe über den Frackflügeln und, fast versteckt in dem aufgebauschten Rüschenwerk, eine hochtoupierte Frisur, weiße Tollen und Locken – noch kein Gesicht. Jetzt drehte sich der Kopf: Gelbliche Wangen unter eingesunkenen Augen, ein breiter Mund, kein Kinn, kein Hals, ein gebuckelter Rücken. Unter hängenden Lidern funkelte es die Schwestern an; die Pupillen glitzerten schwarz.

Die Mädchen hielten sich an der Hand. Zitternd sanken sie – fast so tief wie vorher die Mutter – in ihren weiten Röcken zusammen. Sie beugten die Köpfe und erhoben sich langsam. Dann rief der Freiherr sie zu sich und stellte sie vor: „Louise, besonnen und häuslich, einundzwanzig Jahre alt, und Franziska" – seine Stimme schwankte – „siebzehn und noch unerfahren im Hauswesen, noch recht jung . . ."

Sie reichten dem Gast nacheinander die Hand zum Kuß. Leutrum lachte. Seine gepreßte Stimme klang wie die eines alten Menschen, als er sagte: „Louise und Franziska, Louise und – Franziska!"

Er ließ aus halbverdeckten Augen einen Blick über die beiden gehen, legte die Hand auf das Ordensband an seiner Hüfte und drehte sich zu den Eltern um, die gespannt zugesehen hatten.

„Ihr habt zwei schüchterne Töchter, Herr von Bernerdin", meinte der Grüne spaßend, „und eine so hübsch wie die andere . . ." Er wandte sich an die Mutter, als mache er einen Witz.

Die Mädchen waren blaß geworden; ihre Mienen verschlossen sich. Franziska wandte hilfesuchend das Gesicht zu ihrer Mutter. Nur Louise lächelte gefaßt. Leutrum wiegte ein paarmal den Kopf.

Da machte Frau von Bernerdin der Szene ein Ende und bat zu Tisch. Der Hausherr ließ dem Freier den Vortritt. Franziska hielt sich hinter dem Vater. Erstaunt starrte sie auf Leutrums lange baumelnde Arme, die mageren Hände unter den Spitzenmanschetten, die fast in Kniehöhe hingen – geäderte Hände von beinahe transparenter Zartheit, leidende Hände. Sie nahm sich vor, während der Mahlzeit nur seine Hände anzusehen, nicht die Augen.
Man setzte sich. Bernerdin trank dem Bewerber zu „auf eine innige Verbindung der beiden alten Geschlechter"; Leutrum hob sein Glas. An seinem Zeigefinger blitzte ein großer Solitär, ein Diamant von reinstem Feuer. Louise hielt den Kopf gesenkt, sie merkte blad, daß Leutrums Blicke immer wieder zu Franziska zurückkehrten. Mitleid regte sich in ihr. Sie war derber und nüchterner als die zarte Schwester und hätte eher standgehalten in der Ehe mit dem Verwachsenen.
Leutrum griff nach seinem Kelch und grüßte zu Franziska hinüber, die funkelnden Augen auf sie gerichtet. Franziska wurde rot und schloß krampfhaft die Hand um ihr Glas, das ihre Mutter mit gewässertem Wein gefüllt hatte. Es war sonderbar still an der Tafel.
Bernerdin versuchte mühsam, ein Gespräch in Gang zu bringen. Vom Hof war die Rede, von den Jagden, von den Klagen der Bauern. Ach, sie murrten wohl über die Sauhatz, die ihre Felder verwüste? sagte der Gast, und über die Wildmast auf ihren Äckern? Aber für so ein Fest wie das am Bärensee letzten Herbst brauche man an die dreihundert gut

gefütterte Hirsche und Rehböcke und für ein Sautreiben an die zwanzig Eber, denn die Geladenen hätten fast alle selber Waldbesitz und seien verwöhnte Kenner.

„Es ist aber doch bitter für die Landleute", meinte Bernerdin, „wenn sie ihren Zins an Feldfrüchten und Korn abliefern sollen und so klägliche Ernten haben! Was bleibt ihnen dann übrig? Ich teile den Meinen immer das Mögliche zu, damit sie leben können."

Für die Herrschaft dürfe es ja ein wenig mehr sein, da sie eben die Herrschaft sei, warf Frau von Bernerdin schnell ein, als sie Leutrums spöttisches Lächeln sah.

Leutrum fuhr mit der Hand durch die Luft.

Bernerdin solle sich doch vorstellen, was so eine prachtvolle Frau wie die Maitresse en titre an Schmuck brauche, von den übrigen Tänzerinnen und Sängerinnen zu schweigen ... und ob Carl Eugen vielleicht den endlich erreichten Ruhm fahrenlassen solle, den glanzvollsten Hof Europas zu haben?

„Das hat der Casanova gesagt", bemerkte Bernerdin ärgerlich, „ein Abenteurer und Scharlatan, überall gefüttert und gefürchtet an den Höfen, und ein Frauenjäger trotz seiner vierzig Jahre, wie ihn nur Venedig hervorbringen kann!"

Frau von Bernerdin blickte bedrückt nach den Mädchen hinüber, die unbehaglich auf den Rändern ihrer Stühle hockten.

„Casanova?" Leutrum lachte. „Ein amüsanter Mann und sehr gebildet, in der hohen Mathematik wie in

der Magie der Kabbala bewandert, dem jedermann schön tut, damit er gut von ihm redet, denn er ist ja überall zu Hause! Haben Sie nicht das Histörchen gehört, wie er der Rosette Dugazon, weiland Favoritin Serenissimi, aus der Verlegenheit half? Die große Mimin hat bekanntermaßen eine taube Zunge – das R fällt ihr schwer . . . Da hat der Teufelskerl es fertiggebracht, in einer Nacht ihre Rolle so umzuschreiben, daß kein einziges Wort mit R mehr drinstand – um den Preis eines Kusses, sagt er . . ."
Der Freiherr schaute auf seinen Teller.
„Ich kenne Ihre strengen Sitten und gut protestantischen Prinzipien, Bernerdin", Leutrum zog einen Mundwinkel hoch. „Wir sind übrigens gleichfalls Protestanten, wenn auch nicht gerade Glaubensflüchtlinge wie Ihr Ahn Andreas aus Tirol."
Er trank. „Die Zeiten sind anders jetzt: Wer keinen Sinn hat für das Schöne, wie man's am Hof versteht, der wird übersehen. Und Serenissimus ist doch das Maß aller Dinge . . ."
Er drehte sein Gesicht wieder den Mädchen zu. Auch die Jüngsten waren jetzt hereingebracht worden; in steifen langen Kleidchen standen sie an der Wand und machten große Augen. Leutrum warf ihnen eine Handvoll Konfekt zu, als beschenke er gaffendes Straßenvolk. Frau von Bernerdin befahl ärgerlich, Hocker zu bringen, und schob die Kinder zwischen sich und den Vater.
Leutrum beobachtete jetzt Franziska, die mit gebeugtem Nacken vor sich hinsah. Ihre kleinen Ohren schimmerten rot unter den geringelten Haaren, die auf den zartfarbigen Hals fielen. Die schö-

nen Hände lagen neben dem Gedeck. Es müßte ein imposantes Bild sein, dachte Leutrum, neben der hellhäutigen Blondine in einen erleuchteten Ballsaal zu treten und alle Blicke auf sich zu ziehen, auch die von Leuten, die sich sonst abwenden, wenn ich hereinkomme; schön müßte es sein, sich mit einem so köstlichen Besitz zu schmücken wie mit einem seltenen Juwel!

Bernerdin saß mit kaum beherrschtem Mißmut an der Tafel. Serenissimus ist das Maß aller Dinge, wiederholte er sich, „und das Mädchen stiert er an wie ein Aufkäufer!

Leutrum spürte die Veränderung. Er sagte mit einem boshaften Lächeln: „Ihr habt Schwierigkeiten bei der Erbteilung Eures Besitzes gehabt? Die Herren von Junkhenn und Gültlingen waren keine bequemen Partner dabei, nehme ich an?"

Bernerdin verschluckte den Ärger über das ungehörige „Ihr".

„Die Verhältnisse sind verwickelt", antwortete er kurz, „die Eidame der Tanten haben sich nicht immer benommen wie Edelleute."

„Mein Vater scheint aber Wege gefunden zu haben, sie zufriedenzustellen? Es kam mir so vor – nach seinen Andeutungen . . ."

Bernerdin sah seine Frau an. Sie schloß die Lippen in einer mahnenden Grimasse: Man soll einen mächtigen Gläubiger nicht reizen . . . Bernerdin runzelte die Stirn und blickte bedeutsam auf Franziska und Louise, die eben hinausgingen, um dem ungeschickten Diener beim Servieren zu helfen.

Leutrum verstand den Wink: Auch Bernerdin bot

etwas von Wert, das die Vorschüsse des Ritterschaftsrats wohl aufwiegen konnte.
Franziska spürte, welcher Art die Gedanken waren, die wie Ströme hin- und hergingen. Sie preßte den Mund zusammen und sah zu den Männern hinüber, die jetzt am Tisch standen, die Hände aufgestützt. Sie schaute die Mutter an: Sie und der Vater gaben ihre Tochter preis. An dieses dunkle krumme Wesen.
Leutrum hatte Franziskas Blick erfaßt. Ich kaufe sie gegen ihren Willen, dachte er und schämte sich plötzlich. Aber – ich bin doch nicht schuld an meiner Ungestalt. Ich habe keinen Grund zur Dankbarkeit und keinen zur Güte. Ich werde sie alle zwingen, zu tun, was ich will.
Er beugte sich vor. „Darf ich die Herrschaften zu einer Wagenfahrt einladen, am kommenden Sonntag? Ich würde eine kleinere ‚Wurst' mieten, denn meine Fahrzeuge könnten doch die ganze liebe Familie nicht fassen!"
Jetzt fingen die beiden kleinen Mädchen zu lachen an. Frau von Bernerdin rief sie zur Ordnung. Die „Wurst" sei ein offenes Fuhrwerk, erklärte sie, das bis zu zwölf Leute aufnehmen könne.
„Der Hof benutzt es bei gutem Wetter zu seinen Touren", ergänzte Leutrum gewandt, „es hat kommode Polster und Lehnen. Ich möchte mit der verehrten Sippschaft auf den Neresheimer Klosterberg fahren, von da aus ist das Land schön zu überblicken, und die Benediktiner schenken einen guten Wein aus."
Frau von Bernerdin verbeugte sich im Sitzen und

flüsterte mit halbem Lächeln etwas von Ehre und delikatem Vergnügen; sie sagte im Namen aller zu, auch, fügte sie hinzu, auch der Töchter . . .

Die Spazierfahrt

Franziska hatte die Woche vor der Spazierfahrt in einer trostlosen Stumpfheit zugebracht. In der Nacht zum Sonntag lagen beide Schwestern wach in ihrem Zimmer. Louise sprach der Jüngeren gut zu, sie fände den Reinhard gar nicht so übel, er habe immerhin Geschmack, sei ein gebildeter Mann und könne sich unterhalten, wie es einem adligen Herrn zukomme. Sie selber, Louise, würde im gleichen Fall schon mit ihm fertigwerden.

Ob das ihr Ernst sei? fragte Franziska begierig, ob sie sich wirklich getraue, mit diesem Menschen zu leben?

Louise zögerte; ganz deutlich hatte sie sich das noch nie ausgemalt. Sie spürte, wie Franziskas heiße Hand in der ihren zitterte.

„Warum nicht?“ sagte sie tapfer. „Und übrigens hat er ja noch gar nicht gewählt.“

Franziska seufzte auf. Sie wußte besser, daß Leutrums Entscheidung schon lange gefallen war. Aber sie klammerte sich an die vage Hoffnung, er könnte vielleicht doch Louise . . .

Der Morgen kam, ein nebliger Maimorgen mit feinem Sprühregen. Die Blätter der Linde glänzten. In Schwaden wogte das Licht aus der Verhangenheit.

Leutrums Wagen fuhr in den Hof ein, die Kleinen stießen sich befriedigt an. „Wie eine richtige Wurst!“ stellte Juliane überzeugt fest.
Prachtvoll geschirrte Pferde zogen das lange braunlackierte Fahrzeug, zwei Lakaien standen hinten, und einer saß neben dem Kutscher, alle in Leutrumscher Livree.
Der Freier hatte es so arrangiert, daß Franziska neben ihm Platz nehmen mußte. Er werde sonst geblendet, erklärte er halblaut, wenn er gezwungen sei, immerzu in die Augen eines so reizenden Vis-à-vis zu blicken.
Franziska verbarg ihr Gesicht hinter einem Fächer, schaute angestrengt aus dem Fenster und bog sich soweit als möglich von dem eifrig Redenden weg. Man fuhr durch den leichten Regen, eine Plane war aufgespannt worden. Die Kleineren zappelten vor Unternehmungslust, Vater und Mutter saßen stumm und würdig dazwischen.
Franziska beobachtete wieder verstohlen Leutrums lange gelbe Hand, die auf seinem Knie lag; Smaragde und Rubine machten sie nicht liebenswerter, und das silbrige Spitzengeriesel am Ärmel wirkte darüber wie ein stilloser Zierat. Verborgenes, vielleicht unbewußtes Leiden schien in dem verästelten blauen Geäder eingedrückt.
Louise fiel ihr halbes Versprechen ein. Erstaunt beobachteten die Eltern, wie sich die Ältere, die Brauen ernsthaft zusammengezogen, an den Baron wandte, während das Schwanken des Wagens auf den unebenen Wegen sie schaukelte. „Sie haben so reizend vom Hof zu Ludwigsburg erzählt, Herr von

Leutrum", sagte sie mit einem nicht ganz glaubwürdigen Lächeln, „daß ich wohl Lust hätte, diese Feeninsel und Märchenfülle zu erleben. Wenn Sie es auf sich nehmen könnten, mich einmal hinzuführen?"

Frau von Bernerdin stieß erregt ihren Fuß gegen Louises Bein, das der dunkelrote Rüschenrock verdeckte.

Louise verlor ihre krampfhafte Heiterkeit und schickte einen verzweifelten Blick zu Franziska hinüber, die müde den Kopf schüttelte.

Leutrum lachte; er werde es sich zur Auszeichnung rechnen, der teuren Familie sein kleines Ludwigsburger Haus vorzuführen.

In einer nassen Waldschneise begegnete dem Gefährt eine Holzfuhre, die ein struppiger Greis über den Pfad zerrte. Er erschrak, hetzte weiter und wäre beinahe gefallen. Dann hielt er am Wegrand und zog die verbeulte Kappe. Er bückte sich, bis ihm die grauen Strähnen ins Gesicht fielen.

Bernerdin grüßte. „Der gehört nicht mehr zu unserer Herrschaft, sondern zur herzoglichen", sagte er mit einem Blick auf den zerfetzten Rock des Gebeugten. „Aber die Leute hier dürfen nur selten Holz sammeln; und dieses treibt jetzt schon und ist ganz feucht."

Sie fuhren vorbei.

„Besser als keins", meinte Leutrum leichthin. Franziskas Augen streiften sein verwelktes Gesicht mit dem zynischen Mund. „Er ist vor lauter Bitterkeit alt und böse geworden", dachte sie und spürte, wie sie erstarrte.

In der welligen Felderebene tauchten die Neresheimer Klostertürme auf, vom Baugerüst wie von leichten Gittern umsponnen. Die Pferde gingen im Schritt die Allee hinauf. Leutrum wies mit dem Stöckchen vorwärts; Franziska beugte sich weg. Er legte behutsam und wie probierend den Arm um ihren Nacken. Es war eine Berührung ohne Aufdringlichkeit. Trotzdem wischte sie leicht mit den Fingern über ihre Schulter und streifte ihn ab.
Bernerdin lächelte mühsam. Louise vermied es, Franziska anzusehen; sie grübelte beständig darüber nach, wie sie ihr helfen könnte.
Inzwischen kam die Kutsche im Klosterbezirk an. Leutrum bemühte sich um die Damen, die ihre Reifröcke mit zierlich vorgestreckten Füßen aus der Wagentür quetschten.
Franziska hielt die Schwester zurück. Die übrigen traten ins Haus, um das Essen zu bestellen.
„Kannst du dir denken", flüsterte Franziska scheu, „daß der einmal ein ausgelassener Bub war? Und er soll erst dreiundzwanzig sein!"
„Das Jungsein hat ihm wohl die Hofettikette ausgetrieben", tröstete Louise halblaut. „Aber wir müssen jetzt hinein."
Nach der Mahlzeit in der Klosterschenke schlug Leutrum vor, den berühmten Neresheimer Kirchenbau zu besichtigen, das letzte Werk des großen Balthasar Neumann, das seit dem Tod seines Schöpfers nun schon zwölf Jahre lang verwaist liege. Es gebe keinen mehr, der es wage, die kühnen hölzernen Gewölbekonstruktionen des Meisters auszuführen. Man erzähle, daß sein Sohn an einem ver-

einfachten Plan arbeite, der freilich wohl nur einen großartigen Torso zutage bringen würde.
Leutrum plauderte angeregt und unermüdlich über Baukunst – er hatte vorher einiges Passende gelesen. Er deutete in die Wölbungen der Decke, wo der Maler Knoller seine Fresken auf dem Verputz skizziert hatte.
Bernerdin wollte den Künstler besuchen, aber Knoller war nicht bei seinem Werk. Oft genug – klagten die frommen Brüder bekümmert – hingen nur seine Stiefel oben, er selber sitze in der Klosterschenke statt auf dem Gerüst. Und dabei sehe es von unten aus, als arbeite er demütig und hingegeben an irgendeiner irdischen Rundung oder himmlischen Schwingung. Es sei ein Jammer mit den Herren Künstlern!
Da die Bemalung sich erst in matten Wolken, in schwebenden Farbtönen zeigte, wirkte die Architektur der Bögen um so stärker. Die Balustraden und Gewölbeecken öffneten immer neue Durchblicke. Es war, als vollziehe sich ein großartig bewegtes Theater für die Augen, als schwebten und wogten die Formen in feierlichem Rhythmus gegeneinander. Franziska starrte gebannt hinauf und zog mit dem Finger die Linien in der Luft nach, als wollte sie den großen Plan aufzeichnen.
Während der Rückfahrt sprach Bernerdin über die vielfältigen religiösen Strömungen in dem kleinen Württemberger Land und merkte, wie ein Schatten über Leutrums flache Stirn lief, als er mit Sympathie von den Pietisten reden hörte. Sie seien das Salz der Kirche, meinte der Freiherr, auch wenn man es

nicht immer wahrhaben wolle. Sie hätten einen tiefen Ernst und eine Einsicht in die Lage des Volkes, von der man bei Hof manches annehmen dürfte.

„Aber sie murren oft genug, und ihre Prediger halten nicht immer die gebührliche Subordination ein, sie haben hier und dort etwas auszusetzen am allergnädigsten Fürsten; Serenissimus liebt keinen engeren Kontakt mit diesen kleinen Leuten, so generös er sonst in Sachen der Konfession ist!"
„Er kümmert sich überhaupt nicht um die Religion", tadelte Bernerdin, „und das ist etwas ganz anderes als bei seinem königlichen Oheim in Brandenburg – der gönnt es jedem, die Seligkeit auf seine Façon zu erlangen, und hält doch alle in der Ordnung."
„Friedrich", murrte Leutrum gelangweilt, „der sich als Mentor unseres allerhuldreichsten Fürsten aufwirft, weil er seinen Ehevertrag mitgarantiert und ihm in seinen Anfängen etliches geholfen hat ... Wir machen uns immer unabhängiger von ihm, und wenn *er* die Subsidienverträge nicht gutheißt ..."

Bernerdin schlug sich mit der Hand aufs Knie. „Den Soldatenhandel sollte er längst verbieten und nicht befehlen, der Herzog! Menschen verkaufen! Aber dahinter steckt dieser Schmeichler Montmartin, dieser gewissenlose, charakterlose ... und das will ein Mann von Adel sein, ein Graf? Und der oberste Minister in Wirtenberg?"
„Soldatenhandel?" warf Leutrum hin, „es tun's doch alle: Der Hesse, der Bayer, alle brauchen

Subsidiengelder, und wer zahlen kann, kriegt, was er will."
Bernerdin schwieg.
Da unterbrach Leutrum die mißmutig lastende Stille mit einer Einladung. Man müsse doch das Corps de Logis in Ludwigsburg besehen und das kleine Palais, das den Kammerherren und Reisemarschällen zustehe, unter die er sich bald zu zählen hoffe. Niemand widersprach. Frau von Bernerdin verneigte sich zustimmend. Leutrum dankte; er freue sich ungemein, sagte er höflich. Aber dann verfiel er wieder in sein trübseliges Sinnieren. Nach der Heimkehr nahm er keinen Imbiß mehr an, verabschiedete sich rasch und schaute nicht zurück, als seine Karosse gegen die Wälder einbog. Da saß er versponnen und niedergedrückt in der Wagenecke und spielte mit seinen Ringen. Er sah sich wieder im Neresheimer Klostergewölbe, unter Pfeilern und Laibungen.
„Der Neumann hat's aufs Papier gerissen", grübelte er, „nur die vollkommene Gestalt hat er nicht mehr erlebt. Ein gigantischer Wurf. Aber jetzt wird's verstümmelt und vertan, und was bleibt, ist ein Krüppelgewächs – wie ich!"
Der Ludwigsburger Schloßhof lag im Mittagslicht. Louise lief. Glücklicherweise hatte sie noch keiner gefragt, wer sie sei und wo sie hin wolle. Drunten im Park saßen die Ihrigen mit Leutrum und schwatzten. Man versuchte das neue, in Italien erfundene Eisgericht, das Casanova eingeführt hatte. Louises „kleiner Gang durch die Parkwege" hatte bisher niemanden beunruhigt.

„Ich werde die Leute vom Hof nicht anreden", dachte Louise am Tor, „hier können mir ja die kleinen Kinder sagen, wo ich den Herzog finde."
Im weiten Umkreis des Innenhofs lagen die Schloßgebäude. Sie schaute sich neugierig um. Drüben ging ein Diener mit einem Korb voll Weinflaschen auf eine Tür zu, aber ehe sie ihm nahe genug war, um zu rufen, verschwand er schon im Eingang.
Da kam wieder ein älterer Livrierter quer über die Hofbreite, langsam, als müßte er seine Würde samt seinen weißen Strümpfen deutlich zur Schau stellen. Louise ging auf ihn zu. „Verzeihen der Herr, bitte", redete sie ihn an, da er ihr durchaus einige Stufen über den Adelmannsfelder Bedienten zu stehen schien. Der Lakai drehte sich erstaunt um; er hatte die junge Dame im Vorbeigehen ganz richtig als ländliches Adelsfräulein eingeschätzt und wunderte sich, daß sie allein kam. „Sie befehlen, Mademoiselle?" fragte er bereitwillig.
„Ist der Herzog hier?" entfuhr es der aufgeregten Louise. Der Diener wurde um einige Grade steifer und legte die behandschuhten Finger an die Hosennähte. „Seine Durchlaucht erteilen seit acht Uhr Audienzen", rapportierte er in dienstlichem Ton. „Sind die gnädige Demoiselle dafür vorgemerkt?"
Louise stockte nur einen Moment. Aber hier bot sich ihr das Stichwort, das sie brauchte. „Allerdings, und dringlich!" stieß sie hervor, und wiederholte noch einmal: „Ganz dringlich!"
„Und wen darf ich dem diensttuenden Kammerherrn melden lassen?"
„Meld Er" – sie verbesserte sich – „melden Sie die

Demoiselle de Bernerdin in einer ganz persönlichen Angelegenheit!“

„Jawohl, Euer Gnaden“, bestätigte der Alte devot und verbeugte sich, nicht ganz so wie vor den herzoglichen Verwandten, aber doch wie man etwa eine der Hofdamen oder eine Freundin der Hauptmaitresse grüßte. Louise wurde in einen Vorraum gebeten, sie sah vor zitternder Erwartung gar nicht, in welches Gebäude, durch wie viele Flure und Türen es ging; und dann wurde sie ersucht, auf einem der seidenen Stühlchen Platz zu nehmen; sie tat es nur mit einem winzigen Teil ihrer selbst, so daß sie gerade noch vor dem Abrutschen bewahrt blieb. Um sie herum saßen und standen allerlei Leute, sie verschwammen vor Louises Augen zu einer undeutlich wogenden Masse, fast wie bunte Fische im Aquarium.

Ein dunkel gekleideter Herr mit Orden erschien unter einem geschnitzten Portal und ließ sich von einem rotbefrackten Lakaien die Neuhinzugekommenen nennen; Louise war darunter. Ihr erster Begleiter hatte ihren Namen mit bedeutsamer Miene angegeben, und betont wurde er jetzt weitergeflüstert, nachdrücklich dem Minister, geheimnisvoll schließlich dem Herzog gemeldet ... Carl Eugen hörte schon seit Stunden Anliegen und Anerbieten und war müde; als ihm aber eine ansehnliche junge Dame von Adel präsentiert wurde, ließ er sie schon nach einer Viertelstunde hereinkomplimentieren.

Louise war ein wenig verstört, durchs Warten ängstlich geworden, und wischte verlegen über ihr wirres Haar, zupfte am Ausschnitt, strich über die

Rockfalten. Sie trat in ein kleines Kabinett, trippelte vorsichtig über spiegelndes Parkett und wagte nicht aufzuschauen. Endlich – knapp vor dem Schreibtisch, sank sie zu dem gelernten Hofknicks zusammen. Sie rutschte ein wenig aus mit dem zurückgestellten Fuß, schwankte halb in der Hocke, trat auf die Rockrüsche und fiel vollends zu einem unbeabsichtigten Fußfall nieder. Sie schaute verzweifelt auf, sah schwarze ausgeschnittene Lackschuhe, weißseidene Hosen mit goldenen Strumpfbändern, sie registrierte alles mit der Exaktheit der Verzweiflung. Ein leises gurrendes Gelächter rollte sanft über sie hin, sie lag noch immer hingegossen in ihren fließenden Kleiderfalten und riskierte es endlich, den Kopf ganz zu heben.
Carl Eugen lächelte aus kleinen Augen. Er beugte sich ein wenig vor und bot ihr die Hand zum Aufstehen. Dann warf sie den ersten bewußten Blick auf ihn: Ein starker, sehr selbstgewisser Mann saß vor ihr, gewichtig und überlegen. Die gewölbten Brauen waren hochgezogen, der Mund verbog sich zu gutmütigem Spott: Das drang sekundenschnell in Louises jetzt überwaches Bewußtsein.

Aber dem Herzog dauerte die Verblüffung der jungen Dame zu lang.
„Nun, was führt Sie her, Demoiselle?" fragte er und betrachtete die gebeugt Stehende in ihrem grauseidenen Gewand. Sie schien ihm nicht ganz das, was die Wichtigtuer ihm hatten nahelegen wollen, keines der verfügbaren Mädchen, und ihre Erregung deutete eher auf große Not als auf kokette Berechnung

hin. Er wartete also ein paar Augenblicke. Louise zwang sich zum Reden.

„Durchlaucht, bitte tausend-, hunderttausendmal um Vergebung – ich ... ich komme nicht wegen mir – es ist wegen meiner kleinen Schwester, der Franziska!“

„Ach?“ machte der Erhabene gemütlich, „was fehlt denn dem Fräulein Schwester?“

„Sie soll doch heiraten!“

„Ist das denn so schlimm?“

„Manchmal schon, Durchlaucht!“ flüsterte die Bittstellerin.

Carl Eugen mochte an eigene Erfahrungen denken und seufzte. „Ja, es kann schlimm werden, manchmal ...“

Louise faßte Mut; es eilte ohnehin, denn schon spähte ein Lakai mahnend durch den Türspalt.

„Durchlaucht“, setzte sie wieder an, „sie soll den Leutrum kriegen – er ist ganz krumm und sehr klein, und sie mag ihn gar nicht, und sie ist erst sechzehn und so zart und hell und ...“

„Nehmen Sie immerhin einen Stuhl, Demoiselle!“ Der Herzog deutete auf einen der imposanten goldgerahmten Fauteuils aus rotem Samt.

Louise dankte; sie blieb lieber stehen, falls doch noch ein Kniefall nötig werden sollte. „Euer Durchlaucht haben dabei gewiß ein Wort mitzureden – zu befehlen, mein’ ich. Und da wollte ich alleruntertänigst bitten, dem Leutrum zu bedeuten ... zu verbieten ... ach, Durchlaucht wissen es gewiß selbst am besten!“ Sie schloß aufatmend und erschöpft den Mund.

„Der Leutrum?" erkundigte sich der Herzog, „der ist mir wohlbekannt; sein Vater ist Ritterschaftsrat des Kantons Kocher, Baden-Durlachscher Geheimderat . . . ja, da kann sie doch eigentlich zufrieden sein, Ihre kleine Schwester, nicht?"
„Das sagt mein Vater auch, aber der Leutrum . . ."
„Ich weiß, er ist nicht gut gewachsen, kein Mensch, der den Frauen gefällt. Und Ihre Franziska – ist sie schön?"
„Sehr! Wunderschön, Durchlaucht, und paßt gar nicht zu so einem . . . Zwerg!"
„Hm", brummte der Herzog, „so arg ist's ja nicht gerade. Kennt sie denn den Freier schon?"
„Ja, leider."
„Und liebt einen anderen, wie das in solchen Fällen ist?"
„Nein, nein, Durchlaucht, niemand, bloß – der Hauslehrer hat ihr einmal ein Gedicht gebracht, und da hat ihn der Vater mit Prügeln fortgejagt."
„Also – in Adelmannsfelden dichten sie auch, das liegt den Schwaben scheint's im Blut . . . War's denn ein Hymnus oder eine Ode, was der Dorfschulmeister da zusammengereimt hat?"
Sie merkte den Spott nicht. „Ich weiß nicht recht", kam es stockend, „halt ein schöner Vers. Ich kann bloß noch den Schluß:

> Die kühne Hoffnung, die mich längst erfüllt,
> Seit ich dich sah, du süßes Engelsbild,
> Will jetzt im Unglück wirklicher erscheinen.
> Der demutsvoll zu deinen Füßen kniet,
> Weiht dir, verehrte Franzel, dieses Lied:
> Laß mich dir dienen, laß mich mit dir weinen."

Carl Eugen lachte amüsiert. „Hm, gar nicht so schlecht! Aber was denkt sich der Mensch eigentlich? Nichts? So ist das also mit der Franzel! Nun, ich werd mir den Leutrum für irgendeine Dekoration vormerken und die kleine Schwester auch bestellen und ihr gut zureden. Gehen Sie nur heim, Mademoiselle, einen Gruß an den Herrn Vater und an die – Franziska!"
„Die wissen's gar nicht!" platzte Louise heraus, „ich bin einfach weggelaufen!"
Jetzt lachte Carl Eugen, und er lachte noch, als Louise mit einem scheuen und vorsichtshalber nicht allzu tiefen Knicks verschwand. Dann vergaß er die Angelegenheit sofort.
Auf den Gängen und Treppen mußte sich Louise ohne Geleit zurechtfinden. Sie lief, als würde sie gejagt, um möglichst schnell aus dem Labyrinth dieses bedrückend weitläufigen Baues hinauszukommen. Aus einem Seitengang hörte sie Gelächter, Frauenstimmen und das Getrippel vieler Füße. Eine Gruppe junger Damen wogte schwatzend durcheinander wie gefiederte Vögel, schillernd in Seide und Spitzen. Ihre gepuderten Haare sahen aus wie eine einzige Wolke von Flaumfedern, so nah standen sie beieinander. Louise fragte schnell nach der Treppe zum Park. Sie kicherten und winkten; eine der Jüngeren trat auf Louise zu, um ihr den Weg zu weisen. Man sah sie bedauernd und belustigt an; dann blieb alles zurück, das klirrende Gelächter und die glitzernde Schar, die ganze fremde, verlockende, undurchschaubare Welt des Hofes.
Als Louise sich auf dem großen Vorplatz umsah,

entdeckte sie über die Fläche hinweg ihren Vater, Leutrum, die Mutter mit Franziska und die kleinen Schwestern. Sie schlüpfte in eine Nische und wartete, bis alle ein wenig weitergegangen waren; zittrig, aber verwegen kam sie bei der kleinen Gesellschaft an. Man begrüßte sie erstaunt; aber sie hatte sich eine nette Geschichte ausgedacht: daß sie im Park mit einer Dame ins Gespräch gekommen sei, die sie ins Schloß geführt hätte. Sie sei jetzt noch ganz durcheinander von dem Vielerlei, was sie dort gesehen hätte. Louise nahm Franziska heimlich beiseite. „Franzel", wisperte sie, „jetzt brauch *ich* beinah deinen Trost, und dazu noch deinetwegen!"
Franziska blickte sie verständnislos an.
„Ich hab's recht machen wollen", flüsterte Louise, „ich hab gedacht, jetzt kann keiner mehr der Franzel vom Leutrum helfen als der Herzog selber! Deshalb bin ich auch weggelaufen und hab mich bei der Audienz melden lassen und bin zugelassen worden, obwohl man sonst wochenlang drum eingeben muß . . ."
„Louise! Das hast du meinetwegen getan? Und der Vater? Und der Leutrum? O gute, gute Louise . . . das gibt ein Unglück!"
„Ich hab' ja auch gar nichts erreicht", beichtete Louise kleinlaut, „er hat mich angehört und gefragt, ob du einen anderen gern hättest, und er wollte einmal mit dir drüber diskutieren, und den Leutrum wollt er dekorieren, und du solltest halt zufrieden sein, er wär' nicht ganz so übel, und die Ehe . . ."
Franziska drückte ihr die Hand auf den Mund. „Sag kein Wort mehr, damit der Vater nichts erfährt! Ich

hoff' nur, daß es der Leutrum nicht merkt. Und wenn der Herzog je mit ihm reden sollt' und mit mir . . . wenn er mir einen Brief schriebe, mich zur Audienz beföhle, dann würde ja alles publik! Ach, liebste Louise!"

Beide schwiegen bedrückt; sie wagten sich kaum anzusehen, während man Leutrums Wohnung besichtigte. Franziska ging wie im Nebel mit und erkannte kaum, was sie umgab. Das angebotene Mahl lehnte Bernerdin ab, es werde Zeit, sagte er ernst, an den weiten Heimweg zu denken. Im Wagen klang alles nur noch wie ein Traum in Franziska nach, ein Alptraum, der sie immer mehr bedrückte, je unabwendbarer das Beschlossene herankam.

Pforzheimer Jahre

Anfang Juli 1765 wurde die Hochzeit gefeiert. Franziskas Hand „war dem Freier gewährt worden", wie es Frau von Bernerdin ausdrückte. Das Paar wurde in Adelmannsfelden getraut; die bescheidene Mitgift von 1500 Gulden hatte Leutrum ohne Kommentar hingenommen. Nach der Feier zog er mit seiner jungen Frau nach Pforzheim.

„Du mußt dich mit ihm arrangieren, Kind", hatte Frau von Bernerdin beim Abschied geflüstert, als ihr Franziska weinend um den Hals fiel. Der Vater hatte ihr kurz die Hand gedrückt und den beiden „Gottes Beistand" gewünscht; er verbesserte sich schnell und wünschte „Gottes Segen".

Franziska sah sich angstvoll in der neuen Umgebung um. Sie hatte das Gefühl, der Atem sei ihr abgeschnürt, alles bedrückte sie: das Palais mit seinen vielen Zimmern, der kühle Luxus – nichts Wohnliches, Atmendes spürte sie, kein Behagen. Auch die Dienerschaft war nur korrekt und verhielt sich unpersönlich. In Adelmannsfelden hatte sie die Köchin seit den Kindertagen gekannt, Knechte und Mägde waren mit ihren Sorgen und Freuden gekommen, und jedes kleine Ereignis im engen vertrauten Kreis hatte man weitschweifig beredet. Die Schwestern waren da gewesen, zutraulich und nah, und

sogar den steifen schüchternen Weber vermißte sie jetzt wie einen Bruder und betrachtete manchmal heimlich das Zettelchen mit seinen Versen, das sie im Schmuckkasten verwahrte.
Hier in Pforzheim mußte sie den ganzen Tag gesammelt und gefaßt sein, überlegte Befehle geben und sich halten wie die Dame eines großen Hauswesens, sicher, gelassen, ohne Gefühl fast ... und sie war sechzehn Jahre alt.
Leutrum ließ sie viel allein. Manchmal kam er unangemeldet von der Jagd oder aus der Residenz zurück, mit mißtrauischen Augen. Sie fürchtete sein Auflauern; oft horchte sie lange, ehe sie einschlief, auf ein anschwellendes Wagenrasseln und zuckte zusammen, wenn das Hufgetrappel vor dem Haus anhielt.
Im Winter, wenn Schnee und Nässe auf den Gassen alle Laute verschlangen, saß sie noch gegen Mitternacht wach, in den Nachtrock gewickelt, und las in einem geistlichen Buch.
Jetzt, im frühen Februar, waren die Nächte feucht und stürmisch. Sie sehnte sich nach Schlaf, dem gesunden Kinderschlaf, den sie in ihrer Heimat ungesucht genossen hatte. Sie wünschte sich wenigstens ein Gespräch, zumindest einen Bericht, da sie doch von allem ferngehalten wurde, was ihr Louise tröstlich und ausgleichend vorgestellt hatte: von den Feiern bei Hof, von den Bällen und Redouten und Theaterabenden, die sie früh verachten gelernt hatte nach den Schilderungen des Vaters und die doch ihre Neugier lockten.
Leutrum nahm teil daran, mit einem ihr unverständ-

lichen Eifer betrieb er alles, was den Hof anging; und dabei schien es ihm kaum Vergnügen zu machen. Vielleicht war es nur eine immer wiederholte Probe auf seinen Einfluß dort – und eine immer neue Enttäuschung, ging es ihr durch den Kopf.

Diesmal gab es eines der „großen Wiegenfeste", eine Maskerade, wie Leutrum beiläufig erwähnt hatte, zu Ehren des „unsterblichen Carl" und zum Lob seiner Geburt ... Sie stellte sich den wirbelnden Glanz vor, den unübersehbaren Schimmer und Flitter, und dazwischen den Mann im violetten Schoßrock, gequält und quälend: den ihr vom Vater und von Gott verordneten Gemahl. Sie nahm das Buch wieder zur Hand, Gellerts „Geistliche Oden und Lieder". Ächzend fing sich der Wind im Kamin. Die Kerze knisterte. Vor ihren Füßen schlief der große Setter, schnaufte im Traum und warf den dicken Kopf zur Seite. Er roch scharf, wie Hunde mit nassem Fell. Franziska bückte sich und rührte vorsichtig an seinen starken haarigen Nacken, ob er feucht sei. Jäh sprang das Tier auf die Füße und fauchte sie zähnefletschend an.

„Tyras!" schrie sie, „kennst mich nimmer?"

Er schob sich schräg an ihren Stuhl, im Halblicht funkelten seine Pupillen, als glühten sie. Franziska zog die Füße auf den Sitz. Jetzt legte der Hund die Ohren flach, die steingelben Augen blieben unverändert auf sie gerichtet. „Komm doch her, du", versuchte sie zu locken, wie sie das bei der Dogge zu Haus getan hatte, wenn sie knurrte. Aber dieser hier, Leutrums Eigentum, blieb unerreichbar,

fremd. „Er ist verdorben", dachte sie schaudernd, „vielleicht hat er ihn heimlich geprügelt und geplagt, und er hat mich nie als zugehörig empfunden."
Tappend kreiste das Tier um sie, näher jetzt, und sträubte die Rückenhaare.
Da knarrte die Treppe. Der Hund drehte sich um und trabte zur Tür, die Leutrum von draußen aufriß. Franziska sank im Stuhl zusammen.
Leutrum jagte den Setter in die Ecke, dann kam er langsam an ihren Sessel heran. „Du brauchst dich nicht zu fürchten", sagte er mit unsicherer Stimme, seine trockene Hand lag auf der ihren, sie sah erstaunt hoch; sein Hals war gestreckt, die schmalen Lippen klafften! „Nicht fürchten", wiederholte er, „komm doch, bitte!"
Sie sah ihn starr an. „Komm her, du!" hatte sie eben selber den Hund gelockt, während die Angst sie würgte. Hatte der da auch Angst? Wovor? Vor ihr, ihrer Abwehr? Sie kannte diesen scheuen Ton und hatte auf einmal Mitleid. „Du hast's ihn nicht geheißen?" flüsterte sie, bereit ihm zu glauben. Vor ihrem unfreien Lächeln schoß ihm der Zorn ins Gesicht. „Und wenn – wenn ich's einen Hund heißen könnte, einen Funken aus meiner Frau zu schlagen, und wär's vor Schrecken!", keuchte er, „einen Funken, ein Echo aus deinem stumpfen, lahmen, faden Gleichmaß! Nichts, nichts! Man hat mir gerühmt, du seist lustig, voller Einfall und Narretei, was Blitzhelles hättest du, was Neckisches und Springendes und . . . und . . . bei mir . . ."
Franziska stand auf und strich über ihren Rock. „Gut Nacht, Reinhard", sagte sie und ging ihm

voraus, „ich geb' mir ja Müh', ich bin deine Frau." Leutrum machte keine Anstalten, seine Frau dem Herzog vorzustellen. Sie selber fragte nicht und ließ es bei seinen wortkargen Auskünften. Natürlich hörte sie trotzdem immer wieder von den „superben Lustbarkeiten", sah Wagen und Tragsessel vor ihren Fenstern, die zu den Pforzheimer Banketten hasteten, erfuhr durch die Dienerschaft, was es in Ludwigsburg an Sensationen und modischen Extravaganzen gäbe. Schließlich erkundigte sie sich bei ihrem Friseur. Joseph Flasch schwatzte angenehm und machte dezente, beinahe überzeugende Komplimente, die Franziska wohltaten; er kam aus Ludwigsburg und war an den Umgang mit den Damen des Adels gewöhnt.

„Flasch", fragte sie eines Morgens, während er mit der Brennschere hantierte, „hat Er die Toscani schon gesehen? Man sagt, sie sei über die Maßen reizend!"
„Madame" – Flasch zupfte an einer Locke – „die Toscani darf man nicht mehr als reizend ansprechen, seit sie hinter der Bonafini zurücktreten mußte! Das ist sogar schon eine ganze Weile her."
„Ach, Bonafini? Den Namen hab ich doch schon gehört? Ich vergaß ... Was ist eigentlich mit der?"
„Eine Sängerin italienischer Abkunft, die Serenissimus seit dem Frühling schon mit seiner Gunst beehren."
„Gunst? Er meint doch nicht?"
„Oh, Madame ...", seufzte Flasch, erschüttert über ihre Unschuld. Franziska sagte nichts mehr; sie

sah mit gesenktem Kopf von unten her in den Spiegel, wo sich Flaschs hagere Figur hinter ihrer rosa Morgenrobe dunkel abhob. Er flüsterte: „Die erwählten Damen tragen blaue Schuhe . . ."
Franziska wurde rot; sie wollte sich nicht vorstellen, daß ein Souverän, ein würdiger Vater seines Volkes, ein von Gott berufener Regent, ein . . . Schwabe sich wie ein Pascha benehmen sollte oder wie der französische Ludwig. Aber Flasch fühlte sich durch das Vertrauen der Baronin geehrt, er konnte der Versuchung nicht widerstehen, seine Hintertreppengeschichten loszuwerden, zumal ihn die Reaktion der naiven Frau belustigte. Serenissimus habe mehrere natürliche Söhne beim Heer, schwatzte er weiter, man rede von sechsen, und eine Anzahl Töchter im Lande. Auch seien Mädchen aus angesehenen Häusern einfach weggeholt und die Väter nachher dekoriert worden. Der Minister Graf Montmartin und sein Intimus Wittleder seien da brauchbare Instrumente.
„Ich kann mir das nicht länger anhören, Flasch", sagte Franziska endlich erschöpft, „von den Gefangenen und den Verkäufen der Ämter habe ich erfahren, wenn auch nicht durch meinen Gemahl . . . der sagt nie etwas davon und will auch nicht darüber ausgeforscht werden. Aber jetzt muß ich ihn direkt fragen, ohne Umschweife! Wie soll ich denn an so einen Hof gehen und einen Knicks machen, wenn ich das weiß?"
Flasch schwieg erschrocken. „Euer Gnaden", flüsterte er sehr förmlich, „vergeben mir Euer Gnaden gütigst, aber der Herr Baron von Leutrum dürfen in

keinem Fall auch nur einen Schimmer von dem erfahren, was ich – etwas übertrieben und ausgeschmückt – der gnädigen Frau erzählt habe. Der Herr Baron sind Hofbeamter und ich . . ."
„Ach, Flasch, das laß Er meine Sorge sein, er braucht ja nicht zu ahnen, wer mir's gesagt hat."
„Madame, er wird es bald genug herausbringen, wenn Sie auch nichts verraten . . ." Flasch trat bedrückt beiseite. „Wenn mich die gnädige Frau je ein bißchen geschätzt haben, meine treuen Dienste, dann bitt ich flehendlich um Ihr Schweigen! Mir steht noch das verzweifelte Gesicht meines Coiffeurmeisters vor Augen, des Reich, den man ohne Verhör und Verhandlung im September 56 hat verschwinden lassen, zuerst auf den Hohentwiel und danach auf den Asperg; er ist seit ein paar Jahren frei; ich weiß aber nicht, ob er noch lebt."
„Der Reich?" fragte Franziska erschreckt, „und warum ist der verhaftet worden?"
„Ich darf nicht noch mehr sagen, Frau Baronin. Ich fürcht, ich hab mich so schon ins Unglück geredet, der Reich hat damals nichts anderes getan als ich eben."
„Flasch", sagte Franziska erschreckt, „ich versprech' Ihm, daß ich nicht nachfragen werd', ich versuch' das alles zu vergessen, als wär's nie gewesen . . so gut ich's halt kann."
Sie stand vom Putztisch auf und entließ den blassen Flasch mit einem beruhigenden Lächeln.

Der Sommer ging hin. „Hier in Pforzheim hab' ich nicht viel von Blumen und Bäumen, auch wenn du mich ausfährst, Reinhard", sagte Franziska traurig, „laß mich doch einmal heim nach Adelmannsfelden, ich hab' dort viel zu bereden, meine Kleider möchte ich selber in Ordnung bringen, und erst kürzlich ist mein Vater krank gewesen – wer weiß, wie lang er's noch macht."

„Unsinn, Frau", Leutrum sah kaum auf und duckte den großen Kopf hinter einem Nachrichtenblatt, „dort ist nichts für dich zu lernen, was einer Dame von Stand zukommt, zwischen den Kühen und Geißen und Hennen – was willst du bei denen?"

„Du hast mich da herausgeholt und hast gewußt, woher ich kam", sagte sie vor sich hin; dann hob sie die Augen, als hoffte sie, doch noch verstanden zu werden. „Es sind ja die Eltern und es ist ein altes, gutes Geschlecht – nichts Unrechtes haben sie mir mitgegeben."

Leutrum wurde das Thema langweilig. „Geh, wenn's dir so viel gilt", warf er hin, „aber bleib nicht zu lang – ich mag mich nicht anstieren lassen, nur weil meine Frau nicht hier ist."

Sie schaute auf, spürte seinen unsicheren Blick und fürchtete, er nähme die Zusage zurück. „Danke – das ist eine gute Aussicht –", sprach sie schnell in sein Gesicht hinein. „Der Herbst ist schön bei uns, ein paar Wochen beim Äpfelpflücken . . . und die große Stube ist warm und gemütlich."

Leutrum sagte nichts mehr. Er rief den Hund, der in der Ecke schlief, und ging hinaus. Unter der Tür drehte er sich um. „Du dozierest heut wie ein Buch und gar nicht mehr so schwäbisch – ist das dem Heimfahren zulieb?"

Franziska mußte ihm innerlich recht geben. Unbewußt wurde ihre Sprache steifer und gemessener, wenn sie mit Leutrum zu tun hatte, weich und ohne Zwang fühlte sie sich nie bei ihm. Aufwachen und keine Angst haben, dachte sie sehnsüchtig, und sich nicht grausen vor dem, was am Abend war und wieder sein würde!

Ein paar Tage später kam er angetrunken heim – er sah häßlich aus, wenn er, verschwollen vom Wein, mit glitzernden kleinen Augen, in einer meckernden Angeregtheit hereintrat. Franziska kannte ihn so. Aber sie hatte in den Monaten, die sie mit ihm zusammenlebte, gelernt, ihm zu begegnen: mit freundlicher Aufgeräumtheit, damit er nicht spürte, wie sie sich zusammennahm. Ruhig, mit einer Handbewegung, lud sie ihn zu sich ans Tischchen, das ihr die Zofe gerade gedeckt hatte. Sie schenkte ihm Tee in ihre Tasse, noch ehe eine zweite gebracht wurde, lächelte und reichte ihm Konfekt. Dann erzählte sie beiläufig, der Medikus Raiser sei eben dagewesen, nur einer privaten Visite halber, ohne Anlaß. Und er habe sie gefragt, warum sie so durchscheinend blaß aussehe, und sie habe ihm gesagt, es sei leider nicht das, was sie gern als Grund gesehen hätte; er habe darauf gemeint, so möchte sie doch die Landluft suchen, ein paar Wochen, das helfe oft auch dazu.

Leutrum nickte verlegen und riet jetzt selber, aufs Land zu reisen. Sie werde glücklicher, robuster, lebhafter zurückkehren.

Schon zwei Tage später fuhr Franziska nach Adelmannsfelden. „Ich hab' geschwindelt", beichtete sie abends Louise, „denn es wär mir bang und angst, wenn ich Kinder haben sollt vom Leutrum; aber darauf hat er mich endlich reisen lassen."

„Morgen kommt Besuch, oder eigentlich nur einer, der sich vorstellt", berichtete die Schwester später, „ein junger Mann, der sich beworben hat, den Kleinen Unterricht zu geben. Der Dorfschullehrer ist ein Schafskopf, und den Weber hat ja der Vater verjagt – leider!"

Anderntags rückte in einem rumpeligen Postwagen ein Mann an, der sich erst von der Station zum Schloß durchgefragt hatte, ein rundlicher, rotbackiger Mensch, nicht allzu ordentlich angezogen, mit kleinen feurigen Augen und einer hohen Stirn. Er kam aus Geislingen, wo er Schullehrer war, und hieß Friedrich Christian Daniel Schubart. Franziska führte ihn zum Vater, und solange er auf den Freiherrn wartete, unterhielt sie ihn munter; seit sie wieder zu Hause war, schwatzte sie gern. Er stellte sich vor, mit einem ungewandten Bückling, bei dem ihm das Blut in die Stirn schoß. Der dunkelblaue Schoßrock stand hinten weit ab, die Gestalt wirkte im Aufrichten voll und gedrungen; das ließ ihn älter erscheinen als er war, achtundzwanzig Jahre . . .

Die flinken klugen Augen intensiv auf die junge Frau gerichtet, seufzte er: „Solche Mode und solche Haare und Hände gibt es freilich nicht zu Geislingen, und daß es sie zu Adelmannsfelden im Ellwängischen gäbe, hätt ich niemals gedacht!" Franziska lachte ihn an. „Nein, bei meiner Ehr!" schwärmte Schubart weiter, „da wird man zum Dichter, so man's nicht eh schon ist! *Der Lippen Purpur, ihre*

Wangen / Dran tausend Amoretten hangen . . .“
Sie lachte lauter. „Herr Schulmeister, das wär’ aber ein bißle schwer – da hätt’ ich demnächst die reinsten Hängebacken von Ihren tausend Amoretten!“ rief sie.
„Es kommt mir von selber, das Reimen“, entschuldigte er sich, „es fließt wie geschmiert, so das Fäßlein angestochen wird!“
„Ich hab’s aber nicht angestochen!“ Sie konnte vor Vergnügen kaum sprechen. „Und wenn der Herr Vater Sie so reden hört, Herr Schubart, stellt er Sie bestimmt nicht ein für die Juliane und die Eberhardine, das kann ich voraussagen!“
Der junge Dichter setzte eben zu einer neuen Beteuerung an, als der Freiherr hereintrat. Eilig, sorgenvoll und kritisch beschaute er den Aspiranten, der hastig aufgesprungen war.
„Er kommt aus Geislingen und ist gebürtig aus Aalen?“ fragte Bernerdin streng.
„In Aalen aufgewachsen, aber geboren zu Sontheim.“
„So, so, evangelisch?“
Sein Vater sei Diakon zu Aalen, erwiderte Schubart.
„Gut.“
Und er sei jetzt in Geislingen Lehrer, aber wenig befriedigt – ein geringes Entgelt, obwohl er nicht anspruchsvoll sei, und in der Schule schmutzige Buben, ungebärdige und . . .
„Schon recht“, unterbrach der Freiherr, „das kennen wir alles. Fragt sich aber, was Er weiß!“
„Ich bin Theologe, wiewohl kein fertiger Pfarr’“, kam die Antwort kleinlauter, „und beherrsche die

griechische und lateinische Sprache, Französisch hab ich mir eingetan, Orgel spiel' ich und das Clavizimbel, auch Harfe und Gitarre und Flöte."
„Da ist Er ja mehr ein Musikus denn ein Lehrer?"
„Sprache und Stil üben ist meine Freude – bin im Briefwechsel mit dem Wieland aus Biberach und dem Haug und Böckh . . ."
Dem Baron sagten die Namen nichts. „Kann er überhaupt mit kleinen Mädchen umgehen? Die meinen sind zwölf und acht, Mann!"
„Ich hab' selber ein Julchen", erklärte der Besucher scheu und leuchtete auf dabei, „ein herzig's Ding! Lernt grad laufen! Und ein Söhnchen hab' ich auch, Ludwig."
„So, so", machte Bernerdin und schaute sich den möglichen Lehrer seiner Töchter genau an. „Und wie kommt Er vom Schuldienst frei?"
„Das ist keine Sorge, Herr Baron, das ist wie der Aufflug eines Vögleins aus der Misere, aus dem engen, dreckigen Nest unterm Stalldach – das will ich schon schaffen!"
Er müsse aber doch noch Zeugnisse haben, sagte der Freiherr, über Gebaren und Lebenswandel und sittliche Führung, und seine religiöse Stellung sei wichtig, da er ja anscheinend die Theologia nie ganz zu Ende geführt habe – wieder streifte ein herrischer Blick den Bittsteller –, „und, Er sieht mir aus, als sei Er dem Glase nicht abhold gesonnen!"

Schubart wurde rot; er ärgerte sich. „Ich bin ein Dichter, halten zu Gnaden, hab' bekannte Poema drucken lassen und bin auch Organist und Chorlei-

ter; mein Schwieger ist der Oberzoller von Geislingen, ein geachteter Mann . . ."
„Hab's gehört", brummte Bernerdin. „Mit denen Poeten hab ich nicht die besten Erfahrungen gemacht!"
Franziska mischte sich erschrocken ein. Es wäre doch gut und hilfreich für die Mädchen, wenn sie einen so vielseitigen und vielbekannten Mann zum Lehrer bekämen, meinte sie drängend.
Der Vater nickte; er wolle die Mutter noch fragen. Schließlich kam ein freundlicheres Gespräch zustande, bei dem nur die Lohnfrage noch nicht ganz geklärt war. Immerhin verlangte Schubart auch eine Wohnung für seine Familie. Und leben müsse er halt, leben! sagte er ganz schwäbisch und dehnte die Arme. Und so wolle er also wieder heimreisen und warten, bis ihm der Freiherr Bescheid gebe; er werde indessen mit seinem Rektor reden.
Im Hinausgehen fiel ihm ein Clavichord auf, das in der Zimmerecke stand; es wurde nie gebraucht, war ein altes Familienstück, das Frau von Bernerdin eingebracht hatte und das reichlich heiser zirpte. Aber Schubart stürzte sich darauf in einem jähen Impuls. „Gestatten Sie mir, ein kleines Weilchen zu spielen, Euer Gnaden?" fragte er flüchtig und saß schon auf einem eilig herbeigezogenen Stühlchen vor dem Instrument.
Bernerdin unterdrückte sein Befremden und, da die Mutter und Franziska nickten, hob Schubart den Deckel auf; seine Schülerinnen hatte er noch nicht einmal gesehen. Während er die Tasten probierend anschlug und den geöffneten Kasten untersuchte,

um zu stimmen, traten die Töchter schüchtern ein, Juliane und Eberhardine, beide blond, mit großen Augen, schmal und noch zarter als Franziska und Louise; auch die zeigte sich hinter ihnen.
Und als endlich – man holte bereitwillig Zangen und Hebel – das alte Klavier ein wenig klarer klang, spielte Schubart, hingerissen von den Tonfolgen und Akkorden, die ihm wie eine Quelle unwillkürlich unter den Fingern sprangen, Händelphantasien und eigene Improvisationen, und er hörte erst auf, als Bernerdin sich hörbar räusperte. Dann knicksten die beiden Kinder.
Schubart sah sie kaum an, er grüßte eilig, schob heftig den Stuhl weg und ging so befangen fort, als habe er zuviel von sich preisgegeben.
Später, als Franziska längst wieder in Pforzheim war, fragte sie einmal im Brief nach dem neuen Hauslehrer. Es sei nichts draus geworden, beschied sie die Mutter knapp, der Schwieger Oberzoller aus Geislingen habe sich eingemischt, dem Vater Unerfreuliches über den Eidam mitgeteilt, sich auch geweigert, des Jungen Schulden zu zahlen, die er seiner losen Führung danke, und so habe auch der Dichter resigniert, bitter ungern, wie es in seinem Abschiedsgruß geheißen habe, und sei weiterhin Schulmeister zu Geislingen geblieben, bis sich ihm Besseres zeige.

Am Hof in Ludwigsburg wurde Leutrum nach seiner jungen Frau gefragt. Verdrossen gab er Bescheid, sie sei eben vom Land, und er bemühe sich, sie heranzubilden.

Daraufhin trafen ihn spöttische Blicke; man werde ja sehen, hieß es: entweder sei sie ausnehmend schön oder so häßlich, daß er sie keinem anderen als dem eigenen Auge aussetzen möge. Natürlich hatte man längst durch Bedienstete das Nötige gehört. Leutrum – besorgt um seine Stellung bei Serenissimus – bequemte sich zum Nachgeben. Er schenkte Franziska zum zwanzigsten Geburtstag ein Brillantarmband und bemerkte beiläufig, sie könne es ja bei Hofe zeigen. So ließ sich nicht länger vermeiden, daß die Frau Baronin von Leutrum aus ihrer Verborgenheit hervortrat. Man lud sie, nach Leutrums entsprechenden Andeutungen, „dringlicher als seither“ zu einer Soiree bei Hofe ein.
Zu Ehren des englischen Gesandten war im Januar 1769 ein Galadiner angesetzt worden. Die Leutrums wohnten schon seit ein paar Tagen in ihrem Ludwigsburger Stadthaus. Man hatte eine französische Zofe angestellt, Lisette Touchon, ein schmales dunkelhaariges Wesen, das Franziska mit biegsamer Ergebenheit bediente. Flasch war – stiller als sonst – angetreten und hatte auf ihrem Kopf ein Gebäude aus blonden, duftig gepuderten Locken aufgetürmt, blaue Bänder hineingewirkt und eine Rose aus einer blitzenden Agraffe hervorwachsen lassen. Er war zufrieden mit der Kaskade aus Natur und Künstelei, die ihm gelungen war, und beriet Franziska schüchtern über Wangenpuder und Lippenrot – es dürfe kräftiger sein als das der Männer – und über den charmantesten Punkt für das schwarze Schönheitspflaster. Die Touchon steckte und nestelte an dem gerafften Mieder, strich bewundernd über das

Unterkleid aus Silberspitze und den faltigen Überrock aus schwerem Satin; dann führte sie die Hasenpfote puderstäubend über Franziskas Arme. Aus dem Spiegel sah sich die Geschmückte an wie ein buntes Pastell. Sie wußte, daß sie nicht eigentlich eine Schönheit war: Nase und Lippen waren „un peu trop", wie Leutrum einmal taktlos bemerkt hatte, der Mund zu groß, die Nase eine Idee zu lang, ihre Flügel zu voll. Aber große, schimmernde Augen überstrahlten das alles und machten es unwichtig.
Franziska wandte sich vom Spiegel ab. Sie kannte sich selber noch nicht, mit zwanzig Jahren. Sie lebte nicht ihr eigenes Leben, hineingeworfen in ein völlig fremdes Dasein wie in widriglaue Luft. Immer noch, immer wieder sträubte sie sich dagegen, verwies sich ihren Abscheu, versuchte sich zu fügen.
Sie sah sich wieder an. Wenn sie mit einem lieben, wohlgeratenen Mann zum Ball gehen dürfte! Sie hätte zwar keinen von Leutrums Freunden neben sich haben mögen, keine der höfisch gedrillten Kreaturen, die er gelegentlich zu einer Partie Tarock heimbrachte ...
Sie drehte sich halb um. „Fertig, Lisette?"
Die Zofe hatte noch dies und das zu verbessern, wischte rasch über die weißseidenen Schuhspitzen, den rüschenbesetzten Rocksaum, dann verneigte sie sich und trat zurück.
„Oh, comme vous êtes belle, Madame!"
Franziska lächelte gutmütig. Sie schaute noch einmal in den Spiegel. Hinter ihr trat Leutrum herein; sie grüßte ihn mit einem steifen Nicken. Er trug das

Haar hochtoupiert und schneeweiß gepudert, das gelbe Gesicht war noch fahler als sonst über seinem Frack von leuchtend violetter Seide. Er hatte Schmuck angelegt, Ringe, Busennadeln, zwei kostbare Sterne am Rock. Ironisch lächelnd verbeugte er sich, so weit es sein Buckel noch erlaubte, und bot seiner Frau den Arm.

Der Saal im Ludwigsburger Schloß war groß und hell. Kerzenbündel versprühten ihr Licht wie kleine Sonnen. Alles flammte vor Franziskas Augen. Sie unterschied nichts einzelnes mehr: Warmer Schwall, Duft und Menschendunst, Geplapper und Geklapper, Farben, Farben ... schwingendes, luftiges Blau – schwang die Farbe oder das Kleid? Drehten sich die Tanzenden oder der Raum? Rot und Rosa, Safran und dunkles Gold, Lockentournüren, grelles Geblitz' von Brillanten und immer wieder die wehenden Wolken, eine gelbe, eine grünliche, eine, die silbern zitterte ... sie tanzten jetzt in Reihen gegeneinander.

Dann erst wurde Franziska die Musik bewußt; sie klang wie ein Geschlinge von tönenden Bändern, federndes Geigenzirpen huschte darüber, und der leise, exakte Rhythmus der Begleitung pochte wie Insektensummen am Fenster.

Franziska wurde erst ganz wach, als Leutrum sie hart am Ellenbogen faßte. Sein scharfes Flüstern verstand sie nicht. Er schob sie gegen eine Art Podium hin, wo goldene Sessel schimmerten. Zwischen den Stühlen da oben war Unruhe, Diener gingen hin und her. Sie zwang sich zur Sammlung – Leutrums erregtes Zucken und Nicken sollte sie auf irgend etwas aufmerksam machen, aber sie sah nur verschwommen, was vor ihr war: Aus einer Tiefe von rotem Samt, vor einer dunkel gewölbten Folie, wandte sich ihr ein großes rosiges Gesicht zu, die glatte Fläche wurde kaum präziser vor ihrem Blick, als sie den Kopf vorsichtig hob.

Wenn der Herzog sich jetzt an Louises Bittgang erinnerte? Was dann?

Das alles verging in Sekundenschnelle, während Leutrum sie ärgerlich zum Hofknicks niederzog. Sie dachte nur daran, sich richtig zu benehmen, die Hände am zurückgerafften Kleid. Beim Aufrichten erkannte sie aus den Augenwinkeln Leutrums zufriedene Miene, und beruhigter ging sie in bescheidener Haltung mit ihm vorwärts. Ein Kämmerer beugte sich über den dunkelroten Sessel, hauchte dem Thronenden ins Ohr, der gedankenlos nickte; er straffte sich und zerrte das verschobene Ordensband über die glitzernde Weste, dann kniff er die Lider zusammen. „Ihre Frau, Leutrum, ist eine Bernerdin?“ fragte er mit überraschend jugendlicher Stimme.

Franziska wagte ein schnelles Aufschauen.

„Wie lange sind Sie verheiratet, Madame?“ erkundigte sich der Herzog beiläufig und wandte sich schon zur Seite, während Leutrum eine beflissene Antwort zustande brachte. Franziska kam gar nicht zu Wort. Dann traten die beiden zurück in die wartende Reihe.

Leutrum wurde kurz danach die Würde eines herzoglichen Kammerherrn verliehen.

Seidelbast

Der Geburtstag Serenissimi fiel, ganz nach seinem Geschmack, in die Karnevalszeit. Um den elften Februar herum jagten sich am Ludwigsburger Hof Tanznächte in hektischer Folge, Tage mit Ausfahrten und üppigen Tafeln. Abends kreiselten leuchtende Boote, von heiterer Flötenmusik begleitet, auf einem künstlichen See, den warme Wasserzuflüsse eisfrei hielten. Zum Abschluß des festlichen Taumels gab der Herzog einen Maskenball. Wie in einem phantastischen Traum wimmelten die Verkleideten durcheinander, Dominos in kostbaren Seiden, Krieger mit hohen Mützen, Schäferinnen in bänderumflatterten Reifröcken, Husaren mit brillantglitzernder Verschnürung.

An einem verschneiten Abend, zwei Tage vor Carl Eugens Geburtstag, sah sich Franziska mitten darin, selbst erstaunt, wie rasch sie sich in das unaufhörliche Getriebe gefunden hatte. Der Tanz machte ihr Vergnügen, sie fühlte sich freier, seit sie vorgestellt worden war und dazugehörte. Die Bewegung tat ihr gut, da sie sonst immer nur still über ihren erbaulichen Büchern saß; lang war es her, seit sie geritten und durch die Wälder gelaufen war oder zur Obstzeit auf den Bäumen gesessen hatte . . .

Jetzt, geschützt durch die schmale schwarze Maske,

ließ sie ihrer Lust freie Bahn: Sie tollte herum, wie es einer Kammerherrin vielleicht nicht anstand; aber Leutrum, selbst eine unglückliche Figur auf dem Parkett, gönnte ihr den Spaß, weil sie sich dabei schöner entfaltete, und beobachtete heimlich, wie er bei den Eingeweihten durch ihre Anmut einige Sympathie gewann.

Beim Menuett schleiften die Kavaliere geneigt und hüftdrehend über den blanken Fußboden, Lachen und Girren flatterte wie eine Wolke über dem Reigen. Wer nicht tanzte, stand schwatzend in einer Fensternische oder am Tisch mit den Getränken, einer komplimentierte wohl auch seine Dame – vorsorglich in ihren Pelz gewickelt – auf den Balkon hinaus. Franziska drehte sich zwischen den anderen; ein Kammerjunker hatte Leutrum um die Ehre gebeten, sie zur Gavotte zu führen.

Ihr türkisches Kostüm mit den rockweiten Hosen war gewiß sehr kühn – sie hatte zuerst abgelehnt, als es der Hofschneider vorschlug; aber zu ihrem Trost milderten die schwarzen Fransen an dem gerafften Überrock den Affront, den Leutrum als „étonnant" genehmigt hatte. Das Mieder glänzte mattgolden, die Ärmel waren aus grünem Schleierstoff, die Haare unter einem winzigen roten Käppchen hochfrisiert. Franziska schielte atemholend unter der seidenen Larve hervor nach ihrem Mann; Leutrum lehnte am Büfett und trank; er redete eifrig auf einen runden seriösen Domino ein und schaute geradeaus. Sie nickte ihm zu, obwohl er hier nicht gegrüßt werden wollte, aber er blickte an ihr vorbei – ein grämlicher Papagei im gezipfelten Frack.

Da war ihr Tänzer plötzlich wie weggewischt. Sie fühlte sich behutsam umfaßt und vorwärts geschoben. Empört drehte sie sich um: Ein hochgewachsener Mars in goldstrotzender Rüstung hatte den Arm mit dem blutroten Mantel um sie geschlungen. Eine Art Visier mit Augenfugen verdeckte das Gesicht, riesige Straußenfederbüschel wogten auf der gebogenen Helmkrone ... Franziska schob vorsichtig die Hand mit dem leuchtenden Mantel von sich weg; hinter den Schlitzen waren die Pupillen nicht zu erkennen, doch unter der goldüberdachten Nase wölbte sich ein selbstherrlicher Mund.
Der Gewaltige trat zurück und sagte halblaut: „Madame, warum tragen Sie keine blauen Schuhe?"
„Blau?" antwortete sie gekränkt, „weil ich a anständige Frau bin!"
Der Mars lachte so dröhnend und volltönig, daß Franziska erschrocken zurückwich. Er nahm jetzt mit einer Verneigung ihre Hand und führte sie in den kleinen Erfrischungsraum hinter dem Ballsaal. Vor ihnen bildete sich eine freie Bahn, hinter ihnen blieb neugieriges Schweigen zurück. Leutrum schaute dem Paar finster nach. Er strich sich das Kinn nach Art alter Männer, als jemand neben ihm flüsterte: „Hohe Ehre, Reinhard, wahrhaftig: eine Auszeichnung!"

„Oh, schöne Türkin ...", sagte draußen der Kriegsgott und versuchte, Franziskas Maske zu lüften. „Da wäre ich wohl besser als der Savoyer erschienen, als ein ritterlicher Prinz Eugen und Türkenbezwinger, damit ich Sie entführen könnte?"

Franziska lachte; seine mächtige Ausstrahlung machte sie sicherer. Sie verbot sich selber darüber nachzudenken, wer da als Olympier auftrat. Es lockte sie, den Unbekannten unbekannt sein zu lassen und doch mit seinem Geheimnis zu spielen.
„Die Türkin läßt sich nicht entführen, Göttlicher", gab sie ihm zurück, „aber sie tanzt gern und schwätzt gern und wüßt auch gern, mit wem?"
Er lachte wieder, warf den Mantel auf ein Sesselchen und dehnte die Arme. Goldene Schuppenärmel reichten bis fast zu den kräftigen Ellbogen herunter, ein schmiegsamer Panzer spannte sich über der gewölbten Brust; gelbe Löwenhäupter lagen auf den Schultern. „Den Helm gibt Mars nicht preis", sagte der Maskierte vergnügt, „solange die Odaliske ihr Augenband aufbehält."
„Dann muß er sich halt mit dem großen Trumm abschleppen", entschied sie prompt, und gleich darauf setzte sie mitfühlend hinzu: „Ist's arg schwer?"
„Bloß heiß", schnaufte der Mars. „Wenn die Türkin erlaubt, könnten wir auf die Terrasse gehen, mein Purpur macht warm."
Als er ihr den Mantel umlegte, hielt er sie ein wenig fest, doch er ließ sie gleich los, als sie steif stehenblieb. Im Vorbeigehen zog er einen Vorhang beiseite und öffnete eine Tür. Draußen lag kein Schnee, dünner Regen fiel in den milden Februarabend.
Unter dem Vordach standen die beiden Masken und atmeten auf. Der Mantel wärmte angenehm; Mars wartete, die Arme gekreuzt, auf ein zutrauliches Gespräch.
Franziska trat an die Brüstung und beugte sich vor.

„Des tut net gut – im Feber so lau“, meinte sie tadelnd, „nachher verfriert alles!“
„Eine schwäbische Türkin!“ stellte Mars resigniert fest, da er eine persönlichere Äußerung erwartet hatte.
„Sie sprechet auch net griechisch oder römisch!“ gab sie zurück, „aber i weiß scho, es sind jetzt allerlei Leut’ beim Herzog, Italiener und Preuße und des französische Ballett und die welsche Sänger und . . .“
„So?“ brummte Mars und rückte ein wenig näher, „was sie nicht sagt – la belle turque!“
„Vielleicht sind Sie doch ein Franzos’?“ fragte sie tastend.
„Vielleicht . . .“, erwog auch der Kriegsgott in seltsamem Ton.
Da überkam sie ein ungewohnter Mut. Ich brauch’s ja nicht zu wissen und ich weiß es auch nicht, überlegte sie, und er soll mich jedenfalls anhören.
„Das wär schon recht“, verkündete sie in ihrem strengsten Hochdeutsch, „wenn auch’s Theater und’s Ballett viel Geld kostet, aber daß der Durchlauchtigste die vielen Tänzerinnen haben muß und die maitresse en titre, die . . .“
„Was sagst du da, Kind?“ Der Goldhelm klirrte leise an eine Säule, weil der Held sich in den Schatten zurückbog.
„Die?“ rief Franziska empört und bemerkte das unwillkürliche „Du“ nicht, „die ist ein öffentlich erklärter Schatz vom Herzog!“
Der Erhabene lachte ein wenig flackernd.
„Ach? Sagt man so im Schwäbischen?“

„Mer sagt noch viel mehr!" fuhr sie auf, „von seine Schulde an d' Kirchekass', und von dene Jagde im Schönbuch und am Bäresee, wenn se an tausend Tierle abschießet, und die Baure hent nix zum Esse wegen der Wildmast! Und von dene ei'gsperrte Leut', vom Rieger . . ."
„Halt!" schnitt ihr Mars das Wort ab, „jetzt ist's genug! Woher wissen Sie denn das alles?"
„Bloß von de Leut'!" flüsterte sie schüchterner; wahrscheinlich war sie doch zu weit gegangen.
„So – die Leut'!" brummelte der Maskierte, „die Leut'!"
In diesem Augenblick trat ein Kammermohr durch die Balkontür heraus, von Kopf bis Fuß feuerrot gekleidet. Er näherte sich mit Verbeugungen, aber Mars winkte ab und neigte ihm den Kopf entgegen. Der schwarze Mann flüsterte ihm ins Ohr.
„Ah!" seufzte der Behelmte erfreut, „da kann die Frau Türkin gleich selber sehen . . ."
Der Diener entfernte sich. Mars schob die Türflügel weiter auf, Franziska drängte neugierig nach. Durch den Spalt schien das Licht aus dem Saal. Mitten im Blickfeld der beiden erhob sich eine helle Gestalt, eine Wolke aus Tüll, das stark geschminkte Gesicht zu ihnen gekehrt.
„Concetta!" murmelte Mars beeindruckt.
Die Primaballerina trippelte jetzt auf den starren Fußspitzen, die Geigen zirpten dazu. Aus kreisrunden braunen Augen warf sie einen schmachtenden Blick herüber – sie hatte wohl den goldenen Schimmer erkannt.
„Die Göttliche!" hauchte Mars mit boshaft betonter

Begeisterung. „Wie finden Sie sie, madame la turque?“
„’s isch a Kuh!“ antwortete die Türkin und ließ ihn stehen.
Ernüchtert hob Mars seinen Purpur auf, der ein wenig staubig geworden war.

Im Mai 1769 hatte Elisabeth Dorothea von Württemberg die Damen aus dem Hofstaat Carl Eugens in Wildbad zu einer Teegesellschaft gebeten; sie war die Frau seines Bruders Friedrich Eugen, eine königliche Prinzessin von Brandenburg-Schwedt, und wurde allgemein „die Hoheit“ genannt. Schon vor dem Herzog war sie mit ihrem Gatten in Wildbad zur Kur eingetroffen, freudigst begrüßt, denn das große Gefolge und die illustre Frau machten das Bad bekannt und beliebt.
Auch die Leutrums waren eingeladen worden: Franziska hatte unter den Hoffräulein der „Hoheit“ eine Freundin, die Baronesse Sophie von Grollmann, und Leutrum gehörte ohnehin als Reisemarschall zur Suite des Herzogs.
Franziska machte sich so schmal wie möglich: Carl Eugen hatte seinen Besuch angekündigt. Jetzt, dachte sie beklommen, wird es sich entscheiden, wer Mars gewesen ist. Und er würde sie – wenn er es war – gewiß erkennen, an der Stimme, an irgendeiner Bewegung. Vielleicht, überlegte sie, kommt er nur deshalb so unverhofft zu diesem Damentee, um sich zu vergewissern, ob die freche Türkin . . . Und das alles konnte Leutrum seine Stellung kosten und sie die gesellschaftliche Achtung.

Der Herzog trat ein, ehrfurchtsvoll gemeldet, in strahlender Laune, mit erhobenem Kopf: Jupiter, nein, Mars in Person! Zwar deckte kein Goldsteg die gebogene kleine Nase, kein geschlitztes Visier das helle feurige Blau der Augen, und der Mund war freundlicher als damals, lässig, gelassen.
Franziska zitterte, als „die Hoheit" sie vorstellte und dabei bemerkte, sie sei ja vom Defilee im Frühjahr 1767 schon bekannt. Carl Eugen nickte gnädig. Nichts an seinem geröteten Gesicht verriet, ob er noch an „la petite turque" dachte.
Franziska atmete auf; er wollte sich wohl nicht erinnern, und darum brauchte sie es auch nicht zu tun. Und während Dorothea, mit ihrem Schwager im Saal auf- und abgehend, die Erfolge der Heilkur in Wildbad besprach, saß Frau von Leutrum, bald ihren Mann, bald den Herzog anvisierend, steif auf ihrem Stühlchen und wagte keine natürliche Bewegung, kein lautes Wort, nichts als ein scheues Gehauche zu ihrer Tischnachbarin hinüber.
Dann schlug der Herzog, der nur für einen Tag hergefahren war, eine „kleine Promenade" vor, durch die Anlagen an der Enz, unter den hellgrünen Bäumen am Wasser entlang, das noch immer die Fülle des Frühjahrs habe; dort sei auch die Luft besonders würzig.
Franziska folgte, noch immer starr vor Angst, am Arm ihres Gatten dem bunten Zug würdig schreitender Herren in hellen Strümpfen, seidenrauschender Damen mit gepolsterten Röcken, aber sie bemerkte kaum das freundliche Farbenspiel der grünen, pfaublauen, rosigen Fräcke und Kleider. Leu-

trum beachtete ihr Zögern nicht weiter, er war zu beschäftigt damit, dem Herzog aufzuwarten.
Carl Eugen spazierte mit Dorothea und ihrer schönen Tochter voraus. Am Weg standen mützenschwenkend die Wildbader, bereit, jede Laune und jeden Luxus gutzuheißen, wenn sie nur Aufträge versprachen.
Carl Eugen erklärte den Damen, wie sehr er bedauere, das Theater auf diese kurze Reise nicht mitgebracht zu haben – es begleite ihn sonst oft, und er habe ja an vielen Orten des Landes kleine Bühnen errichten lassen, man kenne doch die von Teinach und Grafeneck; und Ludwigsburg stehe dem Stuttgarter Lusthaus gewiß nicht nach mit seinen prächtigen Prospekten und Kulissen.
Franziska, die hinter dem Herzog ging, hörte mit halbem Ohr hin. Das wilde Wasser rauschte, der Nachmittag wurde kühler, Schatten fingerten langsam über den geebneten Weg. Nur die bewaldeten Gipfel lagen noch im Licht. Endlich befahl Carl Eugen, der an ausgedehnte Spaziergänge gewöhnt war, einem Bedienten, für „une place de repos" unter den Buchen zu sorgen, „behelfsmäßig, ländlich – die Damen mögen verzeihen", sagte er.
Natürlich hatte man einen derartigen Wunsch vorausgesehen und einen Wagen mit Stühlen beladen, der den Spazierenden langsam gefolgt war.
Die Hofgesellschaft wartete stehend, bis der Fürst und seine ranghöhere Schwägerin sich gesetzt hatten. Dorothea hob den Fächer und lächelte. Die übrigen verteilten sich in einem weiten Kreis. Viele Augen schauten ins flimmernde Laubdach, durch

das die schrägfallenden Sonnenstrahlen blasse zukkende Streifen schossen. Franziska klammerte sich auf einem wackeligen Sitz fest, den Leutrum ihr untergeschoben hatte: sie wäre am liebsten irgendwo in den Schatten getaucht, der schon bläulich um die Baumstämme spielte. Leutrum sah sie mißbilligend an: Ihre Zerfahrenheit fiel auf. Sie hatte sich zusammenzunehmen – Serenissimus waren allerhöchst zugegen. Als Franziska jedoch sein verärgertes Gehabe nicht bemerkte, stand er lautlos auf und trat hinter sie.
„Du zeigst eine ennuierte Miene, daß es ein Affront ist“, fauchte er leise. „Du machst ein Gesicht wie ein verwettertes Bauernweib! Was sollen die allerhöchsten Herrschaften denken?“ Er hatte unbewußt lauter geredet als nötig; Dorothea hob den schönen Kopf und warf Carl Eugen einen Blick zu; er folgte ihren Augen und erfaßte das Bild des krüppelhaften Mannes, der sich wie ein erboster Erzieher über seine Frau beugte; sie sah noch verstörter aus als vorher, hilflos preisgegeben – nichts erinnerte mehr an die ausgelassene Türkin, die sich angemaßt hatte, seine Göttlichkeit zu tadeln. Carl vermutete – was freilich Dorothea nicht ahnen konnte – einen tieferen Grund für die Strafpredigt als Franziskas Zerstreutheit; hatte der verbogene Mensch hinter dem Baum vielleicht etwas von seinem Karnevalsgespräch mit der jungen Frau erfahren? Hatte sie ihm in ihrer Bravheit gar davon berichtet?
Franziska schaute bedrückt zur Seite; neben ihr am Waldrand trug der Seidelbast noch ein paar verspätete Blüten; ihr gebrochenes Lilarosa sah krank

und müde aus. Ein Hauch des süßlichen Duftes streifte sie, sie beugte sich vor und holte den Zweig heran.
Carl Eugen, der sie beobachtet hatte, sagte lächelnd: „Seidelbast! Daphne mezereum! Sie kennen doch die Metamorphosen des Ovid, Madame? Die schöne Daphne, von Apoll verfolgt – oder war es Mars? –, verwandelt sich in einen Strauch, um sich ihm zu entziehen. Ach ja, diese antiken Göttergeschichten . . ."

Inzwischen hatte Dorothea einen Ausflug in den Schwarzwald arrangiert, und wieder die Leutrums dazu eingeladen. Sophie von Grollmann und das Fräulein von Schilling, eine Freundin von Dorotheas Tochter, waren mit einer Art von schwärmerischem Eifer um Franziska bemüht. Dorothea hatte Mitleid mit ihr, deshalb zog sie die junge Frau näher an sich heran.
Dorotheas Karosse ratterte leicht über die Waldwege, die Damen schwatzten, lachten und hielten die hellen Schirme gegen die Sonne.
Als man eine Weile unterwegs war, fing eines der Pferde an zu lahmen. So werde man nicht weiterkommen, jammerte der Kutscher, mit sechs Personen sei das Gefährt überlastet bei dem geminderten Gespann. Man könnte ja an einem Dorfwirtshaus halten und drei von den Herrschaften dort absetzen, auch ein frisches Pferd ausleihen und das kranke einstellen.
Franziska erbot sich sofort, die Chaise zu erleichtern. Die Damen Schilling und Grollman könnten

vielleicht bei ihr bleiben. Leutrum mußte einer dienstlichen Verpflichtung halber so rasch als möglich zurückfahren und Dorothea bat ihn, sie und ihre Tochter zu begleiten. Als sie aufbrachen, fing es an zu regnen.
Die Zurückgelassenen traten ins Schankzimmer. Der Wirt wischte Stühle ab und schob Sessel heran. Sie setzten sich befangen. Die dumpfe Luft roch nach Bier und Rauch und legte sich drückend über den engen Raum. Der Wirt fragte beflissen nach besonderen Wünschen; die wenigen Gäste aus dem Nachbardorf schickte er weg.
Den dreien wurde das Warten lang; sie versuchten den Schwarzwälder Kirschenschnaps und fanden ihn pfefferscharf. Draußen trommelte der Regen jetzt mit Ausdauer, und es war nicht abzusehen, wann die Kutsche sie abholen würde. Sophie von Grollmann schlug ein Ratespiel vor, aber Franziska mochte nicht mittun, sie war voller Unruhe.
Schließlich sprang sie auf und lief zur Tür. „Das Wetter wird besser", rief sie, „wir sollten dem Wagen entgegengehen." Die anderen widersprachen, auch der Wirt beschwor die Damen zu bleiben.
„Dann lauf ich allein ein Stück, wenn's zu wüst ist auf der Straß', kehr' ich eben wieder um", erklärte sie und machte die Tür weit auf. Draußen tröpfelte es nur noch schwach, sonnenblinkende Schwaden sprühten von den Bäumen, die der laue Wind schaukelte. Ihre Sohlen waren bald durchweicht, aber sie trippelte beharrlich weiter.
Da überholte sie ein Pferd, heftig angetrieben, sicht-

lich schon lange unterwegs, triefend. Im Sattel hing ein älterer Herr mit einer großen Tasche. Franziska erkannte den Leibarzt des Herzogs, den Hofmedikus und Dozenten der Pathologie, Jäger. Vielleicht war jemand vom Hof unversehens krank geworden, und man hatte ihn durch einen Kurier holen lassen? Vielleicht galt dieser tolle Ritt dem Herzog selber? Sie kannte den Professor aus Ludwigsburg. Er hatte manchmal an Gesellschaften bei Hofe teilgenommen, wenn auch sichtlich wortkarg und verschlossen. Jetzt raste er wie ein Knochenmann und Unheilsbote auf Wildbad zu und war doch gewiß eher ein Helfer und Heiler. Franziska verstand plötzlich mit unbehaglichem Herzklopfen, daß sie Angst um den Herzog hatte.

Jetzt polterte der Wagen heran, der die drei Wartenden abholen sollte; man hatte noch ein kräftiges junges Pferd vorgespannt. Ihre Hoheit mit Begleitung seien inzwischen längst in Wildbad angelangt, berichtete der Fuhrmann, es müsse dort etwas Besonderes im Gang sein, der Hof sei in höchster Aufregung.

Franziska ließ den Kutscher vollends zur Schenke weiterfahren und wartete am Wald, bis er mit den Damen zurückkäme. Die Bäume tropften noch, es duftete nach Feuchtigkeit und Grün, über ihr probierte ein Vogel seinen Triller. Sie schaute in die Richtung des Bades.

Man fuhr zurück. Im Wildbader Gasthof ließ sie sich umkleiden; dabei fragte sie die Kammerfrau aus: „Sag Sie, Kirnin, was ist denn für ein Aufruhr hier? Der Professor Jäger ist an mir vorbeigeritten,

als ging's um Leben und Tod, und der Kutscher schwatzte auch so kurios – ist etwa jemand krank?"
„Ich weiß nichts Rechts, hab's bloß vom Leibdiener", flüsterte die Frau, „der Doktor ist scheint's einer schrecklichen Botschaft halber gekommen und hat gesagt, er dankt dem Herrgott, daß die Gefahr gebannt wär'."
Franziska ließ sich bei der Hoheit melden. Dorothea empfing sie mit gelassener Ruhe, ein leicht amüsiertes Lächeln um die Augen. „Was regt denn meine liebe Baronin so auf? Man sieht's ihr doch an!"
Franziska berichtete; dann fragte sie vorsichtig, ob denn dem Durchlauchtigsten etwas fehle? „Nein", Dorothea schüttelte den Kopf.
„Der Herzog hat, obwohl er erst um die vierzig ist, rheumatische Beschwerden", fuhr sie fort, „und braucht deshalb das Wildbad. Daneben geben ihm die Ärzte noch Mittel, die seine Kur unterstützen sollen; man rührt Mixturen in der Hofapotheke an und schickt sie ihm nach. Der Professor Jäger hatte sein Rezept ordnungsgemäß geschrieben und selber abgeliefert. Den Apotheker kannte man als zuverlässig. Aber jemand muß sich daran zu schaffen gemacht haben, denn da war hernach ein Zusatz eingetragen, der die Mixtur zum tödlichen Gift gemacht hätte."
Franziska sammelte sich mühsam. „Entsetzlich zu denken, daß Seine Durchlaucht – daß er . . ."
„Ja, nicht wahr?" meinte die Hoheit mit leichtem Befremden, „der Landesvater!"
„Und was sagt der hohe Herr?"

„Ach, nicht viel. So was käme vor, meinte er, man müßte unter den bestraften Deserteuren forschen, ob da einer solche Kenntnis hätte, oder unter den entlassenen Gefangenen. Man hat auch den Schubart genannt, den wilden Dicher. Der Herzog hat ihn doch erst in Dienst genommen . . ."
„Den? Der tät doch so was nie!"
„Kennen Sie ihn?"
Franziska erzählte von ihrer kurzen Begegnung in Adelmannsfelden.
„Ein seltsamer Mensch, der Schubart", spann die Hoheit den Faden weiter, „und ein Genie, da sag einer, was er mag."
„Was dichtet er denn?" fragte Franziska und dachte an die einzige nahe Berührung mit der Poesie, die ihr Webers Verse verschafft hatten: „Laß mich dir dienen, laß mich mit dir weinen!" flüsterte sie.
„Was sagten Sie eben, Baronin?"
„Ich versuchte mich an ein Poem zu erinnern aus meiner Mädchenzeit . . . was schreibt also der Schubart?"
Dorothea lächelte überlegend. „Ich habe ihn zuvörderst als Pianisten kennengelernt – er ist ja seit dem vorigen Monat Musikdirektor in Ludwigsburg, zuerst noch im klerikalen Rocke, Klopstock und Gellert lesend." Die Hoheit schaute prüfend in Franziskas Gesicht, ob sie wohl solche geistlichen Mentoren kenne. „Indessen ist er aber ein ganz glatter Hofmann geworden – glatt? Nun ja, er schwatzt viel und derb – aber er ist ein superber Könner auf dem Klavichord."
„Und", forschte Franziska verzagt, „warum könnte

der den Herzog hassen? Wenn er ein Künstler ist, sollte er große Gedanken verstehen!“ Sie schüttelte plötzlich den Kopf über sich selber. Große Gedanken? Wie komme ich darauf ? Mars hatte eigentlich nichts Ungewöhnliches geäußert.

Franziska blickte sich um, als lauere Leutrums undurchdringliches Gesicht hinter ihr. Auch Dorothea mochte an ihn gedacht haben. Ob Carl ihn verdächtigte?

Nicht lange nach diesem Gespräch ließ Carl Eugen den Baron rufen. „Ich hätte Lust, die Wälder um Kirchheim zu befahren, muß prüfen, ob die Jagd gut wird. Sie sollten mich mit Ihrer Frau begleiten.“ Leutrum machte die übliche Reverenz, nicht einmal seine Wangen hatten sich verfärbt.

Der Herzog sah flüchtig auf, sein Blick wurde schärfer – er wunderte sich über soviel Unbeteiligtsein. Unbewußt war ihm diese schwache Reaktion unheimlich. „Ich werde Sie dekorieren, Leutrum“, sagte er rasch, „hab's schon länger vorgesehen. Und Sie schicken mir Ihre Frau mit auf die Jagd, ja? Sie selber sind ja doch kein passionierter Nimrod.“

Leutrum verbeugte sich wieder, diesmal mit weißem Gesicht.

Die Hofjagden begannen. Man erkannte Franziska neben Carl Eugen in Urach, Winnental und Schorndorf. Scheu und wie gezwungen saß sie da, mehr verängstigt als vergnügt. Sie empfand die vielsagende Aufmerksamkeit des Hofstaates als lauter feine Nadelstiche.

Carl war freundlich, besorgt, ritterlich. Wenn sie heimkam, redete Leutrum kaum mit ihr, drängte nicht, machte ihr keine Vorhaltungen. Sein Hofamt ist ihm wichtig, dachte sie. In dieser Spannung hing Franziska wie ein Falter in den Spinnweben, hilflos und gequält. Endlich wurde ihr das alles unerträglich, die winterlichen Bälle, die Schlittenfahrten. Sie weigerte sich, auszufahren, schützte Übelkeit vor oder Kopfweh.

Der Winter ging hin. Im Sommer besuchte Franziska ihre Familie auf dem Gut, half bei der Ernte, in den Ställen, auf den Wiesen, fühlte sich frei und gelöst, losgelassen. Mit einer dumpfen Sorge sah sie, wie die Gärten leuchteten, roch den bitteren Duft, der aus dem Laub aufstieg; gelbe Birnen und rote runde Äpfel fielen mit vollem Laut ins Gras, die Morgennebel lagen wie Gespinst ums Haus: Im Oktober begannen wieder die Hofjagden. Franziska fürchtete sie und wünschte sie doch herbei. Als Leutrum sie dringend zurückrief, folgte sie dem Befehl widerstrebend.

Der Mantel

Im Herbst 1770 wurde ein Galaabend zu Ehren des französischen Gesandten arrangiert. Franziska, erholt, mit frischen Farben, genoß bei aller Befangenheit Musik, Bewegung, Jungsein und die freudige Begrüßung des Herzogs. Er sprach lange mit ihr, ließ sich erzählen und tat, als sei ihm nichts so wichtig wie das Ergehen der neugeborenen Kälber, des braunen Hengstes und der schwarzen Stute, die ein Fohlen werfen sollte.
Er fragte nach Küken und Hunden und dem Stand der Krautäcker in Adelmannsfelden. Endlich aber nahm er ihre Hand und drückte einen Kuß darauf; Franziska empfand ihn wie ein Mal. Leutrum lächelte schief, während er sie zu ihrem Stuhl führte. Carl schaute ihnen nach.
Eine gewittrige Nacht zog herauf. Alle drängten heim, suchten Fächer und Handschuhe, riefen nach ihren Wagen. Franziska fühlte die Luft vibrieren, die sie wie ein Mantel umgab: Winzige zitternde Funken hüllten sie ein. Ihr war, als müsse Leutrum neben ihr das unsichtbare Flimmern merken, das sie gefangenhielt. Sie drückte sich in den Sitz, kaum mehr sie selbst, erschüttert, ohne zu wissen wovon, durstig, ohne zu wissen wonach.
Verschlossen hockte Leutrum ihr gegenüber, hin

und wieder warf er ihr einen mißtrauischen Blick zu und versank dann erneut in sein galliges Sinnieren. Er schaute auf die Hand, die ohne Handschuh auf ihrem Knie lag – und zum ersten Mal wähnte er sich seiner Frau nicht mehr sicher; seine krampfhaft verteidigte Besitzerwürde reichte nicht aus, ihre Verwirrung zu übersehen.

Der Kutscher drehte sich um. Mit der Chaise stimme etwas nicht, da wäre ein sonderbares Rumpeln und Stoßen, mitunter knirsche etwas und – dazu hänge das Gewitter gerade über ihnen. Leutrum ließ das Fenster herunter. Die Luft kam dumpf und wellig herein. „Das hat nichts auf sich", sagte er barsch, „bei diesen grundlosen Straßen hört sich manches anders an." Franziska saß abwesend dabei, heimlich geborgen in dem unsichtbar sprühenden Mantel . . .

Es donnerte jetzt, murrend und langhallend, die Wolkenberge rollten übereinander, durch die Luft quoll ein anschwellendes Heulen. Jäh fuhr eine Feuergarbe dazwischen, die Pferde fingen an zu tänzeln. Franziska griff nach Leutrums Arm. Die Tiere stiegen. Durchs Fenster zuckende Helle, blendender Strahl, Krachen und Brüllen: In immer wilderen Anläufen wütete das Wetter. Franziska duckte sich, während die Gäule rasten. Plötzlich ein grelles Knirschen. Die Pferde setzten mit tollen Sprüngen zur Seite, der Wagen neigte sich, der Kutscher rutschte ab, während er noch fluchend mit den Zügeln hantierte. Die Leutrums in ihrem Kasten fielen übereinander. Jetzt krachte das Gefährt dumpf auf die Erde, Scheiben splitterten, stöhnend barg Franziska das Gesicht im Ärmel. Leutrum rüttelte an der verklemmten Wagentür. Schließlich stieß er das Fenster über sich auf und zwängte sich hinaus, vom einsetzenden Regen sofort durchweicht.

Das Handpferd war gefallen, das zweite warf bokkend den Kopf, sein Atem wölkte im fahlen Licht. Die Männer durchschnitten die Zügel und zerrten das rutschende Tier mühsam in die Höhe. Dann reichte Leutrum verdrießlich seiner Frau die Hand und zog sie durch die Luke ins Freie. Es goß in peitschenden Schwaden, der Donner rumpelte jetzt ferner, die Blitze zuckten blasser am Himmel. Franziska stülpte den Rock über die triefenden Locken, große Tropfen liefen ihr von der Stirn zur Nasenspitze, sie fröstelte und hob einen Fuß nach dem anderen, um das Wasser aus den Ballschuhen zu schleudern. Leutrum zog sie unter die Bäume.

„Bleib stehen, bis ich Hilfe geholt habe", bedeutete er ihr ärgerlich.

Da tauchten Windlichter aus der rieselnden Dämmerung. Ein starkes Vierergespann raste auf die Verunglückten zu, schnell, unbeirrt, mitten auf dem Weg. Aufbäumend hielten die zurückgerissenen Schimmel. Die Karosse stand. Diener und Lakaien waren wie Geister aus dem Nebel zur Stelle, im Lichtkegel der Lampen wurde der sanfte Regen zu einem leise bewegten Schleier.

Vor der zitternden Franziska verneigte sich der Herzog. Flüchtig wandte er sich an Leutrum.

„Das nenne ich einen Unstern, Kammerherr", sagte er mit höflichem Bedauern, „in diesem Wetter!

Aber wir dürfen die gnädige Frau der Nässe nicht aussetzen. Gestatten Sie, daß ich ihr meinen Wagen anbiete, ich werde sie sicher ins Trockene bringen. Hoffentlich kommen Sie mit den Gäulen bald zurecht."

Leutrum verbeugte sich mit der schuldigen Dankbarkeit und trat zurück. Der Herzog, leicht besprüht vom letzten treibenden Regenflor, reichte Franziska die warme feste Hand und führte sie zu seiner Chaise. Leutrum stand dabei, verkniff den Mund und schlug die Augen nieder. Die Hofkutsche rasselte davon, es blitzte golden auf Schabracken und Zaumzeug, dann verschwand alles im Dunkeln.

Leutrum und der Kutscher hatten endlich das gestürzte Pferd wieder auf die Beine gebracht und untersuchten den Wagen.

„Sakrament, die Achse ist hin", fluchte der Fuhrknecht, „und war doch noch ganz neu!"

Leutrum beleuchtete die Bruchstelle – sie war glatt bis auf ein schmales gesplittertes Stück; eine blanke Kerbe durchschnitt fast das ganze Holz.

„Angesägt!" stöhnte der Baron. Gekrümmt und naß und wie ausgestrichen kauerte er vor dem gestürzten Wagen, als wäre es eine zertrümmerte Welt.

In die seidenen Polster kuschelte sich Franziska wie ein verscheuchter Vogel, zerzaust und frierend. Ihr tropfender Rock hing schwer um die mageren Knie, kleine schmutzige Bäche rannen von ihren zu des Herzogs Schuhen hinüber. Er setzte sich neben sie, bückte sich und streifte ihr die nassen Tanzpantöffelchen ab, hob ihre Füße auf seinen Schoß und

streichelte sie behutsam. Franziska zog die Beine zurück.
„Bitte nicht, Durchlaucht! Ich bin schon fast trokken", murmelte sie.
„Sie brauchen keine Angst zu haben, Franzel", sagte er lächelnd, „es soll alles ganz so sein wie Sie wollen."
Sie sah ihn erstaunt und gerührt an.
Der Wagen ratterte über unebene Straßen, Zweige peitschten gegen die Fenster, das gleichförmige Trappeln der Hufe war beruhigend.

Ihre Hand berührte die seine; Franziska spürte die Wärme, die sofort auf ihre tastenden Finger übersprang. Wieder fühlte sie den funkensprühenden Mantel, aber jetzt umgab er sie beide wie eine einzige bergende Zelle, in die nichts Fremdes eindringen konnte. Carl Eugen blickte sie groß an, er hatte den Kopf zurückgelegt.
„Franzel", sagte er mit einem hilflosen Lächeln, „ich – ich bin ganz anders geworden, seit – du da bist . . . Ich bin wie aufgerissen, ich kann ihm nicht mehr befehlen, mein ganzes Herz . . . ach Gott, Franzele, ich will ja bloß, daß Sie glücklich sind . . ." Er zögerte: „Fast mein' ich, man sollt' Sie warnen vor mir, liebste Frau!"
Er drückte, wie ein ungeschicktes Kind, den Kopf an ihre Schulter. Alle Selbstsicherheit, die ihn eben noch so überlegen gemacht hatte, war verloren.
„Durchlaucht", flüsterte sie kaum hörbar, „man hat mich doch dem Leutrum gegeben."
Er unterbrach sie: „Laß *mich* dafür sorgen, die

Scheidung befehlen, das alles regeln und für dich tun, oder – hängst du an ihm?"
Franziska schnellte in die Höhe und schüttelte sich. „Brauch' ich das erst zu sagen? Den fürcht' ich bloß, den Gnomen! Lang halt' ich das eh nimmer aus!"
„Komm ganz zu mir, Franzel, du bist . . ."
Sie stand im schwankenden Gefährt. Der Kutscher fuhr jetzt langsamer; gewöhnt, kein Wort zu verstehen, das ihn nicht anging, hatte er doch ihre laute, empörte Stimme gehört und glaubte, man werde ihn gleich anweisen zu halten.
Franziska zwang sich zu sprechen. Sie sagte heiser: „Aber die Durchlaucht Frau Herzogin Friederike?"
Carl Eugen wurde rot, er preßte die Zähne zusammen, dann riß er das vorlaute Geschöpf mit einem Ruck auf den Sitz. „Die ist mir durchgegangen zu ihren markgräflichen Eltern und hat mich verschrien im ganzen Land und darüber hinaus bei ihrem hochmögenden Königsonkel in Preußen, sie ist voller Dünkel gewesen und nicht wie ein Weib sein soll, sie hat . . ."
Mein Gott, dachte Franziska, jetzt ist er böse, und alles ist vorbei . . . aber ich hab' nicht anders können, ich bin nicht die Dugazon und die Bonafini, und jetzt – bleibt mir halt der Leutrum . . . Sie flüsterte: „Ich hab Euer Durchlaucht ja nicht wehtun wollen, und der Frau Herzogin auch nicht, aber – vielleicht wär' ich auch durchgebrannt – Verzeihung, Durchlaucht!"
„Du? Sie? Du wärst auch fortgelaufen von mir?" Das klang so unglücklich und tonlos, daß Franziska ihm unwillkürlich übers Gesicht strich.

„Und warum wären Sie weggegangen, Frau von Leutrum?“ fragte er jetzt förmlich und drehte den Kopf weg.
„Ja . . . warum ist denn die Frau Herzogin fort?“
„Fangen Sie nicht wieder an, Sie Türkische!“ rief er wütend. „Meinen Sie, ich hätte damals so glatt geschluckt, was Sie mir alles vorgeworfen haben, als ich der Mars war?“
„Ja, lieber Gott!“ seufzte Franziska niedergeschlagen, „ich bin halt doch ein grobes Bauernmädle, und ich geh auch wieder zu dem Leutrum, Durchlaucht!“
Der Herzog hatte sich in die Polster fallen lassen und legte die Hände ineinander. Er sah nicht auf und machte ein ernstes Gesicht.
„Sie haben vielleicht schon recht gehabt“, brummte er endlich, „und die Maskenfreiheit stand Ihnen ja zu. Sie haben mir da allerlei vorerzählt, Franzel, allerlei . . . und deutlicher als der Beichtvater! Die wilden Feste, das teure Theater, die Riesenjagden, die Maskeraden, die Juwelen, die Tänzer, Sänger, Weiber, in Venedig ein eigenes Kasino, die berühmtesten Franzosen, die süperbsten Italiener, und immer noch mehr und noch mehr und . . . sie sagen draußen, die Leut' hungerten sogar, und die Soldaten.“
Franziska hörte erschrocken zu, sie zitterte vor Kälte. Der Wagen rumpelte jetzt über einen gepflasterten Weg.
„Abbiegen!“ befahl der Herzog zum Kutschbock hinauf, „einen Umweg!“
Sofort schwenkte die Karosse links ein; Franziska

ahnte nicht, wohin es ging, sie hatte es von Anfang an nicht gewußt, aber er setzte sie doch wenigstens nicht ab und fuhr allein weiter – das machte sie verwirrend glücklich.
Carl Eugen richtete sich auf. „Ich bin immerhin ein verantwortlicher Fürst, Frau von Leutrum", sagte er mit betonter Würde, „und ich habe Obligationen!"
„Noblesse oblige", ergänzte sie mechanisch, weil ihr das von ihren französischen Lektionen im Gedächtnis geblieben war, „ich weiß, Adel verpflichtet". Es fiel ihr in der Verwirrung so ein.
„Ja." Er zögerte. „Adel verpflichtet – aber wozu, Frau Franziska? Zu prachtvollem Aufwand, zu königlichem Glanz? Solang' einer nur daran denkt, ist der Akzent bös verschoben, meinen Sie das?" Er schob seine Hand fragend zu ihr hinüber.
„Ich mein' . . .", sie konnte nicht weitersprechen. Was red' ich da? dachte sie unglücklich. Alles braust um mich, alles zerrinnt in mir – es ist, als läuteten große Glocken. Ich bin verloren, so darf ich nicht weiterfahren neben ihm, so nicht . . .
Sie zog die Arme eng an sich und stemmte sich auf. Carl ließ anhalten und half ihr aussteigen. Sie standen in einem parkartigen Garten unter dämmrigen, tropfenden Bäumen.
„Wir sind in der Fasanerie", erklärte Carl Eugen beruhigend; er faßte ihren Arm und führte sie, da sie nicht gleich zum Wagen zurückstrebte, sanft in einen Seitengang.
„Franzel", wiederholte er und legte seinen Mantel um ihre Schultern, „es ist etwas geschehen, was ich

noch niemals erlebt habe; alles gilt nichts mehr, was seither war, nicht das Wilde, nicht das Mißtrauen, nicht das Stören und Verstören – nicht einmal das Herrsein –“ Er ließ sie los und beugte ganz tief den Kopf. „Ich liebe Sie sehr, Frau Franzel!“
Franziska kamen die Tränen, heiß liefen sie ihr über Wangen und Kinn. Sie legte scheu die Arme um seinen Hals und stotterte: „Ich komm zu dir, Lieber, bald, bleib mir gut!“
Carl drückte die leichte Gestalt an sich und fragte in ihr helles Gesicht hinein: „Ist das ein Versprechen, Franzel?“
Sie nickte und preßte die nasse Wange gegen seinen Rock. „Ja, sonst wollt' ich nimmer leben – und jetzt laß mich, bitte!“
Er strich ihr im Dunkeln das Haar aus der Stirn, küßte die Brauen, dic Lider, die Lippen. Endlich gingen sie beide langsam zurück.
„Fahr Er die gnädige Frau ins Palais Leutrum nach Ludwigsburg!“
Der Kutscher riß die Tür der Karosse auf und verbeugte sich erstaunt. Carl Eugen hob Franziska hinein und sagte, zurücktretend: „Und . . . mein Kompliment dem Herrn Gemahl!“
Als der Diener schon neben dem Kutscher saß und die Zügel angezogen waren, spürte Carl etwas Weiches vor seinen Füßen: Franziska hatte den Umhang verloren. Er reichte ihn ihr durch den halbgeschlossenen Schlag und flüsterte: „Da, mein Mantel! Wickle dich ganz fest hinein, Liebe – und bring ihn mir bald wieder.“
Sie warf sich in die Polster, der Mantel knisterte –

sie spürte die Funken; alles schwankte wie in einem Sternenreigen. Auf den tiefroten Samt fiel ein Streifen von der Laterne am Bock.

Leutrum kam spät heim, Franziska war schon zu Bett gegangen. Er warf das Haustor ins Schloß, schrie nach dem Diener und war schneller, als sie gefürchtet hatte, im Kabinett. Sie stellte sich schlafend, als könnte ihn das ablenken. Leutrum warf die Kleider auf einen Stuhl, riß die Halsbinde ab und schleuderte Schuhe und Strümpfe von sich, als wären es ekelhafte Käfer. „Mach kein Theater, du herzogliche Hure, du!“ kreischte er. „Ich weiß, wie fein das Komplott gesponnen war: Man läßt die Radachse ansägen und wartet auf den durchlauchtigsten Galan, vertreibt sich recht lustig die Zeit mit ihm und der Eheherr mit dem gestürzten Wagen bleibt im Regen stehen . . . nobel, nobel von dir und deinem Serenissimus!“

Sie schwieg und bohrte den Kopf tiefer in die Kissen.

„Heraus mit dir, du Weibstück!“ keuchte Leutrum drohend, so heiser, daß es kaum zu verstehen war. „Heraus mit dir! Glaubst du, ich wollt' eine Nacht neben dir liegen und spüren, wie du nach dem durchlauchtigsten Haaröl riechst?“ Franziska rührte sich noch immer nicht, sie war wie gelähmt.

„So red' doch ein Wort, du! Sonst schlag' ich zu!“

Jetzt sprang Franziska aus dem Bett, ihr gefälteltes Häubchen fiel ihr vom Kopf, das steifleinene Nachthemd stand wie ein Segel um sie herum.

„Wenn du mich anhören willst, hab' ich dir was zu sagen“, rief sie.

„Ich soll mir wohl erzählen lassen, wie Serenissimus karessieren kann?“
„Ich hab’ mich nicht – karessieren lassen“, sagte sie bestimmt, „und von der Achse weiß ich nichts, und zum Abschied hat er gesagt: ‚Mein Kompliment dem Herrn Gemahl!‘“ Sie stockte. „Verdient hast du’s nicht, Reinhard!“
„Ah – und wenn ich’s glaubte, dann sollt’ ich wohl noch dankbar sein, daß mir die Frau Gemahlin für diesmal treu geblieben ist? Ja – was denkst du eigentlich? Du bist mein Eigentum, merk dir das wohl, und ich laß mir nichts nehmen, was mir gehört, ohne daß ich’s vorher kaputtmache. Einen Scherben kann er haben, dein erlauchter Anbeter, ein Stück Bruch und Abfall und Splitter, wie er’s mir vergönnt hat auf der Landstraße – die zersägte Achse, das gefallene Pferd, die Blamage vor dem Kutscher –, und er fährt lachend mit dir davon in Gold und Purpur!“
Er hatte sich auf’s Bett geworfen und riß an seiner Perücke, die sie ihm sonst immer abgebunden hatte. Endlich entwirrten sich die Schleifen, er warf ihr das haarige Ding ins Gesicht. Sie ging langsam zur Tür.
„Ich bleib’ nicht bei dir“, sagte sie ernst, „ich leg’ mich droben zur Jungfer in die Kammer.“ Auf bloßen Sohlen tappte sie schweigend hinaus. Leutrum ließ sie gehen.

Gegen Morgen stand er auf und horchte in den Flur. Er stieg ein paar Stufen hinauf, um nachzusehen, ob sie wirklich bei der Jungfer war. Aber er schämte sich vor dem Mädchen und kehrte um.

Als Franziska dann, später als sonst, mit der Zofe herunterkam, war er weggeritten. Der Herr Baron habe nichts weiter hinterlassen, bestellte der Diener. An diesem Tag kehrte Leutrum nicht zurück. Franziska saß stundenlang in ihrem Sessel, starrte vor sich hin und weinte. Sie aß kaum, wußte nicht einmal, was ihr der Diener vorlegte; sie weinte noch, als sie abends müde und zerschlagen ins Schlafzimmer schlich, sich mechanisch ausziehen ließ und unter die Decke kroch.

Es wurde Mitternacht, bis Leutrum heimkam. Er johlte und pfiff im Hausflur, klopfte hallend mit dem Stock ans Geländer, dann hörte Franziska Gekicher, Flüstern, gellendes Lachen. Er schleppte, betrunken taumelnd, ein kreischendes Frauenzimmer am Arm ins Kabinett.

Franziska fuhr auf, riß ihre Kleider an sich und floh die Treppe hinauf, hieß die heulende Jungfer packen und den Kutscher anspannen.

Als sich Leutrum, halb betäubt, auf sie besann, konnte er nur noch dem rollenden Wagen nachstarren, der in die Dunkelheit hineinraste.

Im Fahren nestelte Franziska noch an ihrem Anzug herum; kein leuchtendes Sprühen, kein warmes Geborgensein, wie in dem anderen Wagen – und immer wieder eine Reise durch die Nacht . . .

Der Kutscher drehte sich um: „Wohin befehlen Frau Baronin?"

„Fahr Er zu, nach Stuttgart, zur Frau von Oberkirch, dort ist meine Schwester Pflugen zu Gast."

„Jawohl, gnädigste Frau!"

Danach blieb es wieder still in der finsteren Kut-

sche. Eis knirschte unter den Rädern, die Gäule schlitterten – das Unwetter neulich hatte die Kälte hergezogen.
Da hörte Franziska hinter sich ein Pferd: Klappernd hämmerten die Hufe auf der harten Erde. Sie klopfte an die Scheibe.
„Es ist jemand hinter uns her!"
„Nicht mehr weit weg!" rief der Fuhrmann zurück und griff nach der Peitsche. Die Jungfer schrie.
„Da hinein", befahl Franziska an einer Waldecke, „ins Gebüsch, so weit es geht! Die Lichter aus! Es ist der Baron!"
Der Wagen wendete schnell, er rutschte und glitt, aber er tauchte mit knarrenden Achsen ins Unterholz. Dann hielt er.
Draußen stob der Gaul vorbei, der betrunkene Reiter achtete nur auf die mattblinkende, vereiste Straße. Franziska hielt der Kammerfrau den Mund zu; dabei horchte sie scharf hinaus. Sie fühlte sich wieder wie in Adelmannsfelden, als ihr einmal die Kutschpferde durchgegangen waren – klar und kaltblütig.
„Und jetzt", kommandierte sie, als der unheimliche Reiter vorbeigerauscht war, „geradeaus zur Solitude!"

Gegen den eisigen Wind kämpfte sich ein Mann am Waldrand vorwärts. Er fuhr zusammen: Ein Geisterpferd mit glühenden Augenbällen, der Reiter wie ein schwarzer Klumpen über dem schattenhaft gestreckten Tier, stob heran, keuchend und schnaubend.

Der Mann wich in den Wald zurück, faltete die Hände, stammelte ein Gebet, und schon war's vorbei – ein Strich, ein Funkenstreif . . .
„Wie der Leibhaftige", murmelte der Verstörte, „lässest du die Teufel der Hölle los, Herr?"

Während er sich noch zitternd zu fassen suchte, hörte er Wagengerassel, eine Kutsche kam näher, die Windlichter flackernd, das Dach vor Feuchte glänzend. Die Rosse gingen in gemessenem Trott, als wollte der Kutscher Zeit gewinnen; er saß gebückt unter seinem Radmantel und seinem großen Hut, als Schattenriß von den Lampen gegen die schillernde Straße gezeichnet.
„Hier nicht weiter – um Eurer eigenen Seligkeit willen!" rief ihn der einsame Nachtwanderer an.
Der Fuhrmann schaute zur Seite, am Fenster erschien ein verhüllter Frauenkopf. „Wer will uns da anhalten, Georg? Fahr zu – es könnt' . . . Gott, fahr zu!"
Der Warner trat rasch an den Schlag.
„Ich bin der Pfarrer Philipp Matthäus Hahn aus Kornwestheim und hab' in der Gegend zu tun gehabt. Da ist es den Waldrand entlanggefegt wie ein böser Dämon – der Gottseibeiuns möcht so aussehen –, kehrt um, das war ein Warngesicht!"
„Ach, Herr Pfarrer, Sie?" fragte Franziska erleichtert. „Steigen Sie ein, Euer Ehren, von Ihnen kommt gewiß nichts Böses! Wir wollen nämlich nach . . ." Sie schwieg erschrocken.
Hahn dankte, er müsse in der entgegengesetzten Richtung weiter, er habe ohnehin zuviel Zeit verlo-

ren, das schauderhafte Begebnis habe ihn ganz verwirrt.
„Es war mein Gemahl, Herr Pfarrer Hahn, ich bin die Frau von Leutrum gewesen."
„Gewesen?" forschte Hahn entsetzt. „Ist er tot? Wenn Sie sagten, es wär' seine abgeschiedene Seel', ich möcht's leicht glauben." Hahn sah in ihr farbloses Gesicht: Sie weinte; ihre Energie war wie fortgeblasen. „*Ich* bin wie abgeschieden und ganz aus der Bahn, und Sie, Herr Pfarrer, sind mir zur Weisung geschickt – Warngesicht? Ach nein, er hat mich vollends zum Letzten getrieben, dem ich lang' ausgewichen bin. Er hat mich verfolgt und in seinem Taumel überholt, ohne uns zu erkennen. Sonst hätt' er mich vielleicht umgebracht." Und dann erzählte sie, sehr leise, was sie hinter sich gelassen hatte.
„Aber wohin reisen Sie jetzt, Frau von Leutrum?"
Franziska gab keine Antwort.
„Beten Sie für meinen Weg!" rief sie plötzlich voller Angst. Dann gab sie das Zeichen zum Aufbruch. Hahn winkte und schaute kopfschüttelnd hinter dem Wagen her. „Es wird vielleicht ein dunkler Weg sein", sprach er vor sich hin, „aber sie wird ihn finden, diese anima candida!"

Leutrum war, jäh ernüchtert, kurz vor dem Ziel umgekehrt. Was ihm seine hellsichtige Trunkenheit vorgespiegelt hatte, wurde jetzt, in der Ernüchterung, unwahrscheinlich. Wer wollte wissen, ob Franziska zur Solitude gefahren war? Und – wenn? Der Herzog würde ihn nicht vorlassen; er, Leutrum, wäre blamiert und geschlagen wie neulich vor seiner umgefallenen Kutsche. Er brauchte einen rechtskundigen Fürsprecher, er brauchte vor allem seinen klaren Kopf und seine fünf Sinne statt dieser hirnlosen tobsüchtigen Wut. Er wollte weder auf seine Frau verzichten noch auf seine Stellung bei Hof.

Nach einer traumlos verschlafenen Nacht in einer Dorfschänke ritt er zurück, ließ anspannen, um zu seinem Vater, dem Ritterschaftsrat Philipp von Leutrum, nach Pforzheim zu fahren. Er hatte in Ludwigsburg hinterlassen, daß ihm einer nachreiten solle, wenn sich die Frau wieder zeige; sie sei vorläufig aufzunehmen wie immer, bis er es anders bestimme.

Die Väter

Auf der Solitude fiel Schnee. Verhüllt lag das Schloß da, nichts schien von draußen in seinen Bannkreis zu dringen. Mitten im Dezember saß Franziska in einem blühenden Garten: Aus den Gewächshäusern waren die Tulpenkübel in den Salon geschafft worden, Hyazinthen blühten in süßlich-violetten Trauben. Auf dem Tisch lagen Maiglöckchen in einer perlmutterbeschlagenen Schale. Franziska faßte verstohlen nach der seidenen Armlehne ihres Sessels; alles war märchenhaft.

Carl Eugen blickte sie unverwandt an. Und Franziska sah sich mitten in einem Wirbel aus Beglücktsein, Dankbarkeit und Hingebung, wie sie ihn noch nie empfunden hatte. Der Herzog rückte an einem Glas und blickte sie an. „Glaub mir, liebste Freundin, daß es kein Gered' war neulich und dann heut' Nacht, es ist mir ganz ernst damit: Du hast alles verwandelt, alles soll neu werden, ich selber bin neu geworden!"

Tränen stiegen ihr in die Augen: So hat der Mächtige, Unwidersprochene sicher noch nie zu jemand geredet, dachte sie. Sie legte ihre Wange auf seine Hand, küßte sie und beugte sich zu ihm hinüber; Carl zog sie näher und hielt sie fest. „Nie mehr werde ich dich hergeben, herzallerliebste Franzel!"

Ein paar Tage gingen hin – Franziska verschloß sich gegen alles, was diesem überströmenden Gefühl zuwider war. Sie hielt sich versteckt, und Kammerfrauen und Diener achteten sie, wie sie alles achteten, was der Herzog gerade tat und wollte.

Nach einer Woche – der Herzog erteilte Audienzen, die sich bis in den Nachmittag hinzogen – wurde ein Besucher bei Franziska gemeldet. Sie erschrak: Das mußte Leutrum sein – und sie war allein. Aber der diensttuende Kämmerer beschrieb ihr einen greisen hochgewachsenen Herrn. Ein Geistlicher? Hahn war nicht groß – oder ein Bote der verbitterten Herzogin?

Franziska saß bleich und kleinmütig in ihrem Sesselchen und blickte auf die Tür – Schritte – ein Diener, dann, hoch aufgerichtet, ihr Vater. Der Freiherr ging steif auf sie zu, hielt aber mit einem Ruck an. Franziska sprang hoch, verschluckte den Ausruf der Freude und versank in einen übertriebenen tiefen Knicks. Dann stellte sie sich mit erhobenem Kopf vor den alten Mann. Seine schwarzen tiefliegenden Augen sahen sie drohend an. Sie verkrampfte die Finger.

„Ich spreche mit der Frau von Leutrum", fragte er tonlos, „die einmal meine Tochter war? Sie hätte, sagt man mir, einen Schritt getan, der wider alle Ehre, die unserer Familie und die einer rechtschaffenen Frau, verstößt. Ich habe das von meiner Tochter nicht glauben wollen – deshalb bin ich hier."

Er griff hinter sich nach einer Stuhllehne, sein hagerer Hals war gestreckt, das gespannte Gesicht rich-

tete sich gegen die Decke. Sein Blick ging über Franziska weg.
Sie wartete; ihr war, als stehe sie einem Automaten gegenüber, einem unmenschlichen Gebilde; erschüttert blickte sie auf die ausgedörrte Gestalt, auf die entnervten Bewegungen: er schien wie vereist und kaum mehr leiblich.
„Vater!“ schrie sie angstvoll, als könnte sie ihn aus dieser Verkehrung herausreißen, in die sie ihn unwissend versetzt hatte.
Der Freiherr sank in sich hinein, als löse sich ein Krampf. Er fiel auf einen Stuhl und brach in ein trockenes, keuchendes Husten aus; den Hut, den er noch immer festgehalten hatte, warf er fahrig auf den Tisch; Franziska griff danach, sie strich über den wohlbekannten schwarzen Filz.
„Leutrum hat mich betrogen und geschlagen“, sagte sie, „er hat Weiber ins Haus gebracht und sich maßlos betrunken.“
Noch während sie sprach, wußte sie, daß das alles keine Gründe waren, die sie vor dieser knöchernen Unerbittlichkeit rechtfertigten.
„Du hast Treue versprochen!“
„Versprechen müssen, Vater!“
„Wer fragt, ob einer dem oder jenem Landesherrn dienen will? Er muß sich fügen! Und du, als Frau? Es war schließlich Gottes Ratschluß . . .“
Dein Ratschluß, dachte Franziska, aber sie sprach es nicht aus.
Bernerdin setzte sich gerade, die Knie ausgerichtet nebeneinander, die knotigen Hände darauf.
„Ich erwarte von dir, daß du deinen Fehltritt augen-

blicks rückgängig machst, heimkehrst, deinen Gatten um Verzeihung bittest und ihm eine ergebene gehorsame Frau bleibst!"

Franziska schüttelte den Kopf. Der Freiherr bemerkte es nicht. Er starrte auf die Wand, obwohl er nichts wahrnahm, fast als sauge er Kräfte aus den seidenen Tapeten mit den Faltern, Nymphen und Najaden. Endlich senkte er die Lider und fügte trocken hinzu: „Deine Mutter läßt dir dasselbe bestellen."

Franziska streichelte noch immer den geschweiften Dreispitz.

Da hörte sie von draußen Gerenne und Gerede, ein Lakai riß die Tür auf.

„Seine Durchlaucht!" meldete er.

Der Herzog erfaßte schon im Hereintreten, was vorging, er verstand Franziskas hilflosen Blick und das Auffahren des zornroten Freiherrn. Einen Augenblick regte sich niemand, dann verbeugte sich der Greis mit Anstrengung.

Carl Eugen rückte einen breiten Fauteuil heran und setzte sich.

„Der Baron von Bernerdin zum Pernthurn auf Pregrat aus Adelmannsfelden?" fragte er betont höflich.

„Der Vater dieser Dame", murmelte der Alte ungerührt.

„Sie kommen, Herr von Bernerdin, um Ihrem väterlichen Wohlwollen Ausdruck zu verleihen?"

„Um meine Tochter an ihre Pflicht zu erinnern!" korrigierte Bernerdin scharf. „Der Ritterschaftsrat von Leutrum war bei mir."

„Setzen Sie sich, Baron!"

Der Herzog schlug die Beine übereinander; die seidenen Bundhosen spannten sich über den starken Knien.

„Da wir uns also beide über die Situation klar sind, darf ich fragen, warum der Eheherr nicht selber erscheint?"

„Das mag er halten, wie er will. Ich bin in eigener Sache hier – sie ist eine Bernerdin!"

„Zunächst, lieber Baron", sagte Carl Eugen bedächtig, „ist sie aus der Botmäßigkeit des Vaters in die des Gatten übergegangen, wenn auch freilich nicht aus eigenem Entscheid ..."

„Es ist üblich und nach Gottes Gebet, daß die Tochter den Willen des Vaters achte!"

„... und dieser den des Landesherrn."

„Die Ehe ist heilig!" Der Greis zitterte, seine Augen waren blutunterlaufen. „‚Bis daß der Tod euch scheide!' heißt es."

Carl Eugen verzog den Mund. „Sie wollen mir Vorschriften machen?" Aber ehe er weitersprach, schaute er zu Franziska hinüber. „Wir sollten uns nicht echauffieren – die Dame alteriert sich zu sehr!" Er lächelte. „Ich kann Sie beruhigen, Bernerdin, die Scheidung Ihrer Tochter wird demnächst verfügt und von einem geistlichen und weltlichen Konsortium ausgesprochen werden. Was weiter geschieht, überlassen Sie mir!"

„Man hat Beispiele, wie es dann weitergeht", flüsterte der Freiherr böse.

Der Herzog wurde hochrot, eine dicke Ader trat auf seiner Stirn hervor, er krampfte die Finger um die Armlehnen des Sessels.

„Glaub Er mir – nur um der Franzel willen verschon' ich Ihn!"
Bernerdin fuhr herum. „Ich bin nicht leibeigen! Seinen Coiffeur mag der Herzog mit ‚Er' kommandieren! Und vielleicht läßt sich der Minister Graf Montmartin so rufen und macht noch einen Kratzfuß dazu!"
Franziska packte den Arm ihres Vaters.
„Jetzt ist's genug!" sagte sie laut, „ich hab' zu lang den Mund gehalten. Ich bin's, die vom Leutrum weggegangen ist, ich nehm' alles auf mich, und ich weiß, was ich tu! Mein Herzog . . ."
„Ich glaub's kaum, daß du's weißt, Närrin!" keuchte der alte Mann. Taumelnd ging er zur Tür. Carl Eugen folgte ihm und reichte ihm noch den vergessenen Hut. „Veit! Den Wagen für den Freiherrn von Bernerdin!" befahl er draußen. Er sah dem Alten nach, wie er mit äußerster Mühe den Gang entlangtastete, und neigte ein paarmal den Kopf.
„Hochachtung!" murmelte er, „trotz allem: Hochachtung!"
Im Zimmer fand er Franziska haltlos weinend. Sie lächelte ihm zu, während die dicken Tropfen über ihre Lippen liefen. Spontan kniete er vor ihr nieder und legte die Stirn in ihren Schoß. Franziska fuhr mit der Hand über sein gepudertes Haar, über das gepichte steife Zöpfchen und tupfte dabei mit der Linken ihre Augen.

Leutrum hockte gleich einer kranken Eule im Pforzheimer Palais seines Vaters, er äugte scheu nach

draußen und unternahm nichts. Es war, als sei der große Zorn in ihm verraucht; was an Gift und Bitterkeit seit seiner gedrückten Kindheit in ihm schwärte, war in jener Nacht ausgebrochen und hatte alles andere erstickt: Maß und Gutmütigkeit und einen Rest von Zartheit und Noblesse.
Bei einigen offiziellen Anlässen hatte er sich mit Krankheit entschuldigen lassen; er war auch am ersten Stiftungstag der „Militärischen Pflanzschule", der geliebten pädagogischen Schöpfung des Herzogs, nicht gekommen, obwohl er dazu befohlen worden war. Das glanzvolle Ereignis hatte überall großes Aufsehen erregt; es wurden aber auch kritische Stimmen laut: Der Spötter Schubart, nunmehr Ludwigsburger Hoforganist, hatte gelegentlich gelästert:

„Als Dionys von Syrakus
Aufhören mußt', Tyrann zu sein,
Da ward er ein – Schulmeisterlein!"

Wieder saß Leutrum grämlich seinem Vater gegenüber. Der alte Herr, vollhäuptig, schwammig, aber mit blitzenden Augen unter schlaffen Lidern, faltete die Hände über der breiten Weste. Er schüttelte den Kopf, sah vor sich hin und dann, mißtrauisch prüfend, in das eingefallene Gesicht des jungen Mannes; Reinhard trank, seit er untätig im Palais saß, mehr als vorher.
„Du kannst so nicht weiter vor dich hinleben, Sohn", sagte der Vater endlich und stand auf. „Du mußt dich zusammenreißen und etwas tun! Zuerst hast du getobt, daß man für deine Frau hat fürchten

müssen, und jetzt läßt du alles laufen, als wäre nichts geschehen, läßt dir das herzogliche Gehalt geben, behältst die Kammerherrenschlüssel und bewohnst das kleine Palais in Ludwigsburg, und – wenn man genau hinsieht, nimmst du noch Extraspenden vom Durchlauchtigsten an und läßt dir deine Schulden bezahlen!"
„Was hat das mit dem Amt zu tun, wenn sich meine Frau vergißt?" murrte Reinhard von Leutrum.
„Ich versteh' dich nicht mehr: du bist von Adel, aus einem großen Haus, gut erzogen; hast du keine Ehr' im Leib?"
„In diesem Leib?" höhnte der Verwachsene.
Der Alte stampfte mit dem Fuß. „Jedenfalls sehe ich nicht zu, wie mein Sohn seine Frau feilhält und sich dafür besolden läßt!" schrie er. „So du den Hofdienst nicht aufgibst und die Schlüssel retournierst, hast du kein Erbteil von mir zu gewärtigen!"

Reinhard wurde blaß; er habe doch Spielschulden, sechstausend Goldgulden, die ihm der Herzog tilgen wolle . . .
„Schämst du dich nicht, Bursche? Die Gulden muß *ich* ja wohl übernehmen!" Er schaute den Sohn böse an. „Aber dafür kann ich nicht gutstehen, daß nichts an dir hängenbleibt, weil du selber kein sauberes Latztuch hast, die Geschichte schon zu lang treiben läßt, weil du brutal warst, ausschweifend und unmäßig –"
Der Alte lief zwischen Fenster und Tür hin und her. „Wenn er sie wenigstens mit Gewalt entführt hätte – aber sie ist dir ja durchgegangen! Und das macht

einen Ehemann lächerlich – weil jeder fragt, warum sie's tat!"
„Die Seinige tat's doch auch!" trumpfte Reinhard auf.
„Hat man das etwa nicht auch ihm angekreidet, wie? Ich sag dir noch einmal: wenn er sie wenigstens entführt hätte . . ."
Der Freiherr von Bernerdin lag krank in seinem kalten Schlafraum in Adelmannsfelden. Nach dem Besuch auf der Solitude war er zusammengebrochen wie ein morscher Baumstamm. Auf seine verzweifelten Briefe an den Ritterschaftsrat von Leutrum hatte ihm dieser zurückgeschrieben, er wolle alles tun, um die Sache anständig hinauszuführen: Man werde klagen, man werde sich vor dem hohen Herrn nichts vergeben, zumal man im Recht sei.
Aber das genügte dem Kranken nicht; Franziskas Ehre – er sah und hörte nichts anderes mehr. Daß sie freiwillig und ohne Scham zu ihrem allerhöchsten Liebhaber gelaufen war, das verwand er nicht. Er ließ den Rat zu einem Gespräch bitten; als dieser „dringender Geschäfte halber", ablehnte, machte er sich selber auf. In einen breiten Wagen verpackt, mit Kissen gestützt, vom Husten geschüttelt, reiste er ab, ohne auf das Jammern von Frau und Töchtern zu achten. So kam er nach Pforzheim, ein fiebernder Greis, den nur sein Stolz aufrechthielt. Erschrocken erfuhr Philipp von Leutrum von seiner Ankunft und machte sich auf den Weg zum Gasthof. Dort fand er einen gebrochenen alten Mann. Er setzte sich zu ihm ans Bett und nahm seine Hand. „Sie hätten diese Fahrt nie machen dürfen, lieber Freund!"

Bernerdin gab keine Antwort. Haarsträhnen hingen ihm in die nasse Stirn, die Augen glänzten in verschatteten Höhlen. Leutrum fragte besorgt, ob statt dieser Unterhaltung nicht auch Briefe genügt hätten?

„Mir eilt's", hauchte der Kranke, die unbeherrschte Tochter habe ihn auf den Tod verletzt; ihr ritterbürtiges Geschlecht sei beschmutzt für alle Zeit, stammelte er heiser, und es gäbe da keine Hilfe mehr. „Durchgegangen wie eine vom Ballett!" Ein Hustenanfall schüttelte Bernerdin und ließ den Besucher mitleidig aufseufzen.

„Wir haben beide den gleichen Kummer", tröstete Leutrum und legte seine fleischige Hand auf die dürre des Kranken.

„Wir wollen uns nicht verzetteln, sondern bald das Nötige erwägen. Was das publike Skandalon angeht, Bernerdin, kann ich Ihnen versichern, daß sie sich gänzlich verborgen hält und kaum aus ihren Gemächern kommt. Ich habe mich erkundigt. Sie wolle es so, hat sie den Zofen erklärt, die ich habe ausfragen lassen. Und wenn man da und dort ein bißchen mit Geld nachhilft – was ich gern übernehmen will, Ihnen zulieb –, so wird vorläufig nicht viel zu vernehmen sein aus dem Schloß im Wald."

Der Leidende schwieg eine Weile. „Wenn Ihr Sohn still bleibt", sagte er dann traurig, „aber das kann er auf die Dauer nicht."

„Nein, gewiß nicht. Er scheut sich noch davor – er ist ja selber blamiert. Mit einem geprellten Ehemann hat keiner Mitleid ... Wenn man sie wenigstens geraubt hätte, wie damals die kleine Tänzerin."

„Ich weiß", hustete Bernerdin, „ich weiß. Aber daß *meine* Tochter so ohne Haltung und Reputation, so freiwillig hat gehen mögen!"
„Herrgott, Bernerdin, Sie ringen nach Luft! Lassen Sie mich überlegen; wir ziehen ja am selben Strick. Vielleicht könnt ich da etwas Brauchbares arrangieren, ich kenne doch den Durchlauchtigsten und seinen Montmartin. Über den läuft vieles . . ."
„Ein ehrloser Hund, der Minister und angemaßte Graf", flüsterte Bernerdin hochrot. „Der hat die schändlichsten Streiche zu verantworten; könnt' ich den vom Hof jagen, ich hätt' wahrhaftig noch Hoffnung, daß es besser würde mit dem Herzog!"
„Er ist noch in Gunst, noch! Und Sie wären erledigt, wenn er von Ihrem Wort da eben erführe, Bernerdin!"
„Ich bin so und so hin, und wenn er mich ins Loch bringt wie den Rieger – mir ist's gleich."
„Dazu laß ich's nicht kommen, ich steh dafür, daß Ihre und meines Sohnes Ehr' geflickt wird, so gut das noch geht, mein Freund!"
Anderntags fuhr der Fiebernde ab. Man verhandelte insgeheim zwischen den beiden Familien; Bernerdin ließ sich von einem rechtskundigen Verwandten vertreten, der ihm berichtete, der Ritterschaftsrat habe seinen Sohn dahingebracht, seine Ämter zur Verfügung zu stellen und seine Orden zurückzugeben. Auch scheine man den Grafen Montmartin gewonnen zu haben, der ja in dem Rufe stehe, alles bei Serenissimo zu erreichen.
Nicht lange nach der Unterhaltung schickte der alte Leutrum mit einem Eilkurier einen getrüffelten

Kapaun für den Patienten nach Adelmannsfelden und legte einen Brief bei: Die Abmachung sei gelungen, dergestalt, daß man Franziska ins Leutrumsche Gut Haidach bringe; von dort solle sie dann durch vertraute Leute der gewissen hohen Person des Nachts „geraubt" werden. Daß dies auch bekannt werde, dafür stehe er ein. Sein Sohn habe zugestimmt, er werde sich separat halten und in Pforzheim bleiben, Höchsten Orts sei die Affäre als eine lustige Komödie hingestellt worden, die der teuren Dame nutzen werde.

Bernerdin ließ sich überzeugen: Jetzt konnte man die leidige Sache doch noch so wenden, daß seine Tochter als schuldloses Opfer herzoglicher Willkür und Begierde erschien; ob sie das selber wollte oder nicht, danach fragte niemand.

Philipp von Leutrum versprach seinem teilnahmslosen Sohn, daß ihm dadurch die Scheidungsklage erleichtert und das Schandmal des Gehörnten wenigstens in etwa abgenommen werde.

Franziska glaubte nicht an Leutrums Versicherungen. Aber Carl Eugen lachte sie aus: Falls das ihren armen Vater beruhige – ihm sei es gleichgültig, wenn er als Räuber oder Entführer dastehe. Es wäre doch ein köstliches Spiel und ein Mummenschanz schon im Januar, warum auch nicht? Derlei habe er als junger Prinz oft getrieben. Er selber werde in der Nähe sein und auf sie warten, sie solle sich ruhig nach Haidach begeben, für eine halbe Nacht, länger entbehre er sie auch nicht gern.

Franziska stimmte endlich zu. Sie wollte ja in das seltsame Spiel willigen, nur um ihren Vater zu versöhnen. Der Herzog hatte ihr versprochen, sie um Mitternacht von zwei Kavalieren abholen zu lassen und ihr die Herren vorgestellt, den Hauptmann und Auditor Ehrenfeld und den Herrn von Gemmingen. Man werde die Sache so aufziehen, daß sie bekannt werde, Bernerdin solle zufrieden sein. Alle Türen müßten unverschlossen bleiben, ihre erfahrene Kammerfrau solle sie mitnehmen.

Eines Abends – es waren acht Tage vergangen, seit Carl Eugen den Plan gebilligt und die Einzelheiten mit Montmartin besprochen hatte – fuhr das Gespann vor. Franziska wurde mit der Zofe hineingeschoben, der Kutscher bei Prügelstrafe zum Schweigen verpflichtet und Franziska noch einmal und wieder ermahnt und geküßt. Dann begann das Abenteuer – ein Scherz und spaßiges Schnippchen, wie der Herzog meinte, eine ungewisse und ernste Sache, wie Franziska fürchtete.

Die Dämmerung hatte sich mit dem Nebel verfilzt, ein undurchsichtiges Gebräu lag um den Ort, den Franziska aus sommerlichen Tagen kannte.

Der Verwalter hatte geheizt, da man ihm den Besuch der Frau von Leutrum angesagt hatte; Tee war bereitgestellt und wurde schnell aufgegossen, die Pferde versorgt und das Bett aufgedeckt. Franziska schickte ihre schläfrige Kammerfrau zur Ruhe. Sie setzte sich an ein Tischchen und versuchte, beim Licht einer langen, gelben Kerze zu lesen. Sie verließ sich auf Carls Wort, daß die Herren nicht weit seien; aber sie fürchtete sich doch. Durch die Fenster kam ein leichter Windhauch herein, ihr war, als spüre sie das lautlose Ziehen der Nebelschwaden.

Geduldig machte sie sich daran, Harsdörffers „Frauenzimmergesprächen“ zu folgen; nach einer Weile legte sie das Buch weg und griff nach einem Andachtsbändchen, blätterte, fand ein Abendgebet und las es laut. Aber bald horchte sie nur noch auf das Ticken der Uhr auf dem Kaminsims, an die sich ein Gerippe mit seinem Stundenglas lehnte, aus Elfenbein, zierlich geformt, aber doch unheimlich genug; sie hatte es sorgsam vermieden, die kühlen Knöchlein zu streifen, als sie das Werk aufzog.
Endlich nickte sie ein, die Hand mit dem Buch im Schoß, den Kopf zur Seite geneigt, und die Füße in den pelzgefütterten Pantoffeln ausgestreckt.
Franziska schreckte auf. Draußen schlug ein Hund an. Noch halb im Traum erkannte sie das Stampfen von Pferdehufen. Das war kein gutes Geräusch . . . Sie rannte zur Tür und riegelte ab. Sie rief nach der Zofe. Aber ehe die sich aufgerafft hatte, klopfte es laut am Haustor. Man hörte, wie der Verwalter heranschlurfte, als das Pochen verstummt war. Durchdringend gellte die gefürchtete Stimme: „Aufmachen, der Hausherr ist da!“
Franziskas Hände waren naß vor Schreck.
Sie solle auftun, ihr werde nichts geschehen, rief der Baron wieder. Dazwischen jaulte sein großer Setter. Jetzt rüttelte es an der Klinke, der Verwalter mischte sich ein, der Hund bellte auf und kratzte knurrend am Holz.
Franziska kauerte am Boden und preßte die Hände gegen das Türschloß, als könnte ihr das noch helfen. „Mach auf, Frau! Aufmachen, oder ich tret’ die Tür ein!“

Leutrums Stimme gurgelte. Er ist wieder betrunken, dachte sie verzweifelt, sonst wäre er nicht gekommen.
„Du hast doch versprochen, daß du mich allein läßt hier!"
„Madame haben auch allerlei versprochen – und dies ist mein Haus."
„Ich hab mich auf deine Zusag' verlassen", sagte sie im gleichen halblauten, vor Erregung singenden Ton wie vorher.
Leutrum stieß mit derben Stiefeln zu, ein- und zweimal, der Verwalter jammerte und bat ...
In dem Dröhnen und Poltern hantierte die Zofe mit den Kerzen am Fenster. Plötzlich schrie sie laut auf: Der Vorhang hatte Feuer gefangen.
Jetzt krachte das Holz: Leutrum stand im Türrahmen. Es war auf einmal ganz still; nur der Hund knurrte und die Funken knisterten. Drunten fuhr ein Wagen vor.
Franziska sprang auf. „Reiß alles ab, Martha, und tritt die Glut aus!" befahl sie, mitten im Raum stehend. Der Verwalter rannte nach Wasser.
„Halt den Mund!" lallte der Baron, „und Sie dort, rühr Sie sich nicht!"
Aber die Kammerfrau hatte schon die lodernden Fetzen heruntergezerrt und trat darauf herum, sperrte die Fenster auf und wedelte mit einem angesengten Lappen hinaus.
Leutrum griff nach Franziska.
„*Ein* Feuer wenigstens hab ich hier gefunden", sagte er gepreßt, „laßt's brennen! Zum Ruinieren bin ich grad aufgelegt."

Franziska wand sich los; da sprang der Hund sie an. Leutrum gab ihm einen groben Tritt und glitt dabei aus. Ehe er sich wieder aufgerichtet hatte, taumelte Franziska gegen die offenen Fenster; draußen zogen sich die beiden Helfer am niedrigen Fensterbrett herauf und stiegen über den angesengten Sims herein. Leutrum riß Franziska zurück; aber mit weißem Gesicht stand sie vor ihm und flüsterte: „Lieber wär' ich tot!"

Der Luftzug fachte die Flamme noch einmal an, sie sprang auf die Seidentapete über, knallend barsten die Scheiben. Die Kavaliere schoben sich zwischen Franziska und Leutrum, Ehrenfeld meldete: „Befehl seiner Durchlaucht!"

Leutrum trat plötzlich beiseite; willenlos, mit maskenhafter Miene, lehnte er an der Wand. Er ließ die Offiziere vorbei, die Franziska trugen. Der Setter kroch ihr jaulend nach; geduckt huschte die Kammerfrau hinterher.

Leutrum blieb zurück. Im kalten Wind knackte die Glut, feuchte Nebelluft drückte den Brand nieder. Er zog die Reste des glimmenden Behanges weg und erstickte das letzte Flackern.

Jetzt war es dunkel. Er stützte sich gegen die Mauer, sein Buckel tat weh. Vom Hof her streifte ihn der Schatten des davonfahrenden Wagens. Unsichtbar zogen Rauchschwaden durch den Raum, der Qualm stach beizend. Leutrum fühlte seine Augen naß werden.

Er pfiff dem Hund und horchte, aber er hörte nur den Wind, der draußen umging.

Schubart

Der Hauslehrer Weber, Johann Friedrich mit Vornamen, hatte kurz vor Franziskas Vermählung ihr elterliches Gut unversehens verlassen müssen und sich seither ohne Protektion, ohne Familie und mit sehr wenig Geld als Nachhilfelehrer durchgebracht. Derzeit lebte er in Blaubeuren, wohin es ihn auf seiner Wanderschaft und Stellensuche verschlagen hatte.
Das Städtchen lag nicht weit von Ulm am Blaufluß, oder vielmehr an seinem Quellbecken, dem Blautopf, und da saß nun der Lehrer, in der herbstlich klaren Luft des Nachmittags, vor sich das Zisterzienserkloster; weil es Sonntag war und er nicht zu unterrichten brauchte, gönnte er sich das Verweilen, schwermütig und versponnen, wie er von Natur aus war und wie ihn sein ärmliches Leben vollends gemacht hatte.
Vor ihm leuchtete das azurblaue Auge des Brunnens im aufgefächerten Licht, dunkelgrün bewimpert. Sonnenfleckig zogen sich Wasserbögen immer enger um die Mitte, wie die Kreise der Iris um die Pupille. Weber hatte irgendwo gehört, daß sich in dem urweltlichen Felsengewölbe des Blautopfs die Brunnenfrau tummeln solle, eine fischgeschwänzte Königin, die durch Stollen und verborgene Flutadern aus

der Donau hergeschwommen käme, Nixen und feuchtes Gelichter hinter sich; daß sie gelegentlich auftauche, schöngliedrig, mit grünen Augen und – wie das die Naturgeister gemeinhin täten – höllischen Zauber übe. Während er so auf das kreiselnde Rund schaute, aus dem die Klosterenten gerade schnatternd entwichen waren, lief ein irisierender Schimmer gegen die dunkelsaugende Mitte hin. Da stieg ihm auf einmal aus dem Wasserspiegel das Bild der jungen Franzel aus Adelmannsfelden herauf, deretwegen er vor mehr als elf Jahren seine erste Stelle auf ziemlich abrupte Weise hatte verlassen müssen. Der Freiherr von Bernerdin, der ihn damals verjagt hatte, war jetzt schon zwei Jahre tot. Die Franzel hatte er nie ganz aus den Augen verloren, die strahlte unübersehbar an des Herzogs Seite.
Webers tüchtigem spartanischem Sinn hatte ihr Weg nicht immer gefallen, und ihre Glorie war ihm nicht ganz geheuer gewesen. Man wußte, daß sie damals auf Carl Eugens Befehl vom Baron Leutrum geschieden wurde, den das Gericht als schuldlos erklärt hatte; damit war freilich der Herzog unausgesprochen verurteilt.
Aber jetzt, seit sie am Hof lebte, wehte eine neue, reinere Luft dort oben, die ärgsten Schinder und Kriecher waren entlassen worden. Man sagte, sie mischte sich nie spürbar in die großen Staatsaffären. Aber sie sei da und wirke – irgendwie.
Weber lächelte. Das heitere Licht, in dem das kindliche Gesicht vor ihm auftauchte, war wirklich Franziskas Element; nichts Unreines gedieh in ihrer Nähe . . .

Ein leichter Wind kam auf; Weber blieb sitzen, zumal er hoffte, so weniger schnell hungrig zu werden.
Sein Dienstherr, der Klosteroberamtmann Scholl, war ein dürftiger Mann von unscheinbarer Statur; er konnte sich den devoten, zaghaften Beamten kaum als Vater der großen Kinderschar vorstellen, die er zu versorgen hatte. Die Verwaltung des evangelischen Klosterstiftes, in dem seit nahezu zweihundert Jahren junge Theologen herangebildet wurden, warf kaum soviel ab, wie seine Familie brauchte. Die Frau Schollin wagte freilich nicht viel zu sagen, sie war dem Augenschein entgegen das willige Werkzeug ihres Gatten.
Weber hatte an der Bescheidenheit des Haushalts einen spürbaren Teil zu tragen. Auch waren die Buben, mit denen er Rechnen und Sprachlehre übte, aufsässige Burschen, und ihr Vater tat wenig, um seine Autorität als Lehrer zu stützen. Tröstlich waren ihm die seltenen Begegnungen mit dem Pfarrer Hahn, mit dem er religiöse Fragen beredete, und die ruhige Beziehung zu seiner Emma, der Langverlobten, die er trotz aller Schwierigkeiten doch endlich noch heimführen wollte.
Was er im Hause Scholl über den Ludwigsburger Hof hörte, war ein wenig gefärbt durch die beflissene Ergebenheit des Klosteroberamtmanns. Hahn sagte freier seine Meinung, denn es gab noch immer manche Stimme, die auch an dem gemäßigten Kurs des Herzogs Kritik übte: Ulm war nahe – Schubart wirkte dort an seiner berühmten „Chronika".
Es wehte nun kühl vom Wasser herauf. Das blaue

Schattengewirr deckte den Quellgrund, und Gedanken und Bilder versanken. Von der Klosterkirche, deren spitzer Turm wellig im verdüsterten Spiegel zuckte, schlug es fünf Uhr. Der Lehrer sprang auf. Ein paar gelbe Blätter fielen wie Tropfen ins Bekken, rötlich blendete das Abendrot durch die Buchenäste, ein schnarrender Vogelruf kam aus dem Wald. Die Konturen verwischten sich. Weber ging langsam ins Haus zurück.

Es wurde Weihnachten . . . Webers Geschenke, die im Hause Scholl unter dem dürftigen Christbaum lagen, waren einfach genug: Ein Hemd, von der Amtmännin aus einem alten ihres Mannes zusammengenäht, und graue Socken, die ihm die treue Emma gestrickt hatte. Die elf Kinder Scholl fanden Gebäck und einiges Anziehbare vor, die Frau ein Kopftuch, der Mann einen Rock; Scholl hielt die Hauskasse knapp. Man sang nur ein paar Lieder, da die Buben mißtönig und überlaut schrien und trotz Webers Bemühungen nicht musikalischer geworden waren.

Die Feier im Klosterstift war dafür um so würdiger, mit edler Musik, die man durch den Hofkomponisteur Jomelli zu Ludwigsburg besorgt hatte; sie stammte von dem Italiener Cimarosa.

Danach ging es wieder alltäglich zu im Schollschen Haus, und nur die krachende Kälte des beginnenden neuen Jahres war als etwas Auffallendes zu verzeichnen.

Im Januar brachte ein reitender Bote ein Schreiben. Da der Hausherr nicht daheim war, nahm Weber es in Empfang und erkannte das herzogliche Petschaft. Er verwahrte das wichtige Kuvert in seiner Stube und gab es dem Oberamtmann bei seiner Rückkehr.

Scholl zog sich schnell zurück und las. Endlich lief er zitternd und außer sich in den Flur hinaus, hielt sich an der Wand, als wollte er zusammensinken, und sah den hinzukommenden Weber flehend an. Der Lehrer stützte den hilflosen Mann, der das herzogliche Papier weit von sich schleuderte, als wäre es ein brennendes Scheit.
„Es ist ein Befehl!" stöhnte der Oberamtmann, „vom Allerdurchlauchtigsten Herrn! Das ist ein Schlag!"
Weber wurde es unbehaglich; er hatte das Gefühl, in eine verworrene Lage zu geraten, wenn er sich mehr erzählen ließe. Vielleicht bahnte sich da gerade das an, was ihn so oft bedrückt hatte, die Entscheidung zwischen Zwang und Gewissen? Er schüttelte bedauernd den Kopf und ging. Scholl rief ihm nicht nach; er schlurfte müde in seine Wohnung zurück.

Im Gasthaus „Zum Baumstark" in Ulm saßen sich ein paar Tage danach zwei recht verschiedene Männer gegenüber: Der zierlich-hagere Scholl und der breitgebaute Schubart, der berühmte Poet, Musiker und Publizist, ein Mann von neununddreißig Jahren.
„Das war gut", lobte der Dichter und machte eine runde Handbewegung gegen die leeren Schüsseln und Teller. „Sie kochen hier exzellent im ‚Baumstark'!"

Scholl lächelte dünn. Es wäre jetzt Zeit, fistelte er, nach Blaubeuren aufzubrechen, wo sie beide vom Professor Gmehlin, seinem Verwandten, dringlich erwartet würden; dieser glühende Bewunderer von Schubarts Genie habe schon oft genug den Wunsch gehabt, den Dichter persönlich zu sehen.

„Aber der kennt mich doch schon“, warf Schubart hin, „ein höflicher Herr übrigens!“

„So?“ echote Scholl betreten. „Das haben Sie schon gestern gesagt. Aber er hat unablässig davon geredet, wie sehr er sich danach sehnte, Sie im Gespräch zu erleben!“

Schubart saß einen Augenblick still da; es stand ihm plötzlich vor Augen, wie seine Frau Helene sich weinend an seinen Rockaufschlag geklammert hatte, um ihn zurückzuhalten, als er aufbrach.

„Frauen und Träume“, sinnierte er laut, „weisen die Zukunft.“ Wie ein Schemen stieg sein Traum von den Rabenvögeln in ihm auf, wie sie ihn zerrten, auf einen hohen, kahlen Berg hinauf; er litt manchmal an solchen trüben Gedanken, wenn er getrunken hatte. Früher war ihm der Wein feurig ins Blut gegangen und hatte seine Reden mitreißender und überzeugender gemacht.

Scholl zupfte schweigend an seinen Ärmeln herum. „Was soll da zu träumen sein?“ murrte er mit gesenktem Kopf. „Kommen Sie! Wir müssen noch zahlen! Natürlich sind Sie mein Gast, Professor, nachdem ich drei Tage lang der Ihrige war.“

„Sie haben’s heut mit den Professoren“, meinte Schubart aufstehend, „der Gmehlin ist wenigstens wirklich einer; aber soweit bringt’s der Schubart

auch noch – Hofmusikdirektor bin ich schon einmal gewesen . . . übrigens, Dank für die Einladung, Sie sind wirklich generös, Bruder!"
Bis der Wirt kam, um die Rechnung auszuschreiben, redete der Dichter unablässig weiter: daß ihm die Theologie, die er einmal studierte, ständig anhänge, daß man ihn zu einem geistlichen Leben verpflichten wolle; wie ihn der Zilling, der Spezial, der Oberhirt', sehr „anmutig" drangsaliere, dem er mit ein paar treffenden Pfeilen seine Selbstherrlichkeit angeschossen habe – und er fuhr fort, obwohl Scholl nichts erwiderte, zu bramarbasieren und merkte nicht, daß der Wirt schon eine Weile ehrfurchtsvoll wartend hinter ihm stand, mit einem Gesicht, als seien von seinem aufbrechenden Gast noch seltene Weisheiten zu hören. Auch Scholl drängte ihn nicht, er schaute ihm auf den Mund, als hoffe er irgendeine Rechtfertigung, eine Bestätigung zu erhalten. Schubart setzte sich noch einmal.
„So geht's, wenn man ein freier Geist ist", schwatzte er erregt, „nicht nur die Kollegen von der eigenen Konfession schauen einem auf die Finger, auch die anderen, die schwarzen Brüder, denen ich ihren Gassner ein bißchen gerupft habe . . . Haben Sie davon gehört? Der hat sich als Wundertäter auf den Straßen breitgemacht, die Siechen und Lahmen stundenweit zu sich pilgern lassen, so daß sie im Graben elend eingingen, und hat ihnen mit Handauflegen Heilung verheißen, die er nicht spenden kann . . . ja, und so ein paar Vögel aus dem Bayrischen haben mich mit Pamphleten recht gefährlich verleumdet, und dann . . .", er drehte sich um und

überflog mit einem flüchtigen Blick das gedunsene Gesicht des Gastwirts, „dann bin ich, als ich des Ludwigsburger Hoforganistenpostens glücklich ledig war – Ihr habt einen ‚Landverwiesenen' vor Euch, Ihr Herren! –, dann bin ich noch als Chronist mit meinem Wochenblatt verdächtig geworden."

Er wandte sich wieder um: „Das bleibt unter uns, Herr Oberamtmann und Herr Wirt? Neulich sind da noch ein paar treffende Spitzlein von meinem Bogen geschnellt – denn es stinkt spürbar an denen Höfen, und so Gott will, möcht's bald besser duften dorten; und hab' ich meiner Hoffnung allzuweit die Zügel schießen lassen, hab' gemeint, es sei in Wien, woher unser schwäbischer Wind derzeit weht, ein Wechsel vorbereitet, da ich den Joseph als einen liberalen und aufgeklärten Geist schätze. Aber das haben die" – er schlug auf den Tisch – „die schwarzen Galgenvögel gleich als einen verdammlichen Todeswunsch der Allerhöchsten Frau Kaiserin Maria Theresia in der Hofburg hinterbracht, die darauf, so munkelt man, ihr zürnend Aug' strafdrohend auf mich gerichtet."

Der Wirt hatte sich leise entfernt und eine Flasche Trollinger zwischen die beiden säumigen Gäste gestellt; aber Schubart hatte es plötzlich eilig.

„Pack Er mir's ein", rief er aufgeräumt, „auf meine Rechnung. Es ist kalt heute, wir sind schon über den halben Jänner weg, da könnt uns so eine Bouteille guttun im Schlitten, Scholl!"

Der Klosteramtmann stieg aus dem Pferdeschlitten und reichte seinem Gast die Hand. Der 22. Januar

1777 war ein unfreundlicher Tag; der Wind trieb fauchend den Schnee durch die Straßen von Blaubeuren; der Amtmann wartete ungeduldig, bis der behäbige Schubart sich aus den Decken geschält hatte. Mit roten Gesichtern standen sie einen Augenblick im Wind.

„Wollet eintreten in mein bescheidenes Domizil, Herr Professor", bat Scholl und warf einen schnellen Blick in die Runde. Sie stiegen die Treppe hinauf. „Der Herr Professor ist willkommen, werd' den verheißenen Besucher gleich bringen; halten zu Gnaden, einen Moment, und bitt' ich zugleich, sich zu plazieren!"

Der Gast sah sich um: ein einfaches Zimmer, glühend rot das Öflein in der Ecke, und daneben ein Mädchen am Spinnrad, das sich beim Eintritt der Männer höflich erhob.

„Schon gut, Scholl, 's wird nichts fehlen!" sagte Schubart beschwichtigend und fügte munter hinzu: „Echauffiert Euch nicht, Herr Amtmann, 's ist Euch ein wenig warm geworden vom guten Trollinger. – Ja, mir hat's auch alle Geister geweckt! Gut tut die Wärme, von innen und außen! Dank auch fürs Einheizen", wandte er sich an die Spinnerin, die schüchtern am Rocken saß. „Werd' mich die Zeit schon unterhalten, eilt nicht so gar, Herr Bruder!" Er lachte breit, zog einen Stuhl heran und nahm den geschwinden Abschied seines Gastgebers erst wahr, als dieser die Tür nachdrücklich schloß.

Schubart stand auf und begann, sich Bewegung zu machen. „Will Sie nicht aus der Ruh' bringen, Jungfer", sagte er angeregt. „Das ist ein behagliches

Schnurren mit so einem Spinnrad ... Die Wolle ist mir immer wie ein Symbol erschienen für den Menschen: Das wächst wild und ungezähmt daher, schäumt und pufft sich auf und legt sich in keine Form. Und dann wird's gefaßt und gedreht, gezwirbelt und gezwungen, bis es fein säuberlich in einem Strang beisammen ist! Da fügt sich Fädlein an Fädlein auf der Kunkel, keins mehr unterschieden vom andern, liegen brav wie die Leichen beieinand und ist ihnen alle Wildheit vergangen. So möchten die Herren uns auch auf den Model schlagen, schön in die Reih'!"

Das Mädchen saß stumm und schaute groß herüber. „Ich versteh Euch bloß halb, Herr", sagte es leise, „aber mir ist die gedrehte Woll' schon lieber als die wilde ..."

„Glaub's, glaub's, euch Weibern ist alleweil das Gezwirnte handlicher", räsonierte der Gast und lachte. „Ich weiß selber nicht, was in mich fährt! Ich bin wie fiebrig – hab' eine wilde Lust zum Reden, und wenn d' mich auch bloß halb verstehst!"

Schubart ging rascher hin und her. Die Flasche mit dem Trollinger hielt er sich zur Hand und trank unterm Gespräch. Im Zimmer lag eine frühe Dämmerung. Kaum war die aufrechte Gestalt am Rokken noch erkennbar in ihrer Albtracht, dem gewürfelten Rock und dem schwarzen Spenzer. Halb neugierig und halb ängstlich schaute sie auf den stämmigen Mann, der unruhig durch den Raum lief, als gelte es, die Zeit zu überholen. Jäh blieb er stehen.

„Das ist ein zahmes Beispiel, die Wolle! Da wär' die

Welle mir lieber, das Meer! Immer bewegt und bewegend, will kein Ufer spüren, liebt den Wind! Und wo es sich an einem Felsen stößt, da tobt es aufdonnernd im blitzenden Schaum und reißt sie hin, die Beharrenden! Es hat auch im Wirbel Perlen getragen, und blitzende Fische sind ihm hochfliegend entstiegen! Ja, mein Meer braust ohne Maß . . ."

Das Mädchen sah ihn besorgt an: „Wollen Sie nicht sitzen, Herr? Das Öflein wärmt doch auch ohne Laufen!"

Sie fügte stockend hinzu: „Es ist mir ja leid, daß Sie nicht bessere Gesellschaft haben als meine."

„Deine? Du bist Widerhall genug, wenn du nur zuhörst."

„Herr – Sie sind so unrastig. Haben Sie sich etwa verkühlt im Schlitten vorhin?"

„Was, Jungferle, verkühlt! Zu voll ist mir die Stunde! Da drängt sich alles in mir vor, was gewesen ist und was vielleicht sein wird!" Schubart trat ans Fenster.

Die Spinnerin ließ die Hände sinken und sagte angstvoll: „Der Herr Klosteroberamtmann hat's g'wiß net g'meint, daß er solang' braucht, es ist sonst ein braver Mann, ich bin im Dienst bei ihm."

Schubart hatte kaum zugehört.

„Er ist auch gut angeschrieben beim Herzog Carl", klang das Stimmchen wieder aus der Finsternis.

„Braucht keine Entschuldigung, Mädle", unterbrach sie der Umherwandernde, „in mir selber ist so eine Unrast. Im Dienst bist beim Scholl? Ich glaub's, daß der dem Herzog kommod ist, der schätzt Leut' wie ihn – servil und agréable, heißt's am Hof. Das kenn ich."

Das Mädchen mochte seinen spöttischen Ton bemerkt haben; es meinte verlegen: „'s wär recht jetzt, wenn's ein End hätt' mit unserem Disput – ich hab so einen noch nirgends gehört!"

Schubart starrte ins Dunkle, er hatte die Spinnerin vergessen. Ihre scheue Stimme reizte ihn jetzt. „Ersticken möcht' man!" rief er plötzlich, „überall sind Mauern aufgerichtet." Er vergrub das Gesicht in den Händen. Sein gebeugter Rücken hob sich wie ein Berg gegen die Schneehelle des Fensters ab.

Die junge Magd fürchtete sich. Wenn ich die Kerzen holen könnte, dachte sie, dann würde er vielleicht ruhiger. Aber sie getraute sich nicht, an ihm vorbeizugehen, bückte sich nur lautlos nach der Spindel und hielt sie im Dämmern in die Höhe.

Schubart richtete sich wieder auf, dehnte die Arme und wandte sich ihr zu. Durchs Fenster fiel Licht auf Spindel und Hand – „Atropos, die Unabwendbare", murmelte er, „die bricht den Faden, und wär er noch so fein gezwirnt!"

Draußen dröhnte die Treppe, Stimmen wurden laut, ein greller Glanz fiel durch die Spalten, die Tür ging auf. Von hinten, schattenverzerrt, hob Scholl einen Leuchter. Schubart schnellte geblendet zurück: Husarenröcke, Waffen; er erkannte den vordersten. „Vahrenbühler? Kommst extra aus Ludwigsburg? Willst mir schon im Jänner eine Maskerade vormachen?"

Der Major von Vahrenbühler blieb mit ernstem Gesicht stehen.

„Ich Auftrag unseres Durchlauchtigsten Fürsten nehm ich Sie in Verwahr, Schubart!“ sagte er laut.
Das Mädchen schlug die Schürze vors Gesicht und schluchzte.
„Was?“ schrie der Verratene. „Darum muß ich aus der Freien Reichsstadt Ulm gelockt werden? Scholl, du Judas!“ Er warf sich mit dem Rücken gegen die Wand, das hochrote Gesicht seinen Feinden zugekehrt.
„Teufel seid ihr, keine Menschen! Fein, fein ausgedacht von dem Durchlauchtigsten Sultan! Und ihr tanzt brav an seiner Schnur, ihr Kreaturen!“
Scholl schlüpfte hinaus. „Mir ist's leid ! ! !“, flüsterte er dabei, aber niemand hörte auf ihn.
Die Soldaten standen wie Zaunlatten hinter den Offizieren, keiner rührte sich. Schubart streckte den Kopf vor und stierte die Männer an, als fielen ihm die Augäpfel aus den Höhlen.
Der Oberforstmeister Graf Sponeck trat auf ihn zu. „Los, Mann“, kommandierte er ungerührt, „machen Sie sich fertig!“
„Nein, nein, nein!“ schrie Schubart außer sich. „Wer gibt ihm das Recht? Das Menschenrecht? O Gott, mein Weib, die Kinder, die Chronika!“ Er weinte auf.
Vahrenbühler legte ihm die Hand auf die Schulter. „Es ist Befehl! Hilft alles nichts! Kommen Sie endlich!“
Schubart stand langsam auf und streckte ihm die Arme hin; er schaute zum Fenster hinüber, wo die Flocken vor dem Glas wirbelten.
„Lasset mich noch einmal die Freiheit riechen, eh

ihr mich packt." Er trat an die Scheibe, riß das Fenster auf und sog gierig die kalte Luft ein. Mit einer wilden Bewegung schlug er das Fenster zu. „Adieu, Freiheit!" stieß er zwischen den Zähnen hervor; dann trottete er gebeugt hinaus.

Als man Schubart am Morgen des 24. Januar 1777 auf dem Gefängnishof der Feste Hohenasperg die Wagentür öffnete, kroch er steifgefroren und halb betäubt ins Freie. Er blinzelte in die Runde und erkannte erstaunt ein Kommando Wachsoldaten in Paradeuniform, die das Gewehr präsentierten. Ein Rest der alten Eitelkeit stieg in dem Niedergeschlagenen auf; aber da sah er den Kommandeur mit dem Säbel salutieren und die Blicke der Umstehenden sich gegen die Turmfenster richten: Oben hinter den geschlossenen Scheiben waren zwei Gesichter zu erkennen, das rote des Herzogs mit den Haartollen an den Schläfen und das hellere der Reichsgräfin von Hohenheim.
Schubarts Gedanken wirbelten durcheinander: Freilich hatte er den hohen Herrn erbost, als er seine Eskapaden öffentlich verhöhnt und seine gottähnliche Selbstherrlichkeit angetastet hatte; er war auch mit der „bravsten Maitresse Europas" nicht eben sanft umgegangen – aber bisher war ihm die anmutige Franziska, der er in seiner Ludwigsburger Zeit Klavierstunden gegeben hatte, immer noch milder und humaner erschienen als ihr unberechenbarer Gebieter. „Auch die Franzel", brummte der Gebeugte, während er schnell wegschaute. Dann schob man ihn in den Eingang des Gewölbes.

Carl Eugen trat vom Fenster zurück und streckte Franziska die Hand entgegen. Er sagte laut, mit einem Blick auf den Adjutanten: „Wir verhoffen, ihm so seine gotteslästerliche Unverschämtheit auszutreiben!“

Der Offizier, in der Annahme, er sei bei diesem Gespräch nicht erwünscht, wandte sich um und verzog sich in den entferntesten Winkel des Zimmers. Franziska schwieg.

„Er hat dich, reizende Frau, eine ‚Donna Schmergalina‘ genannt, der Schmutzfink! Bist du doch deshalb schluchzend zu mir gekommen, hast ihn deinen Verderber, deinen Verleumder geheißen. Er hat Uns angetastet, Uns und alle Souveräne Europas, und hat mit Leuten Umgang gepflogen, denen des Rousseau frevlerische Schriften ein tägliches Labsal waren ... er hat mit den Wühlmäusen in Frankreich sympathisiert, hat die kaiserliche Majestät zu Wien beleidigt und ihr baldiges End' vorausgesagt, so ihm recht lieb gewesen wäre, hat die heilige Kirche angespien mit seinem Gegeifer ...“

„Warum schreist du so?“ fragte die Reichsgräfin kaum hörbar.

Carl Eugens rotes Gesicht wurde noch dunkler; er drehte sich weg. „Gehen wir!“ befahl er barsch, gegen den Offizier in der Ecke gewandt, und verbeugte sich förmlich vor Franziska.

Im Schlitten steckte Franziska das Kinn in den Pelzkragen; sie kniff und knüllte ihr Taschentuch in den Fingern, sie schnupfte ein paarmal, als hätte sie Tränen zu schlucken.

„Was ist?“ erkundigte sich der Herzog unsicher.

„Du hast gewollt, daß ich mitgehe, und ich hab' dir gehorcht . . . mehr nicht. Eine Meinung hast mir ja untersagt in den Staatssachen."
„Soll das heißen, daß du dem Verbrecher da hinten das Wort redest? Er hat dich genauso beleidigt wie mich, er hat's zu weit getrieben, hat keine Warnung verstehen wollen! Haben nicht die Jesuiten seinen Kumpan und Sekretarius zum Tod verurteilen müssen wegen seiner Rousseauschen Umtriebe, den Nickel? Und hat der Schubart selber nicht aus Ludwigsburg weichen müssen als Landsverwiesener? Und so ein Fallot setzt sich in die Freie Reichsstadt und spottet meiner? Ihre habsburgische Majestät . . ."
Franziska weinte jetzt wirklich.
„Ich soll und will nicht mehr wissen", preßte sie hervor, „und was die Kaiserin dir befohlen hat, geht mich nichts an."
Der Herzog schwieg verstimmt. Ein offener Streit wäre ihm lieber gewesen als dieser still verhaltene Widerstand; er hätte sich mit starken, immer wiederholten Argumenten rechtfertigen mögen, um alle zu überzeugen, nicht nur Franziska; statt dessen wies sie ihn auf seinen eigenen Befehl hin: Sie dürfe nichts zu schaffen haben mit Staatsaffären.

Der Hauslehrer Weber fand nach der Abfahrt des Verhafteten den Klosteroberamtmann im Bett; er phantasierte und fieberte stark. Dem Hausgenossen tat er leid, er durchschaute den Handel nur halb: War Scholl selber überrascht worden?
Der Amtmann zog unter dem Kissen das Schreiben

mit dem herzoglichen Siegel hervor, und Weber las unten das Datum: *„Decretum Stuttgart den 18. Jenner 1777 ... Carl, H. z. W. u. T.“* Er warf einen fragenden Blick auf den Kranken, der ungeduldig auf das Schriftstück tippte, um ihm zu bedeuten, daß er es lesen solle. Weber überflog die Sätze mit Widerwillen.

„... der in Ludwigsburg angestellt gewesene Stadtorganist Schubart teils um seiner schlechten und ärgerlichen Aufführung willen, teils wegen seiner sehr bösen und sogar Gotteslästerlichen Schreibart ... seines Amtes entsetzt und von dort weggejagt worden.“ Er erfaßte in der Eile die Worte: *„... dessen habhaft zu werden ... an den Magistrat zu Ulm zu wenden, dürfte vielleicht den vorgesetzten Endzweck gänzlich verfehlen machen ... unter einem scheinbaren Vorwande auf unstreitig württembergischen Grund und Boden gelockt und daselbst sofort gefänglich niedergeworfen werden könnte ... strengste Geheimhaltung ... so lieb ihm Höchstdero Herzogl. Huld und Protektion – ... das unverbrüchliche Stillschweigen ...“*

„Sie dürfen's doch keinem zeigen, Herr Oberamtmann!“ rief Weber entsetzt, „Hier steht's doch!“

Scholl winkte müde ab. „Ich will das ohnehin nicht überleben – ich bin kein Judas!“ flüsterte er verbissen. Weber widersprach erschrocken. Aber der andere schüttelte beständig den Kopf.

Weber lief zur Amtmännin und bat sie, bei dem Kranken zu wachen, da er wie vernichtet daliege und die schwärzesten Gedanken habe. So widerlich ihm Scholls Tun war, so wenig wußte er einen rechtmäßigen und christlichen Ausweg aus seinem Dilemma. Er schrieb an Hahn. Der schien wenigstens verläßlich genug, um ihm die schrecklichen Vorgänge anvertrauen zu können; es war ohnehin im ganzen Oberamt die Rede davon, wie man den Dichter Schubart heimtückisch mit Hilfe des Scholl eingefangen hätte.

Hahn schrieb zurück, sehr rasch, da ihn wohl die Fragen, die Weber ihm vorgelegt hatte, gleichermaßen bewegten: „Es ist“, hieß es in der Antwort des Pfarrers, „ein schweres und ernstes Ding um die Freiheit und den Gehorsam: Ist man gehalten, jedweden auch anfechtbaren Befehl zu befolgen? Was wird aus dem Vater vieler Kinder, der sich widersetzt? Was ist Beamtenpflicht? Hätte einer – er sei, wer er wolle – eine Anordnung höherer Instanzen nicht oder unvollkommen ausgeführet, so wäre er wohl genauso bestraft worden wie jener, den er ausgeliefert; müssen wir solches – was ja auch unsere Lieben trifft – herausfordern? Eins freilich gilt: Wehe dem Menschen, durch welchen Ärgernis kommt.“

Weber legte den Brief dem Oberamtmann vor und versuchte ihn zu trösten: auch zwei andere hohe Beamte seines Kreises hätten ja denselben Befehl erhalten. Der Hauslehrer hatte allerdings den letzten Briefbogen für sich behalten, ein Unwahrhaftigkeit, die er bewußt aus Mitleid beging, den Bogen, auf dem die Worte standen: „Gottesfurcht ist mehr denn Menschenfurcht, und so Sie mich fragen – ich will den Gewalten trotzen, und meine teure Familie wird mich verstehen; ich wollt’ einen Wehrlosen nicht ausliefern, und hätt' er noch soviel Törichtes geredet oder geschrieben ..."

Franziska sprach nicht über den gefangenen Mann auf dem Asperg; doch sie dachte an ihn, und Carl spürte diese Gedanken; aufreizend und anmaßend schien ihm die demütige Franzel in diesen Wochen. Was sie eigentlich umtrieb, ahnte er nur: Immer wieder schob sich in ihrer Vorstellung Schubarts Bild neben das des Herzogs. Beide Männer waren wie wilde Bergbäche, ungebändigt und überquellend, und beide – wenn keiner sie in die Ufer faßte – zerstörerisch. Nur daß der eine sich als Bürger im Geleis halten sollte und in einer „geduckten Gemeinschaft duldend hinwandeln", während dem anderen alles erlaubt, alles zu eigen, alles zu Gefallen war ... Wär's umgekehrt und die Rollen vertauscht, so müßte wohl ihr Herzog jetzt im Turm ächzen und stöhnen, dachte sie.

Erschrocken legte sie die Hände vor die Augen: „Die Frau, die Helene, die den Schubart nicht hat binden und mäßigen können – und ich, die ich binden und mäßigen muß, um des Landes willen und um seiner selbst willen, obwohl mir keine Regel und Vorschrift hilft, nicht einmal der Beichtiger ihm zu widersprechen wagt ... Leicht schien mir's, mit ihm zu leben, und himmlisch, und jetzt, am Schubart, an dem Unrecht, was da geschehen, merk' ich, was mir aufgeladen ist."

„Die Schubartin hat geschrieben und will einen Fußfall tun", sagte sie nicht lang' nach der Einkerkerung des Dichters; aber Carl hörte kaum hin. „Die Familie ist in Not", setzte sie noch einmal an,

„die Kinder brauchen eine Schul', das Julchen sollte was lernen, und der Sohn, Ludwig heißt er, ist begabt; die Mutter hat keine Gelder zurücklegen können – man weiß ja, wie unbesonnen der Mann es getrieben hat."

„Unbesonnene Leute müssen ihre Aufführung büßen", brummte der Herzog.

Franziska sah ihn an, ein wenig von unten her: „Ach?"

Er wurde dunkelrot.

„Ich rechne mich nicht zu den Leuten", gab er scharf zurück.

„Aber zu den Menschen, Carl, das ist mehr."

Leute und Menschen

Helene Schubart erhielt dann schließlich auch für sich und ihre Kinder eine kleine Unterstützung: Das Mädchen wurde in die „école des demoiselles“ aufgenommen, die Schwesteranstalt der „militärischen Pflanzschule“, die nach dem Vorbild von Saint Cyr unter Franziskas Protektorat entstanden war; Julchen Schubart sollte nach höchstem Beschluß Sängerin werden. Der Minister Goethe, der sie nicht lang nach ihrem Eintritt in die Schule hörte, sagte ihr eine bescheidene, aber angenehme Stimme nach. Ludwig glich der Mutter mehr als die hochstirnige Schwester mit dem gedrungenen Untergesicht, die Schubart „mein Ebenbild“ nannte. Der Sohn fügte sich leichter und versprach, ein „penibler Jüngling“ zu werden, wie man sie dort oben brauchte; er studierte die Rechte.

Carl Eugen wollte sich tüchtige Beamte, Ärzte, Offiziere heranziehen, auch Künstler, die fleißig Antikes kopieren und des Herzogs Schattenriß zeichnen mußten. Freilich gab das Militärische dem Ganzen den Zuschnitt. Antreten zu Gebet und Mahlzeit, Montur und gepichter Zopf und schuldige Ehrfurcht sollten diese Schwabenelite prägen. Aber Carl hatte hervorragende Lehrer berufen, klare Köpfe wie den Professor Abel, die das talentierte

Mittelmaß wohl vom Außerordentlichen unterscheiden konnten. Er selber hatte ein Gespür für seine „geliebten Söhne“: Und einem unter ihnen bestätigte er hellsichtig, daß er „einmal etwas recht Großes werden könnte“.

Es war ein blasser junger Mensch mit rötlichem Haar, der zuerst, wie Ludwig Schubart, zum Juristen, danach auf seine Bitte zum Mediziner bestimmt wurde; der Herzog zeigte ihn unauffällig der Franzel. Seltsam aufflammend waren seine grauen Augen, manchmal blitzendblau. Sein Ernst, seine ungewollte Überlegenheit, seine gedankliche Klarheit schlossen ihn ab von dem Kreis der naiven, schnell begeisterten Burschen. Erst wenn er ungehemmt redete, brach er aus, als reiße ihn eine Vision hin. Die Kameraden bewunderten ihn scheu. Man wußte, daß er ein Sohn des Hauptmann Schiller war, der die herzoglichen Gärten und Obstplantagen versorgte und ein Buch über Pomologie geschrieben hatte. Im Sinne des Herzogs waren auch die modischen Pflanzungen und Frühbeete, die selbstentworfenen Anlagen und eigens gezogenen Bäume – das ernsthafte und doch eigentlich ahnungslose Spiel in der Natur wollte als Verständnis für Bauern und Gärtner gedeutet werden; Schäfergruppen in Porzellan und auf der Bühne zeigten denn auch die „edle“ Herabneigung zu den einfachen Verrichtungen des Lebens.

Und so bastelte und häckelte auch der schwäbische Carl gelegentlich in seinem Park herum, was der Leibarzt übrigens dringend unterstützte. Für Franziska war das kein Spiel – sie griff herzhaft und mit

Eifer nach Gabel und Rechen, wenn es sich irgend machen ließ, suchte sachkundig die Gemüsesamen aus und sortierte sie, bestimmte die geeigneten Beete, die schattigen oder sonnigen Orte der Aussaat, und der Hofgärtner, der sich zuerst bang gefragt hatte, wie er den hochfürstlich gezogenen Gemüsen dennoch zum Wachstum verhelfen könnte, mußte ihr erstaunt recht geben und sie gewähren lassen.
Gelegentlich berichtete sie darüber in dem von Carl angelegten „Tagbuch"; und der Hauslehrer Weber hätte vielleicht nicht ganz dieselbe helle Freude daran gehabt wie der Hofgärtner an Franziskas häuslichen Übungen.
Im Herbst waren die Tage hell und sonnig, leichte Morgennebel legten sich in der Frühe über Hecken und Wiesen, die Zugvögel sammelten sich, und die Enten auf dem künstlichen See im Park ließen Federn. Franziska las Septemberäpfel auf, sammelte sie in ein Weidenkörbchen und ließ sie dem Herzog durch ihre Jungfer hineinbringen – mit einem Gruß von der „tugendsamen Freundin". Sie hatte sich vorher über einfache und üppige Kost mit ihm gestritten, und er hatte ihre Mäßigkeit als „Tugend" gelobt.
Als ihr ein dicker, gelber Apfel auf den Kopf fiel, am Häubchen abglitt und ins Gras rutschte, lachte sie vor sich hin. Sie sah ihre Jungfer drüben durch die Wiese heranlaufen, unter einer breitästigen Linde durchschlüpfen – sichtlich, um den Weg abzukürzen – und schon von ferne winken. Das Mädchen rief von weitem: „Durchlaucht müssen

gleich reiten, es hat einer Feuer gemeldet in Plieningen, sie werden dort allein nicht Herr drüber!"
Franziska ließ die Äpfel ins Gras kullern, die sie im gerafften Rock trug, und ging auf die Rufende zu: Sie wolle mitfahren, man solle warten, sie werde den Durchlauchtigsten doch begleiten . . .
Einige Stunden später saß Franziska wieder neben dem Herzog in einem leichten Jagdwagen und preßte ein Kind an sich, das aus den Flammen gerettet worden war.
„Du hättest das nicht mitansehen dürfen, Franzel", begann Carl ernst, „die zerschlagene schwarze Leiche der Mutter und den rasenden Mann!" Er streichelte ihre Hand, die noch verschmiert war von Rauch und Staub.
„Man sollt' viel mehr ansehen", gab sie zurück, „Kranke und Arme und Gefangene! Der Schubart . . ." Ihr fiel die entlaubte Linde vom Hohenasperg ein, unter der man den geduckten Mann vorbeigeführt hatte.
„Schweig! Das sind . . ."
„Oh, ich weiß – Staatsaffären!"
„Ja", sagte er bedachtsam, „leider; Staatsaffären, deren ich nicht immer Herr bin. Der Schubart hat ein gefährliches Beispiel gegeben, mein' ich."
„Ist dein Beispiel denn minder gefährlich, Carl? Man spricht über deinen berühmten Gefangenen."
„So, spricht man?" Er schwieg; plötzlich lehnte er erschöpft den Kopf zurück. „Es ist zuviel Elend in der Welt, man sollt's mindern, nicht mehren – denn der Tod ist ein immer bereiter Feind. Franzel, ich red' fast mit deinen Worten. Glaub mir – er war mir

heut ganz gegenwärtig, der Tod, als ich vor dem Feuer stand . . ."

„Carl!" rief sie erschreckt, „was denkst du dir da aus?"

„Ist's nicht so? Und wer ist vor ihm sicher?"

Zum Namenstag im November bescherte der Herzog seinem „liebsten Engel" eine Überraschung: Ein frisch tapeziertes und mit Blumen geschmücktes Zimmer war neben Franziskas Schlafgemach über Nacht heimlich hergerichtet worden, ein Tisch voller Flieder aus den Treibhäusern der fürstlichen Gärten stand unter einem blühenden Orangenbäumchen, und zwischen Tulpen lagen auf silbernen Tellern kleine blitzende Sternblüten: Ohrringe aus Diamanten mit leuchtend blauen Saphiren, umrahmt von einem Brillanthalsband.

Franziska fiel dem Herzog gerührt um den Hals, und er klopfte ihr begütigend den Rücken. Er zog sie mit in sein Schreibkabinett und zeigte ihr eine Order, die er eben unterzeichnet hatte: Der Dichter Schubart, über dessen Aufführung Gutes berichtet worden sei, solle in ein besseres und helleres Gelaß verbracht werden; man möge ihm auch, sobald das der geistliche Beistand zulasse, das Abendmahl reichen, das er so dringend begehre. Der Dekan Zilling hatte nämlich bisher die Bitte des Dichters als ein „säufermäßiges Verlangen nach dem Weine" abgewiesen.

Der Winter 1777 war trüb und feucht. Ganz gegen ihre eigentliche Veranlagung saß Franziska bedrückt und unlustig herum, machte sich mit unnützen

Nähereien zu schaffen, fertigte kleine Handarbeiten für Weihnachten, veränderte ihre Kleider, spielte mit einigen Hofdamen Karten oder Domino. Es kam vor, daß sie im Traum den gefangenen Schubart sah, und er glich dabei dem verlassenen Leutrum, obwohl ihr vor Schubarts lauter redseliger Art nie gegraut hatte wie vor Leutrums heiserem Spott; einmal träumte sie auch von dem Plieninger Brand, von dem Kind, das sie im Wagen gestreichelt hatte; es saß auf einer grün funkelnden Wiese und lachte sie an.

Ihr fehlte die frische Luft, die Bewegung auf den Feldern, das Säen, Pflanzen, Jäten, Hacken, Unkrauten. Sie sehnte sich nach dem Lebendigen, Wachsenden, aber Carl wollte nicht einmal Hunde um sich. Er liebte die Pferde und verstand viel davon, aber die waren fern und groß und in ihren Ställen – ihr gehörte nichts Nahes, Warmes, was sie auf den Knien halten konnte. Früher hatte sie sich oft nach Adelmannsfelden geflüchtet, doch seit die Mutter ganz in Ensingen wohnte, das Carl Eugen ihr geschenkt hatte, war es auch damit vorbei.

Die seltenen Visiten ihrer Verwandten waren dem Herzog nicht sehr lieb. Nur Louise von Pflug kam öfter. Keine ihrer Schwestern stand Franziska so nahe wie sie, die damals so rührend versucht hatte, ihr „vom Leutrum zu helfen". Sie brachte auch einmal den Weber ins Gespräch, den sie kurz vorher gesehen hatte, und seinen Freund Hahn, von dessen technischen Wunderwerken man allerorts redete.

Der Herzog beobachtete den begabten Pfarrer, wie er überhaupt seine „Renommierschwaben" gern im

Auge behielt, als hätten sie nirgends anders als unter seinem Regiment so herrlich erblühen können ... Hahns „geistlichen Tiefsinn“ und sein mechanisches Geschick nannte Carl „ganz glorios schwäbisch“. „Philosophen und Tüftler haben wir im Land“, sagte er einmal nachdenklich zu Franziska, „die wollen die Weltursache ausforschen und das Weltende berechnen mit ihren Rädchen und Hebeln. Aber wer kann solches ergründen?“

Manchmal spürte er jetzt starke Schmerzen in den Beinen, leichte Anfälle von Schwindel und Beklemmung, die er seither nicht gekannt hatte. Er selbst redete nicht viel darüber, hielt sich soldatisch stramm und schlief weiter auf einem harten Bett im ungeheizten Raum.

Kurz nach Franziskas Geburtstag im Januar mußte man den Leibarzt holen. Professor Jäger kam und untersuchte. Das Herz sei angegriffen, sagte er, Serenissimus solle mehr Ruhe geben, die Mahlzeiten leichter halten und den Weingenuß mindern; auch sei die Leber geschwollen, und ein leichtes Gallenfieber schwäche den Kranken.

Carl Eugen lächelte mit hochgezogenen Brauen. Er nahm das alles als Angriff eines schwachen Feindes, der mühelos zurückzuschlagen sei: Er bewegte sich noch gern in den Vorstellungen seiner militärischen Laufbahn, obwohl sie ihm wenig Ruhm eingebracht hatte. Spät erst gab er zu, daß Krieg und Kriegsübung eine bitter ernste Sache seien, und kein standesgemäßer Zeitvertreib.

Er dachte jetzt oft – mehr als seither – über vergangene und versäumte Dinge nach, denn er ahnte in den Stunden körperlicher Schwäche, wie etwas Neues und Stärkeres heraufkam, das nicht mehr in seine überkommene Vorstellung paßte. Ungeduldig wartete er auf das Gesundwerden; das Herumliegen und Untätigsein paßte ihm gar nicht. Er versuchte zu lesen. Franziska saß bei ihm und trug ihm schwierige Abhandlungen aus wissenschaftlichen Büchern vor, wobei er manchmal ein wenig seufzte; denn ihre Aussprache, zumal bei lateinischen oder griechischen Wörtern, befriedigte ihn durchaus nicht.

Neblige Tage setzten ihm zu. Gegen Ende Januar lag er in einer windigen Nacht wach. Es blies wütend durch alle Fugen und Ritzen, das Bett wurde nicht warm. Carl Eugen warf sich ächzend herum. Franziska hörte es und beugte sich über ihn. „Das Herz tobt“, sagte er gequält, „und manchmal setzt es ganz aus.“ Erschreckt griff sie nach seiner Hand und drückte sie fest; die Finger waren kalt und feucht.

Sie sah wieder wie damals den Leibarzt vorbeirasen, sie spürte wieder den Schauder bei der Eröffnung der Hoheit. Wenn ihn nun wirklich einer vergiftet hätte . . . Sie ließ Jäger rufen und erinnerte ihn an jene schlimmen Stunden.

Aber er beruhigte sie. Es seien natürliche Ursachen, die den Herzog schwächten, ein Versagen der Kräfte, wie es bei diesem rastlos tätigen Manne nicht verwunderlich sei; Naturen wie die seine vermöchten auch noch aus dem Niedergang immer größere Anwürfe zu ziehen . . .

Erleichtert atmete sie auf: Wer hätte auch jetzt noch

Grund gehabt, ihn zu töten? Sie fragte den Professor, ob er mehr wisse über den Anschlag vor bald zehn Jahren?

„Alles ist nie klar geworden", erzählte Jäger halblaut, um den Schlummernden nicht aufzuwecken, „der ehemalige Minister Montmartin soll einen erfahrenen Pharmazeuten gedungen haben, der sich beim Hofapotheker als Kutscher anstellen ließ; der mußte die Tat vorbereiten. Keiner dachte an einen so unwichtigen Mann. Er ist später wegen eines Fußleidens aus dem Dienst gegangen, und man hat erst bei seinem Tod vor ein paar Monaten mehr gehört: Ein Geistlicher schrieb dem Herzog von der Beichte des Sterbenden. Montmartin war damals schon in Ungnade und ging danach außer Landes. Durchlaucht haben aber nur mir die Sache anvertraut."

Er schwieg und legte den Finger auf den Mund, damit auch sie schweigen sollte. Carl bewegte sich. Franziska sah ihn unverwandt an. Sie erkannte bald, daß es nicht nur die leibliche Schwäche war, die ihm zu schaffen machte, sondern ein innerer Umsturz, ein Einbruch und Zusammenfall des wohlerrichteten Selbstgefühls. Seit ihn die Kriecher und Schmeichler nicht mehr beredeten und betäubten und alles Menschliche übertönten, seit der gefangene Schubart ihn mit dem Blick eines geschlagenen Tieres und doch mit einem Funken ungebrochenen Geistes angeblickt hatte, seit er alles mit seiner Franzel und durch sie erlebte, war er aus einem wolkigen Götterhimmel langsam und unaufhaltsam herabgeglitten auf die Erde, auf die arme, blutige,

mißbrauchte Menschenerde.
Franziska blieb schweigend neben dem Kranken, steckte die Decke fest, drückte die Kissen an und wartete. Er sprach dann noch ein paarmal von dem Elend im Land, und daß es doch nunmehr besser geworden sei damit, und von seiner Sendung und von Gottes Gnade. Dann schlief er plötzlich ein.
Sie tastete nach seinem Puls, aber der war kräftiger als vorher. Der Kranke atmete ruhig, die Krise schien überwunden.
Hof und Land gerieten in einen ganz besonderen Eifer, als diesmal, 1778, der Geburtstag Serenissimi herankam; es war der fünfzigste, und insgeheim liefen die Vorbereitungen schon lange.
Carl Eugen wagte sich nach und nach wieder mit kleinen Gängen ins Freie, auf einen Stock gestützt und das Halstuch eng gebunden.
Franziska fand ihn wortkarg und unzugänglich. „Du bist noch so matt, Lieber“, sagte sie besorgt, „deine rote Farbe täuscht.“
Er lachte. Die solle auch täuschen, beichtete er, denn der Schal sei absichtlich so fest geschnürt, damit das Blut ins Gesicht steige. Aber er werde es bald wieder zwingen – so mache er nicht weiter . . .
An einem milden Abend Anfang Februar rief er sie zu sich ins Schreibkabinett und zeigte ihr den Entwurf zu einem Erlaß, der an seinem „Halbjahrhunderttag“ von den Kanzeln verlesen werden sollte.
Franziska schwammen die Buchstaben vor den Augen, sie sagte heiser vor Bewegtheit: „Gott gesegne ’s dir, liebster Herzog! Daß wir so eines Sinnes sein können, daß ich so beglückt bin und

erfüllt durch dich – das macht mich schier das Arge vergessen, womit ich manchem zum Anstoß geworden bin!"

„Liebe gute Frau", sagte er langsam, „ich will nicht davon reden und dran denken, wann es sein wird, aber sobald ich nach den Lehren meiner Religion frei bin, will ich dir und keiner anderen die Hand zum Ehebund reichen, denn dir gehört mein Herz, und was ich geworden bin, ist dein Werk, da es nicht wäre ohne dich."

Am 11. Februar, der sonst von Redouten und Maskeraden und Lachen und Tänzen wirbelte und dröhnte, wurde ein feierlicher Gottesdienst anberaumt. Carl und Franziska saßen nebeneinander in der Hofkapelle der Solitude, als der Prediger las:

> *„Wir, von Gottes Gnaden Carl, Herzog zu Wirtenberg und Teck etc.: Gott, von dem alles Gute kommt, und ohne welchen nichts Gutes kommen kann, haben Wir zu verdanken, daß durch Seine Güte unsere Lebensjahre mit dem heutigen Tag sich auf Fünfzig, mithin ein halbes Hundert Jahre erstrecken, wobei er Uns besonders Seine Gnade verliehen, Unserem so vorzüglichen Berufe gemäß dasjenige mit guten Kräften und Gesundheit bisher ausführen zu können, was nicht allein Unsere Regentenpflichten mit sich gebracht, sondern auch was Wir zum wahren Besten unserer lieben und getreuen Untertanen nach Unseren landesväterlichen Obliegenheiten von Zeit zu Zeit für dienlich befunden.*
>
> *Da Wir aber Mensch sind und unter diesem*

Wort von dem so vorzüglichen Grad der Vollkommenheit beständig weit entfernt geblieben und auch für das Künftige bleiben müssen, so hat es nicht anders sein können, als daß teils aus angeborener menschlicher Schwachheit, teils aus nicht genugsamer Kenntnis und sonstigen Umständen, sich viele Ereignisse ergeben, die, wenn sie nicht geschehen, wohl für jetzt und das Künftige eine andere Wendung genommen hätten. Wir bekennen es freimütig, denn dies ist die Schuldigkeit eines Rechtschaffenen, und entladen Uns damit einer Pflicht, die jedem Rechtdenkenden, besonders aber den Gesalbten dieser Erde, beständig heilig sein und bleiben sollte. Wir sehen den heutigen Tag als eine zweite Periode Unseres Lebens an, Wir sehen den heutigen Tag als einen erneuerten Geburtstag der Liebe, des Gehorsams, der Treue, des Vertrauens Unserer lieben und getreuen Untertanen an; ja, Wir sehen ihn an, diesen Tag, als von Gott geschenkt, um alle Unsere wahrhaft getreuen Diener und alle Uns so nahe am Herzen liegenden lieben Untertanen von neuem Unserer Landesväterlichen Gnade, Huld und Fürsorge versichern zu können.

Versicherungen allein aber sind Unserem landesväterlichen Herzen keine Sättigung, keine beruhigende Sprache gegen Unsere Diener und Untertanen; Beweise, auf die Rechtschaffenheit des Landesherrn gebaut, werden Unserer Sprache die Kraft geben. Das so unzertrennliche

Wohl Unserer lieben und getreuen Untertanen mit der Wohlfahrt des Staates, die pünktliche Ausübung der Gerechtigkeit ohne Ansehen des Standes und Würde, die Sicherheit eines jeden in der Sicherheit des Ganzen, Unsere beständig offenen landesväterlichen Arme gegen den Notstand eines jeden Unserer lieben und getreuen Untertanen, die genaueste Aufsicht auf den Verbesserungsstand ganzer Kommunen und einzelner Mitglieder derselben, dies alles solle mit Unserem zweiten Geburtstag auch in Uns aus wahrer landesväterlicher Liebe und Neigung gegen Unsere lieben und getreuen Untertanen neu geboren werden.“

Dieser Erlaß bewegte das ganze Land. Zwar enthielt er in seiner Schlußperiode noch einige Ermahnungen an „die lieben und getreuen Untertanen“, von denen um so mehr Hinneigung und Willigkeit erwartet wurden. Aber der Aufschwung zu persönlicher Verantwortung, der spürbare Eifer eines neuen Anfangs war unverkennbar.
Es fehlte zwar nicht an skeptischen Einwänden, und mancher, der die wildeste Zeit des Herzogs, seine tollsten Sprünge und Gesetzwidrigkeiten miterlebt hatte, mochte an einen völligen Wandel nicht glauben. Vor allem die wenigen Anhänger der Herzogin Friederike, die noch im Lande lebten, gehörten zu den Zweiflern. Aber es ging doch ein Aufatmen durch Stände und Ministerien, durch Pfarrzirkel und religiöse Konventikel, und wo das Dekret

Das ehemalige Haus Leutrum am Schulplatz

bekannt wurde, richteten sich auch im Volk die gebückten Rücken ein wenig auf.
Franziska freute sich; sie spürte, daß man gerade ihr die geheime Strahlkraft zutraute, die letztlich dieses Tauwetter bewirkt hatte. Sie war mißtrauisch gegen alle Schmeicheleien ihrer Umgebung; aber auch die Fernstehenden, denen wenig an des Herzogs Huld lag, sprachen davon und schrieben darüber. Schubart dichtete dankbare Verse an „die verehrte Franzel", die nicht aus Angst vor der Zensur entstanden waren.
Goethe und sein Herzog Karl August, Lavater, Klopstock und Jung-Stilling würdigten verständnisvoll die schwäbische Franzel. Und das Volk hatte sie gern.
Da war denn ihr zweiunddreißigster Geburtstag am 10. Januar 1780 wie ein Ventil für die Bewunderung und die Dankbarkeit der Bevölkerung. Briefe und Lieder, das Defilee beschenkter armer Leute, die Huldigung der Ecole-Schülerinnen, die Vorführung der Zöglinge aus der Pflanzschule – alles war ganz unmerklich auf den gleichen Ton gestimmt: auf echte spontane Herzlichkeit.
Um elf Uhr traten die *„junge Leide"*, wie Franziska sie nannte, im Hohenheimer Festsaal an, in blitzblanken Uniformen und mit steifen Zöpfen; Carl schaute erwartungsvoll in ihre Gesichter, die vor Aufregung glühten. Der Eleve Schiller trat vor die Reihen, dem der Herzog das Thema für seine Ansprache eigenhändig aufgezeichnet hatte: *„Über die Tugend in ihre folge betrachtet."*
Franziska lächelte verlegen; Carl, in militärischer

Gala, mit Ordensband und Stern, die straffen Haartollen als silberne Röllchen zu beiden Seiten des vollen Gesichts, blickte streng. Da stand der hagere Jüngling, den er mit einer so wichtigen Mission betraut hatte: die Tugend zu schildern, wie er, Carl Eugen, sie verstanden wissen wollte; und doch wartete er unbewußt auf einen Hinweis des Genius, den er in dem Redenden spürte, angerührt und aufgeschlossen, wie ihn die letzten Monate gemacht hatten.

Schiller sprach stockend, hingerissen von der Begeisterung für das einzige weibliche Wesen seiner Umgebung, das der Verherrlichung wert schien. Er geriet leicht ins Schwäbische, als er schloß: *„Erlauchte Gräfin! Irdische Belohnungen vergehen, sterbliche Kronen flattern dahin. Die erhabensten Jubellieder verhallen über dem Sarge. Aber diese Ruhe der Seele, Franziska, diese himmlische Heiterkeit, jetzt ausgegossen über Ihr Angesicht: laut, laut verkündet sie mir unendliche innere Belohnung der Tugend!"*

Carl Eugen war gerührt; die unauslöschliche und nie auf lange getrübte „Heiterkeit", die seelische Anmut und Noblesse waren leichte, kaum spürbare Zügel, an denen die Franzel ihn führte. Er empfand das, ohne es zuzugeben.

Jetzt nickte er beifällig und musterte Schillers scharfgezeichnetes, blasses Gesicht. Der Bursche hatte sich allerlei erlaubt, das klang nach dem neuen Stil, den er nicht mochte, nahezu rousseauisch, wahrhaftig. Denn mit unbewegter Miene hatte er auch mitanhören müssen, wie der Sohn des zuverlässig obrigkeitstreuen Hauptmanns Kaspar Schiller verkündete: „*Wenn Cäsare unter blutig errungenen Diademen zittern, wenn Gewissensmartern die Tyrannen bis unter die Hülle des Purpurs verfolgen . . .*“, und während ihm dabei die Röte in die Stirn stieg, hatte Franziska ihm zugewinkt und mit den Augen um Verständnis und Duldung gebeten für den überschwenglichen Eleven. Da hatte auch Carl ihn mit einer gnädigen Geste verabschiedet.

Am Abend dieses Festtages schrieb Franziska trotz ihrer Müdigkeit in ihr „Tagbuch“, was sie erlebt hatte: daß sie *„mit ziedernden Fiesen und mit Angst“* aufgestanden sei, daß dann in ihrem *„zemer“* alles ausgeräumt und dafür eine *„Magnifige“* Toilette aufgebaut gewesen, und eine Dame, als Allegorie der Wahrheit verkleidet, ihr einen Brief von Seiner Durchlaucht überreicht habe. Und fünfzehn *„junge leide“* seien dann mit Girlanden erschienen, man habe sie *„darunterdurch“* geleitet, und endlich sei da noch die berühmte mathematische Uhr des Pfarrers Hahn gewesen, die *„Zeit und Weltlauf zu messen sich vermesse“*, wie Carl Eugen das wortspielerisch nannte. Soviel Liebe und Wärme griffen ihr ans Herz, so daß sie *„gantz beteibt“* war und dem Herzog nichts zu sagen wußte vor übervollem Gemüt – aber dem „Tagbuch“ vertraute sie alles an. Carl verbesserte manches, was sie im *„domold ihres hertzens“* niedergeschrieben hatte, und ließ anderes stehen, weil es ihm so Spaß machte, obwohl er überzeugt war, daß selbst der Leibarzt kaum verstanden hätte, wer der *„boden Kra“* sei, der es *„heide gantz Ernst meinte“*. Carl Eugen freilich war der „boden Kra“ leidig genug bekannt, denn das Podagra galt als Berufsübel der genußfreudigen Fürsten.

Der häusliche Friede, den Franziska ihm gab, ließ ihn allerdings übersehen, wie sie selbst sich plagte. Was Schiller als ihre „himmlische Heiterkeit“ rühmte, war oft genug nur die Frucht ihrer Selbstbeherrschung und Frömmigkeit. Regelmäßig fuhr sie sonntags nach Birkach, wo Carl ihr ein evangelisches Kirchlein hatte bauen lassen. Er selbst hörte die Messe in seiner Schloßkapelle, und man wartete dann aufeinander, bis der Gottesdienst zu Ende war. Manchmal teilte eines des anderen Andacht. Im übrigen bemühte sich Carls katholischer Hofprediger, ein Gesangbuch zusammenzustellen, das dem evangelischen nahestand, und der Amtsbruder drüben hütete sich, mit seiner Kritik allzuscharf ins Zeug zu gehen, zumal sich neuerdings kaum ein Anlaß dazu fand.

Doch wenn dem Herzog Franziskas Erbauung zu lange dauerte, fuhr er an ihrer Kirche vor und pochte eigenhändig gegen die Pforte. Dann beeilte sich der Geistliche, schnell zum Schluß zu kommen, auch wenn seine Auslegung noch nicht ganz abgehandelt war; denn Serenissimus nahm das Warten sehr übel.

„Jeder Gedanke sey Dein!“

Am 6. April 1780 starb die Herzogin Friederike, Carls erste Frau, in ihrem Elternhaus zu Bayreuth, wo sie seit ihrer Flucht vom württembergischen Hof meist gelebt hatte. Es schien, als sei sie in den vierundzwanzig Jahren der Einsamkeit milder und stiller geworden. Nach ein paar Anläufen zur Versöhnung, die Carl nicht beachtet hatte, versuchte sie nie mehr, sich ihm zu nähern. Ihr kühles, intellektuelles Wesen und vor allem ihr Stolz halfen ihr, das Geschick der Verlassenen zu ertragen. Sie las viel, beschäftigte sich mit religiösen Fragen, diskutierte freundschaftlich mit dem skeptischen Voltaire und ließ sich seine ironischen Sentenzen vortragen. Beide fanden sich in der Abneigung gegen den Herzog, der Voltaire beträchtliche Summen schuldig geblieben war; vermutlich erzählte er ihr aber nicht, daß auch die berüchtigte Pompadour einmal seine Gedanken gefördert hatte – denn es gab ja kaum größere Kontraste als diese beiden Damen . . .

Das heitere Spiel mit Versen und geistvollen Bildern fiel Friederike nicht schwer: Sie war die Tochter von Friedrich des Großen Lieblingsschwester, der gescheiten Wilhelmine von Bayreuth.

Sie nannte den amüsanten Partner „mon père“, und er quittierte das Kompliment mit der galanten Zeile:

„Je suis le père des graces!“ Aber bei Friedrikes Ende war es nicht der „Vater der Grazien“, der mitfühlende Worte fand, sondern der gefangene Schubart, der ihr persönlich nie nahgestanden hatte. Im Land weckte ihr Tod kaum einen Widerhall; die Erinnerung an sie war vor dem lebendigen, volksnahen Wesen der Franzel zusehends verblaßt. Aus der Grabrede, die Friederike für den Geistlichen entworfen hatte, sprach die Verbitterung der Vergessenen: ihr Leben sei ein „Gewebe aus Elend und Leid“ gewesen.

Carl empfand Erleichterung, freilich auch Reue, denn durch Franziska hatte er gelernt, über das eigene Wohlsein hinauszudenken. Immerhin, jetzt war er nach den Dogmen seiner Kirche frei. Franziska wußte das, sie sehnte sich wie eh und je nach der endlichen Rechtfertigung, nach der Stillung des beständigen Vorwurfs – auch sie war keine Pompadour! Aber sie sah den Fürsten und seinen Auftrag, und manchmal quälte sie die Angst, er könnte sie aus Staatsrücksichten verlassen müssen. Immer wieder las sie wie einen Haussegen und Gegenzauber Carls letzten Geburtstagsbrief: *„Jeder Tag, jede Stunde, jeder Augenblick sey Dir von Neuem geweiht, jede Handlung for Dich, und einer Glücklichen Zukunft sehe ich entgegen, wo ein von Gott zusammengefügtes Ehepaar der Wette nach eifern wird, ihre Pflichten zu erfüllen, um dadurch die so geringe Zahl der Wahrhaft Glücklichen zu vermehren.“*

„Ach, Carl!“ seufzte sie bänglich, „was wird jetzt werden? Gott verzeih mir's, wenn ich jemand Kum-

mer gemacht habe! Und nimm die Friederike in deinen Himmel auf – sie hat's gewiß verdient; der hab ich doch auch weh getan, obschon unwillentlich, wo sie doch nicht meinetwegen von ihm weggeloffen. Wenn sie mich nur droben nicht anklagt!"
In jenen Tagen kamen ständig Kuriere, Leute in bayrischer, sächsischer, französischer Montur, ritten nach Stuttgart oder Hohenheim, auch einmal ein päpstlicher Bote und einer aus Mömpelgard. Franziska fragte nun doch, was da vorginge. Aber der Herzog brummte wieder das alte Zauberwort, das ihr alle Türen versperrte: „Sind Staatsaffären!" Von den Lakaien und dem Friseur wurde ihr angedeutet, da kämen Brautwerbungen, weil Serenissimus doch jetzt im Witwerstand lebe; Prinzessinnen aus großen Häusern würden ihm angetragen – im Land sei man deswegen sehr in Sorge.

Franziska schloß sich ein und weinte. Wenn ihn die hohe Politik zu einer vorteilhafteren Verbindung bestimmte, dann wollte sie nicht bleiben; wenn sie ihm nur ein bequemes Ausruhen wär' und ein Anhängsel neben der rechtmäßigen Frau Gemahlin, das könnte sie nicht! Das wäre noch schwerer, als es seither gewesen ... Dann ginge sie gleich, und er brauchte sie nicht zu entlassen wie die Tartini und die Bonafini! – „Aber", redete sie vor sich hin, „ich dräng' mich nicht auf."
Ihre Schwester Louise kam, um sie zu besuchen, in Wahrheit freilich, um zu hören, wie es um ihre Ehechancen stünde, jetzt, wo der Durchlauchtigste frei war. Auch Marie Schertel von Burtenbach kam,

und die Jüngste, Juliane von Troyff, schickte einen freundlich vorfühlenden Brief.
Aber Franziska tat, als wisse sie nicht, um was es gehe, sie machte Konversation, und die beiden Schwestern saßen ratlos dabei. Endlich meinte Louise: „Franzel, wir haben doch immer gradheraus geredet: Wie steht's mit deinem Serenissimus? Er ist doch seit neuestem ungebunden – was will er jetzt anfangen?"
Franziska sah zu Boden.
„Der Friedrich Eugen und die Dorothea, die sind dir doch gewogen?" forschte Marie von Schertel. „Dem geht's um die Erbfolge für seinen Friedrich, da hätt' er bei dir nichts zu fürchten, denn so ihr Deszendenz hättet, wär's keine ebenbürtige."
„Du bist recht unumwunden, Marie", meinte Franziska matt, „aber hast recht, die täten mir's gönnen."
„Und?" ermunterte Louise.
„Und? Weiß ich's?" Franziska stützte die Stirn in die Hand. Die Schwestern schüttelten die Köpfe. Louise dachte einen Augenblick nach.
„Hat denn der Ludwig Eugen etwas an dir auszusetzen? Der hat viele Kinder und eine streng katholische Frau, die nicht gern sieht, daß du Reichsgräfin bist und ist doch selber nur eine ‚von' Beichlingen, will auch gegraft werden; und wenn du gar noch höhersteigen solltest, das möcht sie schon ärgern!"
Franziska drehte und zwirbelte ihr Taschentuch zwischen den Fingern, als wollte sie es auswinden. Dann sagte sie stockend: „Vielleicht sind die wirklich gegen mich." Sie schwieg wieder und saß blaß

und niedergeschlagen zwischen den beiden Eifrigen. Schließlich verabschiedeten sich die Schwestern bedrückt.

Am 10. Juli 1780, ein Vierteljahr nach dem Tode der Herzogin, reichte Carl Eugen seiner Franzel einen verschlossenen und versiegelten Brief, legte den Finger auf den Mund und ging hinaus. Sie ahnte den Inhalt: was er ihr zuvor so oft mündlich versichert hatte, wollte er nun wohl schriftlich niederlegen als rechtskräftiges Dokument. Wie ein Schutzwall sollte es sie gegen Anfeindungen abschirmen.
Franziska schaute erregt auf den Umschlag: *„A Madame Madame la Comtesse de Hohenheim, Dame de grand et petit Hohenheim, Birnau, Ehningen, Ruith etc. etc."*
„Allerliebste Freundin!" las sie. *„Bald Zehen Jahre sind es, daß die gütige Vorsehung Dich an Meine Seite brachte. Bald Zehen Jahre sind es also, daß ich Dich versicherte (ich erinnere es mir gar wohl), Vor beständig Dein zu bleiben. Mein Innerliches, Meine Gedenkungsart, liebste Franziska, fordert mich auf, bey meiner nun veränderten und jetzigen laage, aus der fülle meines immer aufrichtigen Hertzens, mit Dir zu sprechen, und meine gantze Gedenkungsart ohne Hülle, Dir Beste Freundin, bekanntzumachen. Zweiundfünfzig jahre, mithin gewis der größte theil meiner tage, sein verstrichen; die schritte zur Ewigkeit werden immer größer, und meiner tage weniger, ohne Heucheley, denn diese Verabscheue ich aus Christlicher Überzeugung, ohne Heucheley, sage Ich, denke ich immer ernstlicher auf alle weege, die*

meinem lebens Ende die jenige Beruhigung hervorbringen können, die ein ächter Christ suchen solle und gewis finden kann.
Bald Zehen jahre sind es, allerliebste Freundin, daß Wir zusammen Leben, daß ich Dich an meiner Seite habe, daß Ich Dich Liebe, Schätze, Ehre; aber bald Zehen jahre sind es auch, daß dieße Bande nicht diejenige christliche Aussicht haben, die einer heut oder morgen zu fordernden ernsthaften rechenschaft würden ein beruhigendes genüge leisten können. Mein vor Dich ächt zärtlich gesinntes Herz kann keine solche aussicht weiter dulten; es ist Zeit, liebste Freundin, Ich mus zur haubt sache schreiten, Dir mein Herz ganz öffnen, und Deine gegen Erklärung im Wechsel erwarten.
Bald Zehen Jahre sind es, Gott ist mein Zeuge, daß immer meine Gedanken dahin gingen, wann ich die nun verstorbene Herzogin überleben sollte, keiner anderen alß Dir, liebste Freundin, theil an meinem Herzen, an meiner Hand zu geben.
Nun ist der Fall, Mein Herz ist Dir Eigen und hier zum Pfand meiner bißherigen rechtschaffenheit und redlichen Gedenkungsarth gegen Dir, und hier, sage Ich, ist meine Hand. Bande des Christenthums, der Religion, sollen uns vereinigen und Du an meiner seite Leben.
Spreche selber und nehme Deine Erwartung zu rath."

„Ich hab's gewußt", flüsterte Franziska, „aber so hab ich's nicht erwartet, es ist eine Gnade von Gott – eine unverdiente Gnade!" Sie sank überwältigt auf einen Stuhl und hielt die Hand vor die Augen. Dann las sie langsam weiter.

Der Herzog nannte nun – mit schonender Rücksicht – die Bedingungen, die er als Souverän stellen mußte; ihrer Glaubenslehre werde er nichts in den Weg legen, soviel es ihn auch koste – *„jedoch unter der austruckentlichen bedingnuß, Dich der falschen Neigung zu dem sogenannten Pietismo zu enthalten, und darinnen meinem rath mehr als bißhero gehör zu geben, glaub mir, liebste Freundin, ich hab schon in dießem Fall in meinem Herzen viel vor Dich gelitten.“*

Sie wollte ihm ja folgen, sich zurückhalten, ihre Gespräche mit den Stillen im Lande vermeiden, dachte die gerührte Frau. Dann fand sie noch eine Mahnung des Herzogs: sich nicht in Staatssachen zu mischen, wie bisher auch, und den Schmeichlern und Bittstellern nicht nachzugeben ohne seinen Rat und Wunsch. Er sprach in sachlichem, juristisch geschultem Stil von der Versorgung ihrer Verwandten, wie er sie plante, und schloß: *„Dein Freund liebte, Ehrte Dich von bald Zehen jahren, weilen Du liebenswert gewesen. Ob er Dich jetzo Liebet, Ehret, darvon urtheile! Alle Vortheile großer Verbindungen, alle Vorspiegelungen künftiger Stützen, ersezen in mir bei weitem nicht eine freundin beyzubehalten, die den größten Einfluß auf meine künftige ruhe und Zufriedenheit haben kann und soll.“*

Den Schluß des langen Schreibens entzifferte sie erst viel später, als ihre Tränen ein wenig seltener wurden. Laut las sie es sich selber vor, fast buchstabierend: „. . . *das nichts diejenige Liebe, freundschaft,*

hochachtung und Vertrauen zu vermindern im stand seye, mit welcher ich bißhero gelebt und mit welcher Ich sterben will.
Meiner allerliebsten Freundin Getreuester
Carl v. W."

Als bekannt wurde, wie ernst es dem Herzog mit seiner zweiten Ehe war, kamen die Bernerdinschen angefahren, um sich mitzufreuen. Das Land war bereit, eine hohe Summe, eine Art Leibrente, an den Herzog zu zahlen und Gelder für den Kauf von Liegenschaften vorzuschießen, wenn er Franziska heirate. Es gab in Württemberg kaum einen, der diese neue Ehe nicht als ein Zeichen seiner Wandlung ansah.

Ein paar Wochen lang lebte Franziska glücklich wie in einem Traumparadies. Sie forschte nicht nach Carls Plänen, nach einem Termin; sie hatte ja sein Versprechen. Nur seine täglich wachsende Bedrücktheit verstand sie nicht ganz. Sie lachte darüber, spielte ein bißchen weibliches Theater, verbarg ihre Sorge. Aber endlich wagte sie doch zu fragen. Carl Eugen sagte nichts. Er ging ihr langsam voraus und holte vom Schreibtisch einen dicken Brief. Franziska las ihn und schaute den Herzog ungläubig an.

Ludwig Eugen, der „Schwager", wie sie ihn in Gedanken schon genannt hatte, verwarf ihre Gewissensehe mit dem Herzog als ein Laster, die etwa geplante Trauung als ein Sakrileg und jede Beziehung zu Franziska als einen Schandfleck auf dem Namen des hohen Hauses. Er verlangte ohne weiteres Franziskas Vertreibung.

Als Carl sah, wie tief Franziska getroffen war, tat es ihm leid, daß er sich zu dieser Offenheit hatte hinreißen lassen. Ihr gegenüber zwang er sich sonst zur Rücksicht und vermied alles, was ihr weh tun konnte. Aber das hier konnte er ihr ohnehin nicht lange verbergen – es ging sie ja unmittelbar an.
Sie schaute eine Weile auf das Blatt, dann sagte sie: „Der soll mich nicht vertreiben, so du mich behalten willst."
„Nichts soll dich vertreiben, liebste tugendliche Freundin!" Carl beugte sich zu der Sitzenden herunter; sie merkte, daß es ihm schwerfiel. Trotz des langen Sommers plagte ihn wieder die Gicht.
Sie drückte ihn auf einen Stuhl.
Nach einer Weile meinte er langsam: „Dahinter steckt seine Frau, es gibt auch Weibsleute, die die Männer herunterziehen, Franzele!"
Sie lächelte. „Was hat sie denn gegen mich?"
„Du bist Reichsgräfin, sie nicht. Du bist an der Seite des regierenden Herzogs, sie nicht."
„Ach, Carl, ich weiß nicht, warum die Leut' so neidisch sind – ich hab's nie begriffen. Uns stehen doch auch genug Dornen am Weg – wenn ich auch durchs Feuer gehen wollt' mit dir!"
Er nickte glücklich und seufzte auf.
„Franzel, mir scheint, das kommt nicht allein aus der Weiltinger Küche – dazu wär' der Ludwig doch nicht keck genug, er allein und die Frau . . ."
„Was meinst du, Carl? Wer sollt's sonst noch sein?"
„Ich fürcht', er hat dem Heiligen Vater geschrieben!"
Franziska wandte erstaunt den Kopf. „Aber der

Papst muß es doch segnen, wenn ein Souverän nimmer im – Ungeordneten verharren will?“ rief sie.
„Ach, Kind“, er seufzte wieder, „Staatsgeschäfte sind nicht immer so einfach, und die Kurie muß auch Politik machen!“
„Ja aber ... ich häng’ mich doch niemals in die Politik, Carl! Ist’s bloß, weil ich evangelisch bin und bleib’?“
Carl Eugen begann hin und her zu gehen, die Hände rückwärts unter den gestickten Rockschößen. Er ruckte mit dem Kinn, schnaubte leise und sagte dann: „Ich fürchte, man nimmt deine Trauung mit dem Leutrum als verbindlich – für die heilige römische Ecclesia gibt’s keine Scheidung einer eingesegneten und vollzogenen Ehe!“
„Er müßt’ erst sterben?“ fragte sie erschrocken. „Das kann doch keiner wünschen! Er tut mir leid in seinem Eulennest ...“
Die Vermutung des Herzogs bestätigte sich in den folgenden Wochen. „Ich werde mit meinen Juristen reden“, verkündete Carl entschlossen. „Und du – sorg dich nicht darum, wir sind eins, du und ich, so oder so.“
Franziskas gerader Sinn sträubte sich dagegen, daß eine treu erwiesene Gemeinschaft nicht auch nach außen anerkannt wurde; sie wußte sehr wohl, daß das auch im Sinn des Volkes und der Landstände gewesen wäre, sie hatte erlebt, daß man sie bei den Bedeutenden und Mächtigen um ihrer selbst willen achtete und nicht etwa aus Respekt vor dem „kleinen Wirtenberger“.

Sie war schließlich nicht mehr das weiche, unselbständige Geschöpf, das dem Vater angstvoll entgegengesehen hatte, als er wie ein alter Römer die „ungeratene Tochter“ verstieß. Etwas war in ihr gewachsen, das von jeher angelegt und von Carl unbewußt erspürt worden war: ein eigenwilliger, unabhängiger Charakter.
Sie liebte ihren Carl Eugen zu sehr, um ihm mit ihren Gedanken das Herz schwerzumachen. Aber sie zeichnete auf, was sie bewegte, was sie sich aus Lektüre und Überlegung aufgebaut hatte: *„Die wahre Ehre ist das Zeugnis unseres Gewissens, daß wir edle Handlungen aus edlen Beweggründen vollbringen. Sorge ja dafür, daß dein jedesmaliges Betragen den Beifall der Edlen und Guten habe. Sollte es sich aber ereignen, daß Vernunft und Gewissen etwas von dir verlangen, wovon du voraussähest, daß das Urteil der ganzen Welt sich dagegen empören und daß es dir unmöglich sein würde, auch nur einen einzigen von der Rechtmäßigkeit deines Verfahrens zu überzeugen, so verschmähe großmütig und standhaft das Urteil der ganzen Welt und tue herzhaft, was Vernunft und Gewissen von dir verlangen, denn keines Menschen gute Meinung muß dir teurer sein als das Bewußtsein, vor Gott und deinem Gewissen recht getan zu haben.“*
Sie schrieb das in ihrem naiven schwäbischen Stil hin; Maximen Lessings und Wielands, Lichtenbergs Skepsis und Shakespeares Menschenschilderung hatten in ihrem unverdorbenen Wesen Spuren hinterlassen, aber im Grunde kamen diese Ideen doch aus ihr selbst, aus einem unverletzlichen Kern; und

ohne erkennbaren Zusammenhang stand, als sie so sinnierte, in ihren Gedanken der Eleve Schiller vor ihr. Sie sah ihn wieder, als er jene Feuerrede an sie gerichtet hatte und etwas aus seinen grauen Augen strahlend auf sie übergesprungen war, kaum erfaßt damals, aber wie auf einen brachliegenden Ackerboden geworfen – und jetzt keimte es auf.

Carl Eugen suchte unterdessen ungeduldig, wo er einen Hebel ansetzen könnte, der das wohlfundierte Dogma und damit den Widerstand der Familie und der Kurie gleicherweise erschütterte.

Franziska hielt sich zurück. Sie schnitt und erntete im Gütle, sie bewunderte mit Ernst und Nachsicht alle die verspielten „antikischen Fragmente", die Carls unbändiger Kulturdrang im Hohenheimer Park errichten ließ: viel Kleines, das doch zusammen kein Großes ergab, wie der weimarische Minister Goethe gesagt hatte.

Auf den Ruinen einer römischen Stadt war ein romantisch-niedliches Dorf aufgebaut, ein schilfumrandeter See glänzte zwischen schönen alten Bäumen; man hatte sie in der Umgegend ausgegraben, um eine Landschaft im Stil des Holländers Ruysdael zu schaffen. Die „Säulen des donnernden Jupiter" ragten auf kurzen, scheinbar versunkenen Schäften mit ihren gewaltigen, korinthischen Kapitellen aus dem Wiesengrund, ein römisches Wirtshaus, groteske Tempeltrümmer lagen neben Köhlerklause, Meierei, Gewächshäusern und Gemüsefeldern.

„Ländliche Einfalt und versunkene Herrlichkeit", wie sich einmal der Eleve Schiller notiert hatte,

waren in nahezu sechzig Bauten, Beeten und Baumgruppen zusammengetragen, ineinandergestopft, verschachtelt, alles winzig und ein bißchen bizarr – und doch: es gefiel ihr. Sie liebte diese Carl-Eugen'sche Schöpfung wie alles, an dem er sie Anteil nehmen ließ.

Im August wurde die astronomische Uhr des Pfarrers Hahn im „Kohlhittl" sorgsam und feierlich aufgestellt und in Gang gebracht; Franziska saß manchmal davor, seit das Werk tickte, und betrachtete mit leisem Schauder den Welt- und Zeitmesser, der den Jüngsten Tag anzeigen sollte.

Schiller

Im Herbst 1780 sollte Webers erstes Kind geboren werden. Erst vor drei Jahren hatte er auf seine Kornwestheimer Stelle heiraten können. Seine Emma war nun sechsunddreißig und ein wenig füllig, schon vor der Schwangerschaft. Im geräumigen Haus hatte sie viel zu putzen, zumal sich der Lehrer als umständlich und doch nicht in ihrem haushälterischen Sinn als ordentlich erwies; sie werkte hinter ihm her, mäkelte gelegentlich und machte es dem Geduldigen nicht immer leicht.
Als dann die Geburt näherrückte und Weber, rastloser als seine Frau, frühzeitig schon nach Hebamme und Doktor lief und zappelig wurde, als sie nicht gleich kamen, da vertrug sie ihn nicht mehr um sich. Das naive Gefrage und besorgte Schauen plagte sie mehr als das noch unbekannte Erlebnis der Niederkunft. Und als die Wehen stärker einsetzten, schickte sie ihn energisch fort. Indessen hatte sich die Hebamme eingefunden und breit auf einen Sessel ans Bett gesetzt.
„Du solltest mich mit der Frau allein lassen“, sagte Emma ruhig, „die wird den Arzt schon holen, wenn es not tut; und die Hahnschen sind ja auch in der Nähe, die helfen immer gern.“
Im Grunde war der Lehrer froh, daß er der unbe-

haglichen Atmosphäre entgehen konnte; und weil der Oktobertag so blau und klar und frisch war, schritt er zielstrebig dem Wald zu. Das erstemal könnte es lange dauern, hatte ihm die Hebamme nachgerufen, acht Stunden seien das mindeste.

Es war Morgen, Weber hatte sich einiges Eßbare eingesteckt und dachte zufrieden daran, daß es ein Sonntag war, an dem sein Sohn geboren werden sollte; denn ein Sohn mußte es sein, und Hahn hatte die Patenschaft übernommen.

Vier Stunden später war der Lehrer noch immer unterwegs. Es hatte ihn auf die Stuttgarter Höhen getrieben, und er schaute auf das Tal hinunter, wo sich weit hinten die Türme der Stiftskirche und des Schlosses abzeichneten. Vor ihm lagen helle Lichtstreifen auf dem Boden, züngelten im gelben Laub und ließen die roten Buchenblätter aufglühen. Die Stämme standen grau am Rand der Lichtung, als er einbog. Er schämte sich ein wenig, daß er so weit gegangen war, während sich seine Frau vielleicht in Schmerzen krümmte und nach ihm verlangte. Er wollte jetzt schleunigst nach Hause wandern und hoffte einem Wagen zu begegnen, der in die Kornwestheimer Gegend fuhr. Freilich, hier am Wald gab es keine Straße, er mußte abkürzen und ein Stück quer durchs Gehölz wandern. Aber er verlief sich, suchte hastig und aufgeregt wieder seine Richtung – da hörte er plötzlich, während er sich im Stehen den Schweiß von der Stirn wischte, ein rollendes Stimmengedonner hinter einem Busch. Er bückte sich, um vorsichtig heranzuschleichen. Vor ihm standen und saßen ein paar junge Leute in der

Uniform der Militärakademie um einen aufgeschossenen Jüngling, der ihnen vorlas, dröhnend, keuchend, heiser fistelnd . . .
Weber sah ihn die Arme hochwerfen und mit dem Fuß aufstampfen. Indessen hockte er gebannt hinter seinem Strauch und spitzte die Ohren bei den Worten: *„. . . wie man Handschriften nachmacht, Würfel verdreht, Schlösser aufbricht und den Koffern das Eingeweid' ausschüttet.“*
„Als wären's Diebe!“ murmelte Weber entsetzt, „oder leibhaftige Räuber!“ Er schaute wieder hin, dachte an seine Emma in ihrer Not – aber die Szene ließ ihn nicht los.
Vor ihm ging es pathetisch weiter: *„Dein Gehirnchen soll sich im Schädel umdrehen, wenn mein kreißender Witz in die Wochen kommt.“* O Gott, dachte der Lauscher im Gebüsch, das geht auf mich, es ist wie von der Emma geredet! Sind denn die Kerle durchgebrannt? Solche Dinger lesen sich doch nicht im Unterricht unter des Herzogs Augen?
Der schmächtige Jüngling wetterte weiter, schauderhafte Höllenbilder beschwor er, die Freunde schrien, klatschten, fragten durcheinander. Aber dann, als der Vorleser eben wieder mit seiner Rede begann, rief einer aus dem Trüpplein: Es sei höchste Zeit fürs Essen, wenn sie keinen Verweis haben wollten. Alle sprangen auf.

Weber kroch enger in sich hinein, bog Zweige vor sein Gesicht und wartete, bis sich die raschelnden Schritte entfernt hatten. „Zeitig hinkommen wollen sie doch wie Christenmenschen“, sagte er halblaut vor sich hin, „ganz so grausig scheinen sie demnach nicht zu sein, die Kerle."

Als er endlich heimkehrte, war es dämmerig. Seine Frau empfing ihn strahlend, blaß und mit verklebten Haaren; neben ihr im Kissen lag ein winziges Geschöpf, dünnen Flaum um die Stirn, die Äuglein in dicken Wülsten versteckt – ein Sohn! Weber bückte sich gerührt, erst über die Wöchnerin, dann über das Neugeborene; er kniete nieder. Der Bub solle Karl heißen, eröffnete er Emma, nach dem Allergnädigsten. Karl! Das sei ihm zwingend eingefallen wie eine Vision.

Und so wurde Karl der Name des Kindes, obwohl sein Vater nicht wissen konnte, daß so auch ein empfindsamer Räuber hieß, dem die schauerliche Deklamation im Bopserwald gegolten hatte.

In den ersten Dezembertagen des Jahres kam aus Wien die Nachricht von der schweren Erkrankung der Kaiserin Maria Theresia, und dann die Todesbotschaft. Franziska schrieb gewissenhaft in ihr „Tagbuch" unter dem 3. Dezember 1780: *„die nachricht Kam, daß die Kaiserin, die von der gantzen Weldt verehrt wierd, gestorben wehre, ich wahr recht Empfendlich darieber."*

Der seitherige Mitregent, Joseph II., war nun Kaiser des Heiligen Römischen Reiches Deutscher Nation, ein Verehrer Friedrichs von Preußen und ein liberaler Fürst.

Seinem Einfluß verdankte Carl Eugen die Ernennung seiner „herzallerliebsten Franzel" zur Reichsgräfin, und von ihm erhoffte er immer noch ihre Erhebung in den Fürstenstand; wenn sie in Wien

anerkannt und demgemäß an anderen Höfen angenommen und geehrt würde, dann war zu erwarten, daß auch der Widerstand Ludwig Eugens und endlich das befürchtete päpstliche Veto fallen würden. Franziska beobachtete das alles ohne Ungeduld, ja sie dämpfte und beruhigte eher. Gelegentlich kümmerte sie sich um das Büblein von Plieningen, an das sie immer wieder dachte. Sie sorgte dafür, daß es der Vater, der wieder geheiratet hatte, zu sich nahm.
Auch Carl hatte den Unglückstag nicht vergessen, obwohl er indessen schon einige Male als „Feuerwart" in nahe gelegene Dörfer gerufen worden war; die Bauern trauten ihm ja magische Gewalt über die Flamme zu.
Manchmal fuhr Franziska auch allein aus, besuchte diese oder jene Pfarrfrau oder Oberförsterin, die sie kannte, oder sagte sich bei den Amtsleuten zum Kaffee an. Bei der Heimkehr von einer solchen Visite begegnete sie einem Wagen, dessen Lenker ihr bekannt vorkam. Sie ließ halten und schaute sich den Mann an. Es war einer von Leutrums Dienern, der sie ehrfürchtig grüßte, derselbe, mit dem sie 1769 jenen Wettersturz und Wagenbruch erlebt hatte, als Carl Eugen die Achse hatte ansägen lassen. Seither empfand sie auch dem Kutscher gegenüber immer noch so etwas wie Schuldgefühl. Es bedrückte sie, daß der einfache Mensch sie als raffinierte Betrügerin ansehen könnte.
Mit einem schnellen Blick überzeugte sie sich, daß er keine Leutrumsche Karosse fuhr, sondern ein schmuckloses Gefährt, irgendeinem bürgerlichen Hause zugehörig.

„Er fährt jetzt für . . . jemand anderen?“ fragte sie. „Den Dienst in Pforzheim hab ich lang aufgegeben, Frau Reichsgräfin“, brummte der Diener, „seit das junge Geschmeiß sich um den Herrn Baron eingenistet hat. So schöne Schmalz- und Zuckerschmierer wie der Adalbert . . .“
„Ach“, machte sie angewidert. Aber dann tat es ihr leid; sie streckte die Hand mit dem Pelzmuff aus. „Mag Er einmal zu uns heraufkommen? Ich könnt Ihm vielleicht leichtere Arbeit verschaffen in den Gewächshäusern – Er sieht aus, als könnt Er's brauchen.“ Sie bemerkte ein ungutes Lächeln in dem faltigen Gesicht und ließ rasch weiterfahren.
Ein paar Tage darauf kam der Hofgärtner zu Franziska. Es habe sich ein Bursche bei ihm gemeldet, der behaupte, die Frau Reichsgräfin hätte ihn empfohlen; er wolle in den Gärten arbeiten.
Franziska zögerte; die schnelle zudringliche Bewerbung gefiel ihr nicht – aber sie hatte schließlich selbst den Anlaß dazu gegeben, also nickte sie. Eine leise Unruhe blieb, wenn sie an den Kutscher dachte; ein Stück der unseligen Vergangenheit war damit in die mächtige Umfriedung eingedrungen, die Carl Eugen um sie her errichtet hatte.
Aber es war nicht nur Leutrum, um den sie sich Vorwürfe machte – die Schubartin schrieb ihr einen verzweifelten Brief, obwohl der Herzog sie schon ein paarmal abgewiesen hatte; sie werde einen gebesserten Mann zurückbekommen, vertröstete er sie. Die alte Mutter des Dichters warf sich Carl zu Füßen, als er einmal durch die Ortschaften bei Aalen reiste. Die Dichterin Anna Louise Karsch ließ

Franziska aus Berlin eine poetische Epistel zugehen, die an den Gefangenen auf dem Hohenasperg erinnerte.
Franziska schrieb der Helene, die ihr wegen der getrübten und jetzt ganz zerbrochenen Ehe mit ihrem rebellischen Genie leid tat, einen ausweichenden Brief und – gleichfalls auf Carls Geheiß – einen ähnlichen an die Karschin: „Staatsaffären . . .“
Im Januar ließ sie sich vom Obergärtner frühe Tulpen aus den Ziehgläsern kommen; er schickte sie durch den Michel, der sich danach gedrängt hatte, ins Schloß. Der magere Mann war ein wenig voller geworden, schaute aus kleinen verschmitzten Augen schief zu ihr auf und lispelte:
„Mit Verlaub, die bestellten Tulpen, erlauchte Frau! Ein schöner heller Tag heut', kein Schnee. Seinerzeit, Frau Reichsgräfin, war's doch ein übles Unwetter, als uns so unverhofft die Wagenachse brach . . .“ Er kicherte.
„Ich bin damals genauso erschrocken gewesen wie – der Baron!“ sagte sie ärgerlich, „auch mir kam's ganz unverhofft!“
„Ich glaub's der Frau Gräfin aufs Wort“, plapperte der Gärtnergehilfe mit heiserer Stimme, „ich sag's ja! Geschah dem Herrn Baron ganz recht! Ich hab ihn bald darauf durchschaut, jawohl, ich! Und als mich der schöne Adalbert dann ins Gered' gebracht, ich hätt' des Barons seine goldene Busennadel gestohlen und verkauft – bei mir hat er sie nicht abgelegt, bei mir nicht –, da hat mir der Baron schwere Prügel geben lassen und mich fortgejagt. Seither . . .“

„Ist ja gut, Michel“, unterbrach Franziska schnell den Bericht, „geb Er mir schon Seine Tulpen!“
„Der Baron . . . der . . . ich mag’s gar nicht sagen“, kam es wieder.
„Schweig Er doch! Laß Er das!“ befahl Franziska ungeduldig. Aber der Gärtner blieb noch immer stehen, nachdem er seinen roten Strauß auf ein Tischchen gelegt hatte.
„Ich hab gehört, wegen dem Baron sei die gnädigste Gräfin noch nicht frei“, tuschelte er, die Hand vor dem Mund, „sie könnt sonst längst Frau Landesmutter sein.“
Franziska hob empört den Kopf. „Das ist doch nicht Seine Sach’“, entgegnete sie rauh.
„Ja“, schwatzte der Mensch unbeirrt weiter, „die Frau Kirnin hat mir’s zu verstehen gegeben, unterm Siegel der Verschwiegenheit, daß es nur daran hängt! So ein giftiger Neidhammel, so ein bissiger! Und lebt niemand zu Nutz’, allen zur Plag’ und dem Durchlauchtigsten zum ständigen Ärger! Sogar der schöne Adalbert hat einmal gesagt, man sollt’ ihn einfach . . .“
„Still endlich!“ schrie Franziska. Ihre Stimme überschlug sich. „Ich will nichts mehr hören!“
Aber sie hörte doch, was der Mann, schon an der Tür, zischelte: „Ich tät alles für die Frau Gräfin, wenn’s dem krummen Schinder schadet!“
Franziska schnellte hoch und hielt sich die Ohren zu. Indessen war die Kammerfrau hereingeschlüpft. Michel verbeugte sich tief, sah die Kirnin kopfschüttelnd an und knurrte ärgerlich vor sich hin. Dann glitt er hinaus.

Franziska sank auf ihr Stühlchen und vergaß, den Reifrock auszubreiten. „Bestell dem Obergärtner, Kirnin, der Neue sei zu entlassen. Mit dem Herzog werd ich's ausmachen. Und du, Martha, bist seither brav gewesen und zuverlässig; jetzt hast du mit dem Subjekt da über etwas geklatscht, was nur Seine Durchlaucht angeht und mich! Ich kann dich nicht mehr behalten!"

Der Herzog erfuhr nichts von dem verbrecherischen Angebot des Knechts; der Kirnin schenkte Franziska ein Medaillon mit ihrem Bildnis und schickte sie heim.

Im Sommer des Jahres 1782 ergingen Befehle, die jeden Bürger Stuttgarts und der umliegenden Orte, insbesondere Ludwigsburgs, der Solitude und Hohenheims, *„aufs strengste gemahnten, für Ordnung und Sauberkeit zu sorgen."*

Eine lange Liste von Untaten war aufgezählt, die schwer geahndet werden sollten, falls sie entdeckt würden: *„Die sammtliche Innwohnerschaft wird verwarnet, weder bei Tag noch Nacht einiges Wasser aus denen Fenstern auszuschütten, oder einigen Unrat auf die Straße zu werfen, auch etwas zu unternehmen, so denen Vorbeigehenden einigen Verdruß erwecken könnte."* Daß diese Aktion nur *„dieße zeit über"* anberaumt wurde, erregte die Heiterkeit der Schwaben.

Der junge Schiller, der als Feldscher im Grenadierregiment Augé ein schattenhaftes Dasein neben seinem eigentlichen Leben fristete, verbrachte ein paar Urlaubstage bei seinen Eltern auf der Solitude und

hörte die Kundmachung. Als die Schelle des Büttels schon eine Weile ausgescheppert hatte, drehte er sich vom Fenster weg.
„Frau Mutter, geben Sie bloß acht, daß Sie nicht einmal einen Eimer Wasser verschütten. Wir möchten sonst den herzoglichen Gendarmen übel auffallen, auch wenn uns das Haus darüber abbrennt. Es muß doch alles poliert sein, wenn die hohen russischen Verwandten eintreffen."
„Ach, Fritz", sagte die Schillerin bekümmert, „sag das nicht so laut! Du bist ohnehin recht bitter gegen Serenissimus, der Vater mag's nicht, du weißt ja."
„Lassen Sie nur, Frau Mutter! Ich hab' ihm und dem Vater den Willen getan, bin erst Jurist, dann Physikus geworden, wie der Vater war, hab' sogar noch länger studiert, als ich gemeint – in seiner Menschendrillerei, die man neuerdings durch kaiserlichen Erlaß ‚Akademie' nennt. Und jetzt befiehlt er mich vor sich und dekretiert, ich hätte nichts mehr zu dichten und drucken zu lassen bei Strafe der Landesverweisung."
Schiller redete mit flackernden Augen und hatte hektische rote Flecken auf den Backenknochen.

„Muß es denn sein, das wilde Geschreibe?" fragte die Schillerin. „Ich will dich nicht reizen, du hast's auch schon vom Vater gehört: Schulden machen, damit es veröffentlicht wird; eingesperrt werden, weil du unerlaubt nach Mannheim zur Aufführung gefahren – unser Sohn vom Durchlauchtigsten eingesperrt! Und dann wieder und immer wieder der Ärger mit dem Stück: sag, lohnt sich's denn? Du

weißt ja, er behält doch recht, kann keiner dawider; denk an den Schubart ..."
Er hob das Kinn und blickte sie an.
„Ich weiß, du hast den großen hochfliegenden Esprit, ich weiß auch ...", sagte sie kleinlaut.
„Es ist besser, Sie wissen nichts, Frau Mutter", murmelte Schiller und ging aus der Stube.
Die Mutter schüttelte den Kopf. Sie hatte natürlich, wie alle, die Fritz kannten, einiges aus den Räubern gelesen, etwa eine schauerliche, schamlose Moritat, die da irgendein verlotterter Bursche erzählte, vom Überfall auf ein Nonnenkloster, wie die braven Frauen da nackend herumgetrieben wurden, und die alte Priorin ... sie durfte nicht daran denken, daß ihr Sohn solche Worte brauchte – und sie auch noch niederschrieb! Wenn der Herzog das erfahren hatte, dann war's ihm nicht zu verdenken, daß er das Komödienmachen verbot – nicht bloß der beleidigten Schweizer wegen. Sie stand auf. „Muß er auch noch das Ausland foppen und schreiben, die Spitzbuben seien vorab in Graubünden zu Haus?"

Droben auf der Solitude ging es zu, als seien die Zeiten „ante lucem", vor dem Erscheinen der Franzel, wiedergekommen. Es war kein Ende der Fuhren und Träger abzusehen, die Möbel, Stoffe, Kerzenbündel, Blumenkübel, Dekorationen und Prospekte herbeischleppten; edle Pferde wurden gebracht, Livreen geliefert, der herzogliche Hofjuwelier reiste an und übergab, von Gendarmen eskortiert, die bestellten Kleinodien, die Geschenke für die hohen Gäste. Friseure und Schneider flitzten

geschäftig umher, Maurer und Maler liefen durcheinander, und so in Ludwigsburg und in Stuttgart und sogar auf den Reisewegen der Umgegend – überall wimmelte es ameisenhaft und geschäftig, als gäbe es nichts Wichtigeres als diese Augenweide und süße Blendung aller Sinne, die da geplant war.
Als dann unter Trompetenstößen und schmetternder Militärmusik die „russischen Verwandten“ einzogen, als in den Sälen das Rauschen und Schwingen der Tanzmelodien wogte, die Solitude flimmernd im Waldkranz stand und herunterblitzte ins Tal wie ein Bild herzoglicher Unfehlbarkeit und Selbstdarstellung – fuhr auf der Straße unten im rötlich-glasigen Dunkel eine Reisekutsche vorbei, die gegen Ludwigsburg rollte. Zwei junge Menschen saßen drin, die Doktoren Ritter und Wolf. Sie dankten es dem Kameraden Gabelenz, daß er sie unbehelligt das Eßlinger Tor hatte passieren lassen; es war ohnehin still in den Straßen, weil alles zum Fest gelaufen war.
„Da oben, Streicher – meine Mutter!“ stöhnte einer der Fliehenden.
„Laß, Schiller, er wird ihnen nichts tun“, flüsterte der andere dagegen und schaute hinaus. Der Kutscher hieb auf die Pferde ein: Sie rasten durch den spritzenden Schmutz vorwärts, und als sie nach Tamm einbogen, hob sich der Hohenasperg als stumpfer Block vom Himmel ab – Schubarts Gefängnis.
„Droben im Licht, selige Genien“ saßen die Feiernden an langen Tafeln und plauderten; Franziska war aufmerksam bemüht, die Gäste freundlich zu stim-

men, erinnerte heiter lächelnd an die Wildbader Tage, nickte hierhin und dorthin und las ihrem Carl an den Augen ab, daß er mit ihr zufrieden war.
Einmal nur trat sie mit ihm auf die Brüstung hinaus; ein feuchter Herbstwind wehte sie an und lüftete ihre Spitzenmantille, daß sie flatterte wie ein Nachtvogel. Da griff sie nach Carls Hand, hielt sie fest und deutete nach Osten.
„Morgenrot", sagte sie halblaut, „dort kommt es herauf – ein anderer Tag, Carl. Ob's noch der unsrige ist?"
Carl Eugen verstand sie falsch; er konnte nicht ahnen, was sie plötzlich umtrieb. Beruhigend streichelte er ihre Hand und sagte: „Dieses Jahr verhoff' ich, endlich den Dispens vom Heiligen Stuhl zu erlangen; ich werde den Neresheimer Reichsprälaten anweisen, in den kirchenjuristischen Dokumenten zu forschen, ob es nicht einen Kasus ähnlich dem unsrigen schon gegeben. Dann soll er den Konstanzer und andere Bischöfe fragen, und das Gutachten mag der Gesandte von Mylius in Rom anbringen – er kennt Leute, die das Ohr Seiner Heiligkeit haben." Er lachte. „Auch zu Wien wird man mir jetzt nicht mehr dawidersein, nachdem ich ihren ‚Dorn im Aug'' eingelocht, den Schubart – obgleich sie ihn wohl lieber heftiger gerupft hätten . . ."
Franziska nickte, sie hatte längst gemerkt, daß der Herzog nicht ganz freiwillig – wenn auch nicht ungern – den „armen Mann auf dem Asperg" festhielt. Sie sah auch, wie er darunter litt, Schubarts wegen als kleinsinniger unmusischer Tyrann zu gel-

ten. Daß er auf dem gleichen traurigen Weg war, wenn er dem jungen Schiller das Schreiben verbot, wurde ihm kaum klar.
Als der Festtrubel verrauscht und die Gäste abgefahren waren, hörte Carl von Schillers Fahnenflucht. Es bedurfte eines devoten Besuchs und eines demütigen Schreibens der Eltern, bis er ihnen die „Unart des mißratenen Sohnes" nachsah.
Franziska traf die Schillerin in den Gärten und sprach sie an. Dorothea Elisabeth verbeugte sich in ihren gebauschten Röcken.
„Mutter Schillerin, es ist uns ein unliebsames Faktum zu Ohren gekommen über Ihren Fritz. Das tut mir leid. Ich hab ihn gern gehabt, wenn ich's Ihnen sagen soll; er hat mit seinem seltsamen Ingenium das Innerste von den Dingen erkannt."
„Das wissen Euer Gnaden?"
„Ja, Frau Schillerin, wenn ich's vielleicht auch gar nicht wissen soll."
Ein erstaunter Blick traf Franziskas harmlosfreundliches Gesicht. Die Mutter mußte an die Rede des Sohnes denken, als er die Reichsgräfin auf ihre himmlische Heiterkeit, auf die Ruhe der Seele angesprochen hatte, die *„unendliche innere Belohnung der Tugend"* ausdrückte. Elisabeth Dorothea dachte: Tugend . . . aber Fritz verstand ja alles anders, vielleicht hatte er auch bei dieser anmutigen, angefeindeten und beliebten Frau „das Innerste der Dinge" erkannt?
„Sagen Sie dem Fritz einen Gruß", fügte Franziska schon im Weitergehen hinzu. „Aber bloß von mir – und er soll kein Drama darüber schreiben . . ."

Sie lächelte und trat in eine Baumallee, während Frau Schiller wieder in ihre Kleiderfalten versank. Zu Hause fand sie den Hauptmann, in einen Brief vertieft, den er mit einer schnellen Bewegung vor ihr verbergen wollte. Dann aber gab er ihr den Brief über den Tisch.

„Ein Schreiben an unseren Fritz, Frau: ich hab' gefürchtet, es möchte sich da wieder ein Gewitter zusammenballen, darum hab' ich's aufgemacht; es ist aber nichts, brauchst dich nicht zu echauffieren, ich werd's ihm durch einen der Eleven zukommen lassen, so der ärgste Groll da oben verraucht ist; die laufen und fahren ja doch all Bott heimlich nach Mannheim zu ihm . . ."

„Wird der Fritz nicht bös' sein, wenn's offen ist?" fragte die Mutter mit einem Blick auf den Umschlag.

„Ach was! Aber du wirst lachen – von dem Seigneur de Seingalt, dem Casanova!"

„Der? Ist der nicht schon lange im Böhmischen und nörgelt an seinen Dienstleuten herum?" forschte die Schillerin mit einem scharfen Beiklang in der Stimme.

„Freilich, Frau, in Dux . . . und schreibt italienisch. Aber ich les' dir's vor, so gut's in der Eile zu übersetzen ist. Hätt' meinetwegen auch Griechisch sein können oder Latein . . ." Sie verzog den Mund: Er gab gern ein bißchen an mit seiner Weltläufigkeit, die er sich als Feldscher hatte zulegen können.

„Ich bin der Reichsgräfin begegnet", berichtete sie,

„die hat lieb vom Fritz geredet; soll's aber keiner wissen, nur er und wir."
„So? Die Hohenheim? Was versteht die vom Scriptum unseres Sohnes?" Es zuckte ein wenig um ihre Lippen. Gestern noch war Fritz ein „Lotterschreiber und Skandalon der Familie" gewesen . . .
In Casanovas Brief standen seltsame Sätze, und seltsam war es auch, daß er, der Erzschelm und Hasardeur, der windige Frauenheld und Abenteurer und Chymist, dem ernsthaften Friedrich schrieb.
„Sie werden sehr verwundert sein, Monsieur", stand da, *„daß ich, den Sie gewiß aus dem Renommee kennen, in Mannheim gewesen bin. Aber wohin führt der Weg einen Wanderer, dem die Welt klein geworden ist, als dahin, wo der Geist des Zeitalters so unüberhörbar die Flügel schlägt?"* Der Hauptmann hielt an und klopfte auf den Tisch. „Das sollte der Durchlauchtigste lesen, der hat ehedem viel gehalten auf Casanovas Schönrednerei!"
„Ich bin zunächst und was das Offizielle angeht", hieß es weiter, *„aus Dux hierhergekommen, um Gelder einzutreiben – aber schweigen wir davon. Ein gütiger Himmel mag diese Verwicklungen heraufgeführt haben, um mir den Genuß zu verschaffen, dessen ich – ich sag's offen und frei – zu Mannheim im Theater teilhaftig geworden . . . Er riß mich hin, der starke Flug Ihrer Worte, Herr Schiller, wiewohl man in meiner Zeit damit delikater war und die sanften gebrochenen Töne liebte; Sie kennen meine Berichte kaum, junger Mann, und Ihnen allein sei es anvertraut, daß ich jetzo meine Memoiren schreibe – deliziöse Histörchen gewiß, aber aus*

dem Dufte der Epoche gewebt, die wir zu verlassen scheinen.
Was mir Magie und mystische Séancen, Kabbala und Okkultismus nicht geoffenbart, sagte mir ein Instinkt, den ich mir bewahrt . . . In Ihnen fühle ich den Wind, den Sturm, der die überreife Rose entblättert – ach, welch köstliches Bild, welch superbe Empfindungen – Rosen! Hier sitze ich, Monsieur, in meinem böhmischen Schloß und kaue kärgliche Bissen, die mir eine schlechte Köchin und ein liederlicher Koch anbieten, schlage mich mit ihnen herum und bin unglücklich, da mir ein verwandter Geist fehlt."
Der Hauptmann schwieg. „Schwätzer!" murrte er ärgerlich, „was hat der unserem Sohn zu sagen, der Schleicher und Schmeichler?"
„Lies weiter, Kaspar", bat Frau Schiller, „er meint's vielleicht ehrlich mit ihm."
„*Ich bin ein alter Mann*", fuhr Kaspar in der Lektüre fort, „*und habe viel gelernt, gelesen, geforscht, getrieben – ich bin besser als mein Ruf, denn man wollte mich so, wie man mich darstellte. Aus einer verblassenden Ära komme ich und grüße Sie, der Sie von mir so verschieden sind wie Feuer und Wasser – wo ich genoß, gestalten Sie. Ich grüße Sie – aus meiner säuerlichen Einsamkeit, Sie Großer, aus der Vergangenheit, die hinunter ist. Der Ihrige, Seigneur de Seingalt, gen. C.*"

„Sollen wir das wirklich dem Friedrich schicken?" fragte die Mutter zweifelnd. „Heb's lieber auf, bis er, Gott geb's, einmal wiederkommt!"

„Du willst sagen, Frau, bis ihn Serenissimus gnädigst von neuem ins Land lassen? Das wird wohl kaum wahr werden, eh nicht der hohe Herr das Zeitliche segnet – und das kann ich nicht wünschen als sein getreuer Untertan!“

„Aber ich wünsch’s schier für den Fritz!“ hauchte sie kaum hörbar.

Die Trauung

Carl Eugen dachte nicht an Krankheit und Tod. Gelegentlich warf ihn das ärgerliche Podagra nieder, an dem alle wohlhabenden Leute in Europa litten ... Die Franzel mit ihrer Mäßigkeit und robusten Vitalität blieb davon verschont.

Aber Carl speiste so üppig und arbeitete so umtriebig wie eh und je. Er wirkte und werkte im Großen und im Kleinen mit der gewohnten Zähigkeit.

Auch seine Ehepläne betrieb er verbissen und unnachgiebig. Die evangelische Kirche hatte der geschiedenen Frau die Wiederverheiratung schon 1781 gestattet; aber ihre erste Ehe hätte für nichtig erklärt sein müssen, wenn auch die römische Kurie zustimmen sollte. Für sie galt auch die evangelische Trauung als Sakrament und damit als bindend.

In langwierigen Verhandlungen agierte der Oberst von Mylius als Carls Gesandter in Rom. Ein bekannter Kardinal, der „das Ohr des Papstes habe", wurde gewonnen. Auch im Land hatte man den wichtigsten Kirchenfürsten ein wohlwollendes Urteil nahegelegt; Geistliche beider Konfessionen traten zu einem Konzilium zusammen, in dem über das Thema diskutiert wurde; obwohl die Hofkapläne Riedmüller und Weisser, der Kanzler der Hohen Carlsschule und der Tübinger Rektor Sartorius die Wege zu ebenen suchten, „führte alles zu nichts“, wie der Herzog traurig resümierte. Denn der Konstanzer Bischof, der in diesem Fall maßgebend war, hatte nicht zustimmen können, als man die Ehe mit Leutrum für ungültig erklären wollte.

An einem sonnigen Morgen im Spätjahr 1783, als das Laub schon gefallen und die Wege mit braunen, gerollten Blattmumien gepolstert waren, kam der Pater Benedikt Maria Werkmeister zum Herzog. Er wirkte seit bald zehn Jahren als Hofkaplan und hatte das katholische Kirchengesangbuch so überarbeitet, daß es dem evangelischen angenähert wurde; er war ein musischer Herr, außerdem ein erfahrener Kirchenjurist, der die Werke der umfänglichen Neresheimer Klosterbibliothek kannte, als stünden sie in seinem eigenen Bücherschrank. Carl Eugen hatte ihn beauftragt, sich um die Angelegenheit zu kümmern.

„Durchlaucht wollen gütigst anhören, was mir – durch die Gnade Gottes – heute Nacht als ein möglicher und gangbarer Weg für Höchstdero Eheschließung erschienen“, begann er.

„Setzen Sie sich, Pater“, machte Carl Eugen und wies auf einen Stuhl. Er schob die Aktenstücke auf dem Schreibtisch vor sich hin, stützte die Arme darauf und schaute dem Geistlichen gespannt ins Gesicht.

„Es ist mir eingegeben worden, daß in alten kasuistischen Werken, die in der Neresheimer Bibliothek lagern, etwas für die Durchlauchtigsten Herrschaften Brauchbares zu finden sein könnte. Dort

werden, so ich recht gesehen, Fälle verzeichnet, die ..."
„Sie meinen, die dem unsrigen gleichen? Wo einer die Scheidung erreicht, obschon es den Kirchenjuristen nicht genehm ist?"
„Wo", verbesserte Werkmeister vorsichtig, „ein zwar gefährlicher, aber endlich doch wirksamer Schritt dargetan wird."
„Gefährlich? Inwiefern? Sie werden mir doch nicht anraten, wie der achte Heinrich von England zu verfahren, der eine eigene Kirche verkündet und der römischen abgesagt? Das waren andere Zeiten, und Sie wissen, Kaplan, ich bin kein Renegat!"
Werkmeister lächelte fein. „Solche Ratschläge – solche dangereusen und gotteslästerlichen Ratschläge – würde ich nie wagen, einem treuen Sohn unserer Mutter Kirche zu unterbreiten! Dennoch – mit einem Wagnis müssen Durchlaucht rechnen, mit einem, das freilich, wie gesagt, nicht ohne Beispiel ist."
„So reden Sie doch endlich, Pater!"

„Nun, Durchlaucht, ich muß das betreffende Schriftstück zuerst studieren oder vielmehr durch den Herrn Reichsprälaten von Neresheim, meinen Namensvetter Benedikt Maria Angehrn, prüfen lassen!"
„Sie tun, als hätten Sie dem hohen Herrn Vorschriften zu machen", sagte Carl anzüglich. „Aber sei's, wie's will – ich muß endlich zum Ziel kommen! Und dumm sind Sie nicht, Kaplan! So es mir der Neresheimer angeraten, kommt's immerhin von

einem Reichsfürsten und schafft einen Vorgang, ein Beispiel . . ."

Werkmeister reiste also ein paar Tage später nach Neresheim, wo in den letzten Jahren die Klosterkirche, zwar nicht völlig nach Neumanns Plänen, aber doch großartig genug, vollendet worden war. Die kühne Technik des toten Balthasar hatte keiner mehr anzuwenden gewagt.

Was dann die beiden geistlichen Herren im Kabinett des Prälaten besprachen, wurde nicht bekannt. Der Kaplan stieg jedoch des öfteren auf den hohen, zu seinem Ärger polierten Steigleitern der Klosterbücherei hinauf und herunter, ließ sich dicke, graugelbe Folianten herbeischleppen und suchte gebückt blätternd, was er dem Herzog zu präsentieren hoffte. Als er dann den Reichsprälaten aufsuchte, konnte er ihm in einem alten, kasuistischen Werk des Pater Gobat nachweisen, daß da einmal einer nach langen vergeblichen Petitionen heimlich geheiratet und danach erst den päpstlichen Konsens eingeholt und auch erhalten hatte.

„Es gilt, einen fait accompli zu schaffen", dozierte er, „eine vollendete Tatsache, und dann erst den Heiligen Stuhl zu unterrichten. Es wird einige Verweise setzen, aber ganz so profund wird man das dort nicht meinen. Und Serenissimus ist ungeduldig – ein Mann von bald sechzig Jahren . . . er möchte die Reichsgräfin gesichert wissen!"

Im April 1784 reiste Carl Eugen mit Franziska nach Mömpelgard, um den Ehepakt von seinem Bruder Friedrich Eugen und der „Hoheit" gegenzeichnen zu lassen. Er hatte ihn eigenhändig entworfen und den Regierungsrat Feuerlein mitgenommen, der ihn juristisch stichhaltig formulieren sollte. Alle Augenblicke schickte der ungeduldige Fürst einen Diener in Feuerleins Arbeitsraum, um zu hören, ob er noch nicht fertig sei, bis der Beamte endlich zu sagen wagte, es daure desto länger, je mehr er gestört werde ...

Am Montag, den 17. Mai notierte Franziska in ihrem Tagbuch: „*Gott hat unsere reiße wieder ganz beklükt. Um sechs uhr Kam man hir [in Hohenheim] an, ich brachte meine Sachen wieder in die Ordnung, in Stuttgart hild man Sich nicht auf, ich Konte ursach haben recht vergnügt zu sein ...*“ Mehr sagte sie nicht – der Herzog wünschte keine Niederschrift über seine geheimen Verhandlungen, die seine Trauung mit Franziska vorbereiten sollten.

Am 11. Januar 1785, einen Tag, nachdem Franziska siebenunddreißig Jahre alt geworden war, schrieb sie abends nieder: „*Dinstag. Vormittag sprachen der herzog lang mit der hoheid und dem printzen, nach Tisch sprachen die herschaften auch mit mir von dem nömlichen und wie ich in mein Zemer kam, sprachen mich der herzog allein von Sachen, die meine gantze Seele erschiederden, und gleich darauf geng man nocheinmahl zu den m. [Mömpelgarder] herschaften, dann fierden mich der herzog dahin, wo ich mein weltliches Glück befestigt Sahe.*“

„Ihr weltliches Glück!“ Franziska trat, bescheiden gekleidet, neben Carl Eugen in die Kapelle des Stuttgarter Neuen Schlosses; der Hofprediger Schluß, ein Dominikaner, stand am Altar, sie wagte nicht aufzuschauen, hielt krampfhaft die Hand des

Fürsten, unterdrückte ihr Schluchzen tapfer und ging, Schritt für Schritt, dem Geistlichen entgegen; verschwommen erkannte sie den Staatsminister Graf Uxküll und den Hofprediger Kaplan Werkmeister. Die Trauung selber erlebte sie wie im Traum. Nicht einmal den Text der Traurede wußte sie später noch. Sie hatte vorher, als Carl sie zum Umkleiden drängte, schüchtern gesagt: „Man könnte doch das Wort nehmen: Die mit Tränen säen, werden mit Freuden ernten!“ Carl war deswegen einen Augenblick verstimmt – ob es denn lauter Tränen gewesen seien, die er ihr entlockt hätte? fragte er beleidigt. Nach der Zeremonie fand man sich im kleinen Saal des Neuen Schlosses ein, von dem erst ein Flügel fertig war. Man saß an der Tafel mit den nächsten Vertrauten, Franziskas Verwandte waren allerdings nicht geladen; jedes Aufsehen sollte vermieden werden, und auch Ludwig Eugen, der streng Katholische und Romtreue, war nicht offiziell unterrichtet worden.

Franziska schaute benommen aus dem Fenster auf die Gerüste draußen, die sich wie Gitter vor dem Nebel abhoben. Sie aß kaum; als Carl einmal vergnügt nach ihrem Arm griff und sie anlachte, flüsterte sie: „So schwebt noch alles, wie draußen die Stangen und Leitern und Streben in dem grauen Dunst ...“

„Ach was“, rief der Herzog unwillig, „nichts schwebt! Wir sind Mann und Frau!“

Dorothea sah die neue Schwägerin nachdenklich und mit freundlicher Zurückhaltung an. Friedrich Eugen schwieg. Der junge Prinz Friedrich, Dorotheas Sohn, ein stark gebauter, untersetzter junger Mann, hatte ein spöttisches Lächeln um den Mund, als er Franziska, etwas verspätet, gratulierte. Er ließ sich nur mit Mühe davon überzeugen, daß die Thronfolge, die ihn allerdings erst als dritten betraf, durch diese Trauung nicht gefährdet werde; der Kontrakt sah den Verzicht auf jeden Anspruch der „möglichen Deszendenz" des Paares vor – ein illusorischer Paragraph ohnehin, wie Friedrich spitz bemerkte, da man sichtlich auch bisher auf die „doch durchaus mögliche Deszendenz" verzichtet zu haben scheine.

Carl Eugen hatte dem Pfarrer des Birkacher Kirchleins, das für Franziska und unter ihrem Protektorat gebaut worden war, die Trauungsurkunde zugestellt. Am 27. März 1785 wurde sie, so überliefert es ihr „Tagbuch", zum Abendmahl wieder zugelassen, das sie so lang ersehnt hatte:

„Sonntag, d. 27. Mit dem Gedanken stonde ich natürlich auf, daß Gott dissen Tag dem herzog und mir Zum Ewigen Seegen machen wolle u. um acht uhr gengen der herzog in Ihre Kirch, beichteden und Empfengen das heilige Abendmahl, ich fur um zehn uhr nacher Birgach in die Kirch, u. Empfang mit der gantzen Gemeinde, Wiels Gott zu meiner Begnadigung und Ewigen Seeligkeidt, das heilige Abendmahl meines Erlöhsers. Mein hertz war beklemt, erschittert und Erquigt, es war ein Großen Tag vor mich. Wie ich Zurickkam, hörde ich noch die brödig von Ihro Durchleicht, die ein neuer hof cabelan Namens ulirig Meier hielt. Nach dem Essen fierden mich der herzog wieder in die Kirch u. holten mich

auch ab, Sie gengen nach diessem viel zu vuß, u. ich blieb zu haus.“
Anfang April, an einem kühlen windigen Tag, traf der Herzog seine Franzel draußen im Park, zwischen den noch fast kahlen Bäumen. Sie lief gerade atemlos auf einen Strauch zu, stieß dabei ein jubelndes verzücktes Jauchzen aus, das ihn verwunderte. Hinter dem Busch entdeckte er etwas Rotes und einen blonden Schopf. Das Büblein von Plieningen war von der „Durchlauchtigsten Frau“ eingeladen worden, im Hohenheimer Garten zu spielen. Inzwischen war daraus freilich ein zehnjähriger Bub geworden.
Carl Eugen blieb stehen und schaute den beiden zu. Das Kind lachte laut, als es entdeckt wurde, patschte sich aufs Knie und wollte gleich wieder davonlaufen. Franziska fing es ein und hielt es fest, streichelte ihm die Backen und fragte leis: „Magst mich auch, Bub?“ Er wehrte sich verlegen.
„Genierst dich denn?“ fragte sie lächelnd. „Ich könnte doch gut deine Mutter sein!“ Dann ließ sie ihn laufen, sah ihm traurig nach, wie er tolpatschig über den Rasen rannte, und schlug plötzlich die Hände vors Gesicht. So blieb sie, bis Carl zu ihr trat. „Was ist denn, liebste Frau?“
Sie weinte ein wenig, trocknete sich die Augen und schüttelte den Kopf. Abends, als die täglichen Tischgäste gegangen waren, kam das Gespräch zwischen den Gatten auf das Fest für die russischen Verwandten.
„Carl“, sagte Franziska nach einer Weile, „ich seh’ sie noch vor mir, den Friedrich Eugen mit seiner

Dorothea, und weiß auch noch den Blick, mit dem sie ihre sieben Buben der Reih nach angeschaut hat, und ihre schöne Tochter, die Sophie Dorothea, die nach ihr heißt . . ."
„Maria Feodorowna nennt man sie jetzt", verbesserte der Herzog.
„Ja, warum muß man den Namen ändern, wenn man russich heiratet?"
„Als Frau des Thronfolgers Paul, als künftige Zarin – das ist halt so", sagte er freundlich verweisend.
„Und des Prinzen Friedrich sein Büble war erst ein Jahr alt, so ein blondes, herziges . . .", schwärmte Franziska weiter, „und die ganzen Herrschaften, die Hessen und Fürstenberger und Mecklenburger und wer noch alles – viele haben doch Kinder . . ."
Plötzlich brach sie aus: „Was helfen mir die Redouten und Bälle und die neunzigtausend Lampen und die Gondeln auf dem See, die du ihretwegen hast auffahren lassen, und ich – ich sitz trüb dabei und hab nichts Weiches, Kleines, das ich könnt' an mich drucken."

Schubart blieb noch immer auf dem Hohenasperg, seinem Tränen- und Aschenberge, wie er ihn nannte. Man hatte ihm manche Erleichterungen verschafft – was man so „Erleichterungen" nannte; er durfte bei schönem Wetter auf den Wällen „ambulieren", man ließ ihm ein Klavier hinstellen, auf das er sich wie ein Rasender stürzte. Er „wütete in die Saiten", präludierte und sang mit heiserer, dumpfer Stimme, schluchzte und stöhnte in hohen, unnatürlichen Tönen. Er war dick geworden, aufgeschwemmt, ihm fehlte die Bewegung, auch wenn er die täglichen Wallgänge brav absolvierte. „Alles schmeckt nach Mauern“, sagte er leise zu einem Leutnant, der neben ihm auf der Brüstung saß, „nach Zisternenwasser. Und man wird selber verwässert – wenn man immer katzbuckeln muß, bleibt man schließlich krumm!“

Der Leutnant lachte, weil ihm nichts Besseres einfiel.

Schubart stand auf. „Bald zehn Jahr’! Ich hör’s bis in meinen Schlaf hinein: bald zehn Jahr’, bald zehn Jahr’! Ein Schandleben!“

Der Leutnant schaute von der Seite und überlegte, ob es bei aller „Festungsfreiheit“ geboten sei, ihm soweit zuzustimmen.

„Vor fünf Jahren noch hab’ ich rebelliert“, brummte der Dichter vor sich hin, nach seiner Art im Selbstgespräch gefangen und von seiner Stimmung unbewußt weitergetragen. „Da entstand das, was mir heut’ noch ...“ er hielt an, denn er hatte „guttut“ sagen wollen, unterdrückte es aber und flüsterte mit gesenktem Kopf: „anhängt, was mir noch anhängt, ja, anhängt ...“

Der andere rief impulsiv: „Ihr meinet die ‚Fürstengruft‘: *‚Da liegen sie, die stolzen Fürstentrümmer ...*“

Schubart schwieg und kreuzte die Arme auf der Brust. Dann schickte er einen schnellen Blick über die leeren Wälle und sprach die Strophe zuende: *„Ehmals die Götzen ihrer Welt / Da liegen sie, vom fürchterlichen Schimmer / Des blassen Tags erhellt!“*

Er wanderte auf und ab, und der junge Offizier

blieb neben ihm; der Wind zauste sie an den Haaren. Blätter wirbelten über den Weg.
„Da liegen Schädel mit erlosch'nen Blicken", fuhr Schubart fort, *„Die ehmals hoch herabgedroht / Der Menschheit Schrecken, denn an ihrem Nicken / Hing Leben oder Tod!* – Damals hat mir der Herzog die Freiheit versprochen gehabt, und seither noch zweimal, und wie oft war er hier oben und hat allerlei angeordnet und befohlen ..." Schubart keuchte; die Erregung hatte ihn so kurzatmig gemacht, daß der Leutnant erschrocken aufschaute.
„Ist jetzt egal, alles!" Schubart winkte ab, als wehre er einer Fliege. „Man kann nämlich einem Menschen das Menschsein verleiden, wissen Sie das?"
Ein Wachsoldat erschien und meldete Besuch: Es sei ein junger Herr, früher in der Akademie, setzte er hinzu.
„Der Doktor von Hoven!" rief Schubart, plötzlich belebt, und ging auf den Ankommenden zu. „Der Hoven, Freund meines Schillers! Ja, der ist ein großer Kerl, ich lieb' ihn heiß! Verfolge seinen Adlerflug mit freudigen Tränen!"
Hoven grüßte den Begeisterten mit der ihm eigenen gutmütigen Skepsis. Er sah das gequollene Gesicht, das ungesunde Luft und fade Kost verriet, das Aufflackern in den Augen des gewaltsam zur Selbstbeschränkung Gezwungenen, dessen Vitalität in Verschrobenheit umgeschlagen war.
„Hoven, Hoven", murmelte Schubart überwältigt, „bleiben Sie bei mir, Freund!"
Der Arzt setzte sich mit ihm auf eine Bank. Nach der schnell verflogenen Depression sprudelte der

Dichter von Einfällen und skurrilen Bildern über.

Unsichtbar spürten beide Schiller neben sich. Hoven zog in Gedanken immer wieder den Vergleich zwischen dem überragenden, allseitig ausgebildeten Geist, den es auf der vorgegebenen Bahn hintrieb zu seiner Vollendung, und diesem großangelegten Mann, der sich verzettelt hatte.
Schiller habe wieder neue Stücke unter der Feder, erzählte Hoven, es gehe ihm gesundheitlich auch besser, Freunde hätten sich seiner angenommen.
„Man hat mir den ‚Fiesco‘ geschickt“, sagte Schubart, „ein Werk um Freiheit und Tyrannis! Unter dem Obristen Rieger hätt' ich es nie erhalten! Aber schon der Scheler war ein Engel von Kommandant, und dann der Hügel . . .“
Vorsichtig bemerkte Hoven: „Der Obrist von Rieger ist durch unwürdige Gefangenschaft zuinnerst verbogen und zu unmenschlicher Härte getrieben worden, er ist ja dann auch durch seine Brutalität umgekommen, als er einen Soldaten verprügelte.“
Schubart sah sich erschrocken um. „Schweigen Sie, Hoven! Ich möcht' nicht, daß es einer dem Durchlauchtigsten denunziert!“
„Ach“, meinte Hoven gleichmütig, „mag er.“ Das geduckte Zusammenfahren des Dichters bewegte ihn.
„Ganz schlimm steht's nicht mit Ihnen, Mann“, er lächelte Schubart zu, „ich hab' neulich die Frau Herzogin zu untersuchen gehabt, in einer delikaten Sache, ist aber leider eine vergebliche Hoffnung gewesen. Serenissimus hat's nicht gewußt – sie hat

nicht den Hofarzt konsultieren wollen."
Noch während der letzten Worte bereute Hoven seine Indiskretion, da er eigentlich etwas gesagt hatte, was der ärztlichen Schweigepflicht unterlag. Aber der Gefangene hatte gar nicht auf seine Andeutungen geachtet. „Ja, der Rieger: Pfarrerssohn, Pietist, Menschenschinder, Sadist und Bekehrer! Was so alles in einer Brust zusammenwohnen kann! Sie sehen, Doktor, ich bin manchmal vorlaut, obwohl man mir's eigentlich gründlich ausgetrieben hat!"
Hoven hielt es für klüger, jetzt zu beruhigen. „Es geht Ihnen aber doch viel besser, Schubart", meinte er und nahm die Hand des Gefangenen, „Sie sind täglich Gast des Kommandanten an seiner wohlbesetzten Tafel, Sie empfangen Besuche, Schiller war schon einige Male hier, Haug, Moser und Hahn; die Akademisten kommen scharenweise, Sie empfangen die berühmtesten Leute, Sie schreiben Briefe, und Ihr Geist ist rege wie eh und je!"
„Ja, schon, aber nicht einmal die Frau lassen sie zu mir – ich hab' sie verdient, so lang nach ihr geschmachtet und nach den Kindern beiden, dem Julchen und dem Ludwig!" stöhnte Schubart. „Und Verbrecher neben mir dürfen ihre Weiber empfangen!"
Hoven schwieg. Hier war nichts zu trösten – die verhängte Karenz blieb unerklärbar. Vielleicht hatte jemand dem Herzog eingeredet, der Häftling habe ein „lasterhaftes Leiden", das erst auskuriert werden müsse? überlegte er. Ein Unsinn – aber was tuscheln sie nicht alles, weil sie ihn nicht herauslassen wollen.

„Obwohl ich dachte, es seien jetzt alle gestorben, denen ich mein Unglück verdanke", setzte Schubart wieder an und schaute zu Hoven auf – „Maria Theresia ist nicht mehr, der General Ried aus Ulm, der mich anklagte, liegt in der Verwesung, das Ansehen der Pfaffen ist auch gefallen, seit Joseph in Wien liberaler regiert, und doch lieg' ich in Fesseln und weiß nicht, wer mir sie abstreifen wird!"
Hoven stand auf. „Ich habe Gelegenheit gehabt, bei der Frau Herzogin für Sie ein gutes Wort einzulegen, Schubart", sagte er, „darum erwähnte ich vorhin meine Visite bei ihr."
„Ah, danke", rief der Dichter erstaunt, „Sie auch, Hoven! Ja, sie meint es nicht übel mit mir, obwohl ich damals ein dummes Maul gehabt hab' über sie – ist ja jetzt auch Frau Gemahlin geworden, wie seit diesem Frühjahr bekannt. Es soll aber allerlei Beschwernis gegeben haben mit der hohen Verwandtschaft." Schubart versank wieder ins Brüten.
„Lassen Sie die Hoffnung nicht fallen", schloß Hoven tröstend, „lang kann's nimmer dauern."
Schubart schaute ihn ungläubig und etwas wehleidig an. Jetzt begann er, von seinen kleinen Beschwerden zu erzählen, seiner „Hypochondria", wie er es nannte, und der Doktor riet ihm Bewegung, mäßiges Essen, Luftgenuß; dann verabschiedete er sich schnell, da er den Kommandanten von weitem auf Schubart zukommen sah.

Familienrat

Herzog Ludwig Eugen, der jüngere Bruder Carls, hielt in der kleinen Weiltinger Schloßkapelle mit seiner Frau eine stille Andacht; denn allmorgendlich begann der Tag für beide mit einer Messe.
Nachher saßen die Gatten im Speisezimmer, einem kleinen, dunklen Raum, der schon geheizt war, beieinander. Der September hatte sich kühl angelassen, Stürme brachen nachts die Äste, noch ehe die reifen Äpfel alle geerntet waren; es regnete. Seine Frau war eine bleiche, füllige Person von raschem Wesen. Während sie eben das Andachtsbuch wegräumte, klopfte ein Diener.
„Der Pfarrknecht, Durchlaucht, in großer Eile!"
„Laß ihn herein", sagte Ludwig in seiner schläfrigen Art.
Es war der Bursche des Ortsgeistlichen, der eine Botschaft aus Rom zu überbringen hatte; der Kurienkurier sitze im Pfarrhaus, sein Gaul sei halb lahmgeritten, der Mann müsse sich verschnaufen.
Ludwig Eugen nahm das Schreiben mit großen Augen entgegen. „Ein Dekret aus Rom?" fragte er begierig, zu seiner Frau gewendet.
„Vom Heiligen Vater", bestätigte der Bursche ehrfürchtig.
Ludwig sah das Siegel, nahm den Brief in die Hand

und fiel auf die Knie. „Gelobt sei Jesus Christus!" stammelte er. Neben ihm kniete seine Frau, erblassend wie er, soweit das bei ihrer mattgelben Farbe noch möglich war, und legte ihm die Rechte auf den Arm.

„Lies, Ludwig!" befahl sie heiser.

Der Herzog nickte dem Boten verabschiedend zu. Dann öffnete er, ohne aufzustehen, das päpstliche Petschaft. Es war eine lateinische Epistel, die er langsam, immer wieder sich bekreuzigend, übersetzte. Danach hatte der Papst von Carl Eugens unbotmäßiger Heirat vernommen und gab seinem herzoglichen Gewährsmann und Getreuen Nachricht davon, daß er dem regierenden Herzog von Württemberg „mit Schmerz und Empörung" seinen eigenmächtigen Schritt verwiesen habe. Eine Abschrift des päpstlichen Briefes an Carl Eugen lag bei. Ludwig las ihn, noch immer kniend, seiner Frau vor. Einmal schluchzte sie auf, begeistert und voll Genugtuung, als die entscheidenden Sätze lautwurden: *„Non licet tibi habere uxorem quae alterius est etiamnum viventis viri."*

„Er verbietet es ihm, die Ehebrecherin zu heiraten! Nicht erlaubt ist's ihm, ein Weib zu haben, das einem noch lebenden anderen Mann gehört!" triumphierte sie. „Und wenn sie zehnmal Reichsgräfin ist – das bin ich jetzt auch!"

„Sie ist geschieden nach evangelischem Recht", warf Ludwig ein.

„Was – evangelisch? Die Sittenlose! Durchgegangen ist sie dem kirchlich angetrauten Ehemann, und die Heilige Römische Kirche hält auch die lutherische

Trauung für bindend. ‚Bis daß der Tod Euch scheide', heißt es, ich kenne mich aus! Wenn man nachweisen kann, daß die Ehe nie vollzogen worden ist, ja, dann kann sie getrennt werden, durch Sonderbeschluß des Heiligen Stuhls – ich kenne mich aus!"

„Das hab ich gehört", fuhr ihr Ludwig mißmutig dazwischen, bekreuzigte sich aber sofort, da er angesichts eines päpstlichen Schreibens Ungeduld gezeigt hatte.

Die Frau sprang auf, behender als man es ihrer Fülle zugetraut hätte. „Das wird's ihr versalzen", sagte sie rachsüchtig, „dieser habgierigen, machthungrigen koketten Person, der jeder Mann recht ist, wenn er nur Brillanten verschenken kann."

Ein paar Tage danach meldete ein Stuttgarter Hofkavalier den Besuch des regierenden Herzogs. Ob es genehm sei, wenn Serenissimus seines Bruders Liebden und dero hochfürstliche Gemahlin in Begleitung seiner angetrauten Gattin aufsuche?

Carl wartete die Antwort nicht ab; er befahl die Fahrt. Unter peitschenden Regenströmen harrte er mit Franziska auf Antwort. Der Wagen hielt an einer Straßenbiegung; man hatte eine Gaststube aufsuchen wollen, aber die war – weil der Wirt plötzlich an Typhus erkrankt sei – geschlossen; die Wirtin hätte dem Paar trotzdem gern Unterschlupf gegeben, doch Carl weigerte sich.

„Ich hab die Frau Herzogin bei mir und darf sie keiner Gefahr aussetzen – leicht könnt in dem verseuchten Haus noch ein böser Anhauch stecken und sie befallen!"

Franziska versicherte, sie hätte noch nie Angst vor Ansteckung gehabt, aber er bestand darauf, daß sie in der Karosse blieb. Lang konnte es ohnehin nicht dauern, das Weiltinger Schloß war nicht weit.
„Lieber hätte ich ihn überrascht, der Landesherr kann einfallen nach Lust und Laune", erklärte Carl mürrisch, „aber wenn wir unverhofft vorgefahren wären, hätt' er dich können kränken, und das will ich dir nicht zumuten."
Mit klatschenden Hufen preschte jetzt das Pferd des Kavaliers heran; der Mann sprang ab. Er überreichte dem Herzog einen Zettel, der flüchtig in einen Lederumschlag gesteckt und nicht versiegelt war.
Hastig hingeworfen stand da in Ludwigs Schrift: „Es wäre mir eine Ehre und ein sonderliches Vergnügen, meines Bruders Liebden, den regierenden Herzog, in brünstig-brüderlicher Liebe zu umarmen. Was aber die außer dem Durchlauchtigsten genannte Gräfin von Hohenheim angeht, so weiß ich derselben nichts zu sagen, kann sie demnach auch, im Einverständnis mit meiner liebwerten und teuren Gemahlin, niemals empfangen."

„Umdrehen, schnell!" befahl Carl und pochte wütend an die Wagenscheibe. Der erschrockene Kutscher fuhr so schnell an, daß der Bote kaum Zeit hatte, seinen Gaul anzutreiben, und die zwei Lakaien, die hintenauf standen, sich krampfhaft festhalten mußten.
Drinnen im Wagen seufzte Franziska: „Und das alles wegen mir!"
Carl hörte gar nicht zu. „Der blöde Hund",

schimpfte er unbeherrscht, „läßt sich von seinem Weib kommandieren! Die hetzt ihn auf gegen alles, was nicht sie selber ist und ihre Sippe."

Sie streichelte seine Hand. „Laß sie doch, wir brauchen sie nicht. Wir fahren jetzt selbander heim, mitten durch den Landregen, wir haben ja uns." Sie sah, daß er die Spitzen an seinem Ärmel zwirbelte, in neu aufkommendem Ärger. „Weißt nimmer", lenkte sie ab, „wie wir vor vier Jahren zu Sproege im Dänischen in den Nordsturm geraten sind und vermummelt wie die Wintergreise im Schlitten steckten, zwischen den dicksten Schneehäufen, und wie uns die Männer und Gäule kaum mehr herausbrachten? Und wie du da gerufen hast: ‚Und wenn's durch alle Schneewände und Eisklumpen ging', so wollt' ich's doch mit der Franzel zwingen!' Meinst nicht, wir zwingen auch das da hinten?" Sie zeigte, den Kopf von seiner Schulter hebend, zurück gegen Weiltingen.

„Ach, herzige Franzel!" Er drückte einen Kuß auf ihre rundliche Hand. „Die Frauen sollten Frieden stiften, nicht Ärgernis. Wär die andere nur ein Schättlein von dir, es stünde besser zwischen uns Brüdern. Ja, du mein Engele, was tät ich noch ohne dich?"

Franziska wurde rot. „Wenn die mir auch bös' sind, aber die Hoheit Dorothea meint's doch wenigstens gut?" fragte sie mit schüchterner Hoffnung.

Im Mömpelgarder Schloß besprachen Herzog Friedrich Eugen und Dorothea wieder einmal die brüderliche Eheschließung. Am Tisch neben dem

Fenster saß Prinz Friedrich, Sohn und Erbe Friedrich Eugens, dem, falls er den regierenden Souverän, seinen Onkel Ludwig und seinen Vater überlebte, der Thron gehören sollte.
Er drehte sich um und deutete gegen die Scheiben. „Strahlendste Sonne draußen – ein Herbst wie im Bilderbuch." Er wandte den dicken Kopf wieder zum Licht, das gleißend hereinschien. „Wir haben ihm einen ziemlich anständigen Vertrag gemacht, dem Onkel", sagte er, als spräche er hinaus, „anständiger, als er's erwarten konnte ... Aber man muß sich trotzdem absichern, das sehen Sie, Herr Vater. Diese Maitressen – denken Sie an die Pompadour des fünfzehnten Ludwig, die geborene Fisch!" Er lachte dröhnend. „Oder an des schwedischen Gustav leckere Gräfin, deretwegen die Königin die tollsten Intrigen hat anspinnen müssen, um sie durch einen Kammerherrn zu Fall zu bringen ... solche Weiber – verzeihen Sie, Frau Mutter, meine derbe Sprache – solche Weiber sind mit echten Frauen nicht in einem Atem zu nennen, noch weniger mit Fürstinnen von Geblüt." Er schwenkte jetzt seinen Sessel gegen die Eltern, als wäre es ein Feldstühlchen. „Diese Hohenheim", fuhr er fort, „die Ihr geduldet habt, liebwerte Eltern, ich fürchte, wir haben noch immer ein schweres Gewicht am Bein mit ihr!"
„Sie ist, so wie ich sie kenne, keine von den gewissenlosen, ausnützerischen Kokotten, die du eben aufgezählt hast, Friedrich", unterbrach ihn Dorothea und klappte den Fächer auf. „Sie hat ihn zur Ruh' gebracht, die Eskapaden spezieller Art und die

landesverderbenden Ausgaben beschränkt, hat ihn sanft auf die pädagogische Mode hingeführt, hat auch mir immer . . ."

„Was?" fuhr Friedrich auf, „das sind nur Unterschiede des Stils – sie macht's auf die weiche Tour."

„Laß sie", besänftigte jetzt auch der Vater, „wir haben keinen Grund, sie zu fürchten, und den evangelischen Landständen ist sie lieb. Nach protestantischen Regeln ist sie geschieden und frei – und er hat sich immerhin mit ihr trauen lassen."

„Katholisch!" warf Friedrich bissig hin.

„Dein Vater ist auch katholisch", sagte der Herzog nachdrücklicher.

„Laß, Friedrich Eugen", Dorothea richtete einen vielsagenden Blick auf den Gatten; er schwieg.

„Friedrich", rief sie lächelnd zu ihrem Sohn hinüber – „trotz allem, mon fils, j'aime cette femme honnête et aimable."

Friedrich lachte wieder. „Les femmes aimables", repetierte er spöttisch in seinem geliebten Französisch, „je les connais très bien!"

Dorothea schwieg, peinlich berührt; das Thema verstimmte sie. Seit der Prinz kürzlich aus Rußland zurückgekehrt war, weil er sein Gouvernement in Cherson durch das Mißtrauen der Kaiserin Katharina verloren hatte, lebte seine Frau Auguste, eine Prinzessin von Braunschweig-Wolfenbüttel, dem Vernehmen nach allein in dem unüberschaubaren östlichen Kaiserreich an einem verderbten Hof; man sagte, daß er nur selten oder nie mit ihr korrespondiere. Seinen ältesten Sohn hatte er mit in die Heimat genommen.

„Les femmes ...", wiederholte er verächtlich, setzte dann aber seine Überlegungen in deutscher Sprache fort, „die Frauen – auch der alte Friedrich in Potsdam hat die seine nicht gemocht, sah sie kaum mehr an."

„Der König von Preußen ist tot", meldete sich der Herzog wieder, „und noch nicht lang unter der Erde – unter der Garnisonskirchenkanzel, wo er gar nicht liegen wollte, der Spötter. Aber du solltest nicht so von ihm reden – ‚de mortuis ...'"

Die Hoheit hatte ein weniger pietätvolles Argument. „Du magst ihn nicht, mein Sohn", sagte sie nicht ohne Schärfe, „du hast dich mit ihm überworfen, weil er nicht vergaß, daß du damals unserer Tochter Elisabeth von dem Dänenprinzen abgeraten hast, den er für sie ausgesucht hatte."

„Sie hat jetzt den Toskaner gewählt, und der soll Kaiser des Heiligen Römischen Reichs werden; und Ihnen, Mamman, ist's nicht unlieb gewesen ..."

„Ja, dem Friedrich von Preußen –", wiederholte der Vater noch einmal, ohne hinzuhören, „dem danke ich manches Schöne aus meiner Jugendzeit; Carl, Ludwig und ich, wir waren wohlgelittene Gäste in Berlin damals." Er schaute den Prinzen an und schüttelte ärgerlich den Kopf über soviel kritischen Sinn.

„Nun, wir sprachen von der Hohenheim" – Friedrich Wilhelm stand auf – „und ein Haus, das zwei Töchter auf den Thronen Europas hat oder haben wird – Petersburg und Wien sind noch immer von ihren Doppeladlern beschützt –, dieses Haus, sag' ich, darf wohl ein Auge drauf haben, daß ein Land-

mädchen sans éducation sich nicht allzu breit macht auf dem unsrigen."
„Sie ist sanfter Art, mon fils", beruhigte ihn die Mutter, „sie wird nachher den Ludwig nicht hindern und nicht den Vater, und bis du . . ."
„Ja, ja", knurrte der Prinz, „ich werd' dann ihr Leichenbegängnis auszurichten haben – aber in die Ludwigsburger Gruft kommt sie nicht, die nicht!"

Freiheit für Schubart

Im Februar 1787 fuhr der Lehrer Weber durch Ludwigsburg. Er hatte dort für den kranken Pfarrer Hahn zu tun, der dringend einen guten Arzt und eine heilsame Arznei brauchte. Als er in der Hofapotheke vorsprach, die noch immer neben der Stuttgarter auch in „Louisburg" betrieben wurde, sagte der alte Pharmazeut, während er sich über Hahns schriftlichen Leidensbericht beugte: „Wir treffen das manchmal, Weber, daß einer durch Hunger und Schlafmangel in der Jugend zu einem dauernden Schaden kommt – dem Hahn hat das Studieren bei Brot und Not den Magen gänzlich verdorben. Armer Mensch, lang kann er's wohl nimmer machen, nach den Symptomen zu urteilen, die er mir da aufgeschrieben hat." Weber solle wiederkommen, es daure eine Stunde oder mehr, bis die Mixtur recht verbunden sei, die der Arzt verordnet hatte. Der Lehrer trat auf die Straße.

Ein ungewöhnlicher Lärm ließ ihn aufhorchen. Um die Ecke der Kanzlei bog ein Zug von weinenden, schreienden Weibern, Kinder liefen hinterher, dann erst, in ungeordnetem Trott, folgten Männer und junge Burschen, hinter denen sich im Marschtritt ein Trupp Soldaten formierte. Ein Leutnant ritt in

schnellem Trab an den lamentierenden Leuten vorbei und setzte sich an die Spitze.
Weber blieb an einer Hausecke stehen. Er hörte ein Kommando, die Uniformierten schwärmten aus und nahmen die Männer in die Mitte; Frauen und Kinder wurden weggedrängt. Der Berittene hielt auf die Neugierigen zu und befahl ihnen, heimzugehen.
Weber wandte sich an einen alten Mann, der neben ihm stand. „Eine Aushebung? Schon wieder? Und wozu?“ fragte er aufgeregt.
„Ja, es hat lang gehalten diesmal“, mümmelte der Greis und nahm den fleckigen Dreispitz vom Kahlkopf. „Aber da sind Anfragen von den Holländern gekommen, Angebote, und viel Geld ist versprochen worden, soviel, daß der Durchlauchtigste nicht hat widerreden können!“
„Woher wißt Ihr das denn?“ fragte der Lehrer erstaunt.
„Hab so meine Quellen und Quellchen, war auch einmal hofbedienstet“, knurrte der Alte in sich hinein. „Der Gärtner sagt mir noch immer manches; aber verratet den Michel nicht!“
„Und wohin geht's?“ forschte Weber weiter.
„Weiß ich's?“ Der andere drehte sich jäh um, als habe er schon zuviel geschwatzt. Aber eine Frau hinter ihnen raunte: „Ans Kap, nach Afrika!“
Weber nahm sich vor, Hahn zu fragen, wenn er ihm die Arznei nach Echterdingen brachte.
Franziska hatte sich nach Sindlingen hinausfahren lassen, trotz des matschigen, naßkalten Wetters, um das „liebe Gütle“ zu besuchen, wo ihre Mutter jetzt wohnte. Frau von Bernerdin war viel krank, ihr

Gedächtnis hatte merklich nachgelassen, sie lebte manchmal in der Vergangenheit und war glücklich dabei.
Die Karosse rutschte und schliff auf den nassen Wegen, Franziska nieste und schnupfte; und die Zofe reichte ihr abwechselnd Riechsalz und Taschentücher.
Endlich kam man in der Dämmerung nach Herrenberg. In den grauen Schwaden hing die riesige Kirche wie ein Felsblock über den gedrängten Häusern – eine bewahrende Glucke, so hieß es im Volk, eine gefährliche Drohung, so schien es Franziska im Nebel.
Die Zofe schaute ängstlich in die Richtung, in der der mächtige Turmhelm wie ein ritterliches Haupt über dem Dunst schwebte.
In Sindlingen fand Franziska die Mutter im Bett. Um das geschrumpfte, faltige Gesicht krauste sich eine weiße Haube, die mit Spitzen und Zäckchen in die Stirn fiel, darunter glitzerten unnatürlich große Augen. Die ausgemergelten Hände fuhren ziellos auf der Decke hin und her. Franziska setzte sich neben die Kranke. Das Zimmer war behaglich beheizt, Scheite knackten im Kamin.
„Franzel!“ Frau von Bernerdin lachte kaum hörbar. „Franzel, hast gemerkt, daß der Michel wieder umgeht, hier und in Louisburg, der einmal beim Baron Kutscher war? Ist der nicht bei herzoglicher Gnaden danach Gärtner gewest? Hast mir's doch erzählt!“
„Das wissen Sie noch, Frau Mutter? Und so genau?“

„Ach, Kind, man hört viel hier im Stillen, Mägde schwatzen, Knechte machen sich wichtig. Da sitzt der Baron immer noch zu Pforzheim im Palais, gelt? Wartet halt auf seine Franzel – wartet schon an zehn Jahr' auf dem Asperg, wartet, bis der Durchlauchtigste Gnade walten läßt, ihn freigibt . . . wartet . . ." Sie kicherte.
Franziska legte die Hand über die Augen. Zwei Menschen, die ihr ineinanderschmolzen, sah die Schwerkranke in einer Gestalt, unter einem Bild, als Wartende. Franziska stiegen sie beide wie aus schwerem Angsttraum plötzlich ins Bewußtsein: Der Mann, der „durch sie" zerstört in seinem freudlosen, frauenlosen Haus kauerte, und der andere, an dessen Gefangenschaft sie auch nicht ganz unschuldig war: Durch ihre Empfindlichkeit und ihre Klagen hatte sie ja sein Unglück beschleunigt.
„Zehn Jahr'!" sagte sie vor sich hin, „das gilt den Juristen wie ein Todesurteil!"
Als Franziska nach einer Woche wieder heimfuhr, ging es der alten Frau besser. Zäh und eigensinnig und ein bißchen devot, wie sie von jeher gewesen war, besaß sie gerade die richtige Charakterfärbung, um sich immer wieder gegen das Geschick zu behaupten.
Hohenheim sei fast eingeschneit, hörte Franziska auf dem Rückweg bei einem kurzen Besuch am Großen Graben, der Stuttgarter Hauptstraße, wo ihr Carl Eugen vor Jahren ein Haus geschenkt hatte. Sie war nicht gern in der Stadt; die Fuhrwerke und Karossen rasselten und quietschten, die vielen Leute drunten vor den Fenstern schwatzten und schrien,

und die Luft war schlaffer als oben auf der Solitude. Ihr fehlten Bäume und Wiesen, Viehzeug und Vögel.
Sechsspännig fuhr man wenig später über den Bopserberg die Weinsteige hinauf; an der Waldau bestieg man einen Schlitten, damit man schneller die verschneite Filderebene überqueren konnte.
Als Franziska in Hohenheim eintraf, war der Herzog ausgeritten. Er hatte eine Strafübung angesetzt, weil ihm die Parade zu seinem Geburtstag am elften Februar nicht gefallen hatte. In Ludwigsburg wurde demgemäß kommandiert, marschiert, mit hochgeschwenkten Beinen exerziert, während Carl, den Dreispitz über dem Zöpfchen, seinen Apfelschimmel mühsam zügelte. Es fiel ihm diesmal schwer, ruhig auf dem Gaul zu sitzen, weil ihn bei dem Schneewetter das Podagra plagte; es riß und stach in den Beinen, zuckte in der Hüfte und zerrte in den Schultergelenken. Er war nur halb bei der Sache, dachte an die Franzel, die heute zurückkommen würde, an die neulich ausgehobenen Soldaten, von denen er allerlei Ärgerliches gehört hatte, und an ein Pamphlet, das der gefangene Schubart angeblich auf den Auszug des Kapregiments verfaßt hatte. Früher wäre er darüber in Zorn geraten, hätte dem Kommandanten verschärfte Haft für den aufsässigen Poeten befohlen, aber jetzt konnte er darüber lächeln. Der „Vogel" da oben hatte genug Federn gelassen, und was er jetzt noch pfiff, galt wohl mehr der Auffrischung des früheren Rebellenruhms, war gar nicht so echt gefühlt und wirkte kaum ins Breite; man hatte ihm die Schwingen gehörig beschnitten.

„Schade eigentlich“, brummte der alternde Mann auf dem Gaul vor der abgerichteten Menschenfront, „schade! Der Fritz Schiller hat sich auch ohne Pädagogik zu dem großem Subjektum entwickelt, das ich gleich in ihm gespürt. Wachsen lassen, ein bißchen nachhelfen – die Franzel redet so wie eine Gärtnerin. Ich hab manchmal keine Lust mehr zum Dressieren, bin müde. Ist das das Alter?“
Er schaute mit zusammengekniffenen Augen auf die Truppe, die im Bogen vor ihm einschwenkte, blickte gedankenverloren auf einen jungen Offizier und sein tänzelndes Pferd, das – scharf an der Kandare zurückgerissen – unvorschriftsmäßig stieg. Er blinzelte: „Mag er – das Wichtigste ist's nicht, das Menschendrillen.“
Als die Parade zu Ende war, befahl er, nach Hohenheim hinauszufahren, und überließ das Pferd dem Reitknecht. Zur Rechten lag das Tal mit den verschneiten Türmen der Stiftskirche und des Alten Schlosses, den dicht stehenden Bürgerhäusern und den Bäumen des Parks.
„Schiller –“, murmelte Carl Eugen im Wagen, „das Drama vom spanischen Infanten hab ich mir neulich schicken lassen und gelesen. ‚Gedankenfreiheit‘ . . . Haben die in der Akademie nicht viel Gedankenfreiheit gehabt? Ist nicht manches wilde, ungezügelte Wort gefallen, das ich geduldet? Hab' ich nicht die besten Lehrer für sie gehalten, den Haug, den Abel? Daß eine Regel sein muß, das haben sie freilich lernen müssen.“ Er rief zum Kutschbock hinauf, weil ihn die Gicht quälte: „Langsamer, Mensch – so ein Gerüttel . . .“

Er preßte die Faust aufs Knie, wo es bohrend stach und wühlte, und suchte sich wieder an seine Überlegungen zu erinnern. „Die jungen Leute“, flüsterte er, als könnte ihn die eigene gedämpfte Stimme beruhigen, „ich hab’ auf ihre Zustimmung gehofft, zu mir, zum ganzen Stil, zur unabänderlichen Ordnung ... unabänderlich? Laß schon, Herzog, laß; es geht weiter und mündet irgendwann – und danach das Gericht. Man muß sich stellen. Ich tu, was sein muß, soweit ich’s erkenn’. Scharfer, bitterer Trank, dieses Leben ... Glück? Die Franzel, ja, die wird jetzt in Hohenheim auf mich warten ...“
Er lehnte sich stöhnend zurück, ein schwarzer Wirbel nahm ihm die Sicht, das Herz stach, er atmete mühsam. „Fedor!“ ächzte er.
Der russische Reitknecht neben der Kalesche beugte sich herunter. „Kübler, halt an! Der Herr ...“, schrie er erschrocken.
Sie waren am Wald von Degerloch angelangt; die Diener stützten den Ohnmächtigen. Ein paar Bauern blieben neugierig stehen. Einer zog eine Flasche Schnaps aus dem Sack und reichte sie dem Leibdiener, der dem Bewußtlosen das Hemd aufriß, um ihm die Brust mit dem scharfriechenden Fusel einzureiben.
Langsam kam Carl Eugen zu sich. „Kerl“, herrschte er den Kutscher an, „kein Wort zur Herzogin, versteht Er?“ Dann schaute er auf die Bauern. „Geb Er dem dort einen Gulden für seinen Korn! Kübler, jetzt schnell hinauf!“
Die Bauern sahen dem Gefährt nach, das wie ein Phantom im Schnee davonstob, und nickten verle-

gen. „Wenn's ihn antritt", sagte der Ältere ernst, „dann gnad' ihm der Herrgott!"

Der Kammerherr Karl Axel von Böhnen, seit einem Jahr am Stuttgarter und Ludwigsburger Hof bestallt, stammte aus Stralsund, aus dem Norden, wie viele verarmte Adelige, die in der herzoglichen Umgebung ihr Brot suchten. Er war ein ehrenhafter Mann, hatte Franziskas Nichte Schertel von Burtenbach geheiratet und war der „hohen Frau Tante" treu ergeben. Als er sich melden ließ, saß Franziska in ihrem Kabinett und trank Schokolade. Im weitfließenden gestreiften Negligé, ein Tuch ums Haar, lehnte sie im Sessel, vor sich eine dampfende Schüssel mit Kamillensud, dessen Düfte ihr eine leichte „Verkühlung" vertreiben sollten, neben sich die Tasse aus Sèvresporzellan, die ihr der Herzog von einer frühen Frankreichreise mitgebracht hatte, wie manches andere wertvolle Stück – als Vorbild und Ansporn für seine Ludwigsburger Manufaktur, die doch nie ganz nach seinem Willen gedieh.
„Kommen Sie nur herein, Neveu", erklang Franziskas Schnupfenstimme, „und setzen Sie sich. Wenn der Dunst Sie stört – vielleicht mögen Sie keinen Kamillengeruch –, dann laß ich's wegnehmen."
„Durchlaucht, Frau Tante", Böhnen verbeugte sich. Aber Franziska winkte ab und deutete auf einen Stuhl. „Hören Sie, Neveu, was ich eben lese. Der Pfarrer Flattich – Sie kennen ja den frommen Prediger – hat sich da recht ungeniert über meinen Herzog geäußert:
‚*Am neulichen Fronleichnamstag soll sich der Her-*

zog sehr gelassen in Stuttgart bezeugt haben. Denn da er sonst bei seiner Miliz eine genaue Pünktlichkeit in Haltung der Gewehre und anderen äußerlichen Stellungen fordert, so habe er nichts genau genommen und sich manche Unarten gefallen lassen. Es hat mir daher ein solches Nachdenken gemacht, es möchte der Herzog Gnade bei Gott suchen; denn wenn man Gnade bei Gott sucht, so bezeugt man sich gnädig gegen andere Menschen und läßt von der Schärfe ab. Solang man aber scharf ist, so gibt man zu erkennen, daß man noch nicht auf dem Weg der Bekehrung ist, und Gnade bei Gott suche.'"

Böhnen schüttelte skeptisch lächelnd den Kopf. „Eine kühne Sprache führen die Schwaben, weiß Gott. Da – sehen Sie, was ich dagegen mitgebracht habe. Im Volk wird es von Hand zu Hand gereicht."

„Zeigen Sie her, Böhnen!" Sie griff nach dem angerissenen Blatt und las:

„Auf, auf, Ihr Brüder und seid stark
Der Abschiedstag ist da!
Schwer liegt es auf der Seele, schwer!
Wir müssen über Land und Meer
Ins heiße Afrika!"

Franziska sah auf und begegnete dem forschenden Blick des Höflings.

„Schubart?" fragte sie halblaut.

„Ja." Das Ding sei einem Lakaien zugesteckt worden, drunten in Stuttgart, und da man auch hier bereits davon gehört hätte . . . Die Herzogin schob das Papier neben ihren Teller.

Schubart solle vorher etwas davon gewußt haben, und als es soweit war, sei das Lied schon umgegangen bei den Leuten, berichtete Böhnen. Sie hörte nicht zu.

„Und wie ein Geist schlingt um den Hals
Das Liebchen sich herum
Willst mich verlassen, liebes Herz – Auf ewig?
Und der bittre Schmerz
Machts arme Liebchen stumm . . .“

las sie laut und wischte die Augen.
„Ja, freilich . . .“ seufzte der junge Mann mitfühlend.
„Man sollt' keine Leut' verkaufen“, flüsterte Franziska so leise, daß Böhnen es kaum verstand. „Er war halt gezwungen, die Holländer dürfen nicht beleidigt werden, und die brauchen das Kapregiment gegen die Briten . . .“
Der Kammerherr verneigte sich wieder. „Was soll damit geschehen? Dürfen wir Serenissimus . . .?“
„Nein, nicht! Das tät dem Dichter bloß schaden! Böhnen, Sie stehen mir dafür, daß das Poem verschwindet, als wär's nie zu uns heraufgekommen. Es sind ohnehin ein paar dégoutable Nachrichten an ihn gelangt – etliche von den Leuten sind desertiert, und der General von Hügel hat sie nicht verfolgen lassen, der Brave! Ich hör' mehr, als mir lieb ist!“
Böhnen ging und nahm das Blatt mit. Man konnte sich auf ihn verlassen.
Franziska stellte sich die Marschierenden vor, müde, frierend, wie sie durch Deutschland zogen,

getrieben wie Vieh, und endlich – vielleicht gar nicht mehr vollzählig – in Dünkirchen eingeschifft wurden, in den stinkenden, dunklen Zwischendecks der Überseesegler, von denen man ihr erzählt hatte. „Durst, Seuchen, die Weiber heulen zu Haus, die Kinder sind kaum versorgt – o Herrgott, warum hast du ihn das tun lassen? Es sind doch Menschen wie ich, wie wir, er muß doch spüren, daß ihnen das gleiche zukommt wie uns nach Gottes Plan, das Mindeste an Menschenwürde!" Ihre Gedanken liefen wie von selber, Sätze aus ihren Büchern waren auf einmal da, als würden sie diktiert.
„Wie wär's friedlich, wenn wir leben könnten wie die Landleute, wie meine Eltern, nur für ihren kleinen Kreis verantwortlich, ohne Rücksicht auf die große Politik", dachte sie sehnsüchtig.

Ein paar Wochen später erzählte ihr der Herzog, er habe sich Nachrichten über Schubart kommen lassen: sie seien günstig. „Der Kommandant läßt wissen, daß der Mann sich ruhig verhält, viel schreibt, mit den Besuchern und mit ihm beim Diner gemäßigt diskutiert und überhaupt in den kontrollierten Briefen eine demütige Gesinnung zeigt."
Carl Eugen räusperte sich. Langsam fuhr er fort: „Der Hügel meint, so er frei würde, möchte er durch seine mannigfachen Talente dem Ruhm des ‚geistig so regen' – er schreibt so – Württemberger Hofes wohl dienlich sein, und es wär' zu bedenken, wie man ihn angemessen beschäftigen könnte, solang er noch über die musische Beweglichkeit verfüge, die an ihm gepriesen werde."

Franziska lächelte ihm dankbar zu; selten hatte er soviel über seine Absichten lautwerden lassen.
Indessen kamen unklare und wohl auch bereits zensierte Gerüchte aus Paris, daß sich dort revoltierende Volkshaufen auf den Straßen zusammenrotteten. Die Halsbandaffäre der Königin Marie Antoinette, die der Kardinal Rohan durch eine Intrige verschuldet hatte, machte noch immer viel Wirbel. Die Finanzen stünden schlecht, die Minister wechselten. Eine Volkskammer werde verlangt.
Die unruhigen Zeiten spiegelten sich im Hetzen und Hasten der Kuriere, Gesandten und Boten. Am Wiener Hof erregte ein Reitender Aufsehen, der eine höchst dringliche Depesche aus Stuttgart brachte; man sagte, es handle sich um eine Angelegenheit von höchster Bedeutung, wahrscheinlich um Württembergs Erhebung zum Kurfürstentum; das stand anderntags sogar im Wiener Staatsanzeiger. Aber als man der Sache zu Leibe rückte, fand sich eine Affäre ganz anderer Art. Der Brief lautete: *„Mein lieber Baron von Bühler! Durch gegenwärtigen Kurier, meinen geheimen Secretair Pistorius, übersende ich Euch einen Schuh meiner fürstlichen Gemahlin, der Frau Herzogin Liebden, mit dem Auftrag, bei dem berühmtesten Meister in Wien zwölf Paar, aber in solcher Eile verfertigen zu lassen, daß der rückkehrende Kurier selbige bis zur nächsten großen Assemblé überliefert haben kann. In Eile Ihr wohlaffektionierter CE.“*
Das Doppeldutzend gestickter, goldgepreßter, rosenfarbiger und blauvioletter Schuhe, das Franziska alsbald erhielt, freute sie nur halb; der Herzog

hustete und rang schwer nach Luft und wünschte doch nichts dringender, als daß sie ihm alle, eins ums andere Paar, vorführte, mit zierlichen Menuettschrittchen, zu denen der Hofmusikus Kaufmann, der Schwiegersohn Schubarts, eine leichte Musik machen mußte, Flötenmusik, obwohl er eigentlich Cello spielte. Carl Eugen drehte mühsam das bläulich angelaufene Gesicht nach ihr, folgte den feingliedrigen Füßen und dem schwebenden Rocksaum mit angestrengten Augen und klopfte mit der dicken Hand den Takt. Sie sah ihn flehend an – laß es genug sein, wollte sie sagen. Aber er tat, als fehle ihm nichts, als sei der Spaß vollkommen.

Am Morgen des 11. Mai 1787 fuhr eine Wagenkolonne den Hohenasperg hinauf, und die Leute im Dorf drunten staunten und ballten sich zu schwatzenden Grüppchen: „Sie ist sogar mitgekommen, die Herzogin!“

Droben war in aller Eile das Wachbataillon angetreten. Die besten Uniformen und das blankeste Koppelzeug schimmerten festlich in der Maisonne. Der Kommandant zeigte sich lächelnd und deutete gegen ein Fenster, hinter dem ein gedrungenes Gesicht auftauchte.

Dann wurde die Anfahrt der Karossen gemeldet, die Torflügel aufgerissen, die Angetretenen verneigten sich: An der Spitze der Kavalkade ritt der Herzog, hochaufgerichtet und ernst, die Lider gerötet, die Reitgerte in der weißbehandschuhten Rechten, dahinter in der offenen Kutsche die Franzel.

Indessen hatte man den Mann am Fenster herausge-

holt: Schubart trat verwirrt und erregt, unsicher einen Fuß vor den anderen setzend, aus der Tür. Er verbeugte sich, die Flügel seines braunen Rockes fielen rechts und links nach vorn, als klappe ein großer Vogel seine Schwingen untertänig über der hellen Brust zusammen. Der Puder stäubte vom Haar, als er sich mit purpurnem Gesicht aufrichtete, die Rockschöße zurückstrich und die kleinen, entzündeten Augen auf das Paar heftete. Franziska mit Jagdhut und weitgebauschter Krinoline, der Herzog mit dem roten Band und dem großen Orden auf der gewölbten Brust, der Kommandant, die Soldaten, die Pferde – es schwindelte dem Mann, der plötzlich verstand, daß es nun endlich, endgültig ernst werden sollte mit der Freiheit. Er trat einen Schritt zurück und faltete krampfhaft die Hände, als suche er Halt; denn jetzt, im Augenblick der Befreiung, spürte er erst ganz das Preisgegebensein an die Laune des Herrschers – und das Gefängnis, die Mauern, schienen ihm fast wie ein enges, aber verläßliches Zuhause.
Der Herzog wies mit einer ritterlichen Geste auf Franziska. Sie ging auf den Mann im Schoßrock zu, streckte ihm die Hand hin und sagte kaum hörbar: „Wir bringen Ihnen die Freiheit, Herr Schubart!“ Sie wollte noch hinzufügen, daß seine Frau benachrichtigt sei und sein Sohn ihn abholen wolle, die ihn ja beide schon neulich besucht hätten – aber die ganze wohlvorbereitete Rede blieb ihr in der Kehle stecken. Sie weinte.
Carl Eugen sah sie befremdet an, schob sie sanft gegen den Wagen hin und gab nun selber dem

Verstörten die Rechte; er zog den Handschuh ab dazu . . .
Schubart sank wieder in sich zusammen und hätte in seiner Verwirrung fast die Hand geküßt, wenn ihn der Herzog nicht kräftig hochgezogen hätte; dann schluchzte er unversehens auf wie ein hilfloses Kind.
„Nun, Schubart“, mischte sich der Kommandant ein, der danebenstand, „es kommt doch nicht so unverhofft, Sie haben's ja dieser Tage erwarten dürfen. Lassen Sie sich gratulieren, Freund! Ich verlier' Sie ungern hier oben, so sehr ich's Ihnen gönne!“
Schubart sah ihn an, wehmütig und ängstlich.
„Sie können frei reisen, wohin Sie wollen“, sagte Carl Eugen laut, „und ich biete Ihnen in Stuttgart den Posten des Hoftheaterdirektors und Musikdirigenten, das Dekret ist vorbereitet und wird Ihnen ausgehändigt.“ Er winkte, ein Höfling überreichte das Schriftstück.

Schubart fand endlich seine Haltung wieder und dankte. „Ich werde mein Möglichstes tun, Euer Durchlaucht zufriedenzustellen, auch –“, er hielt an, und einen Augenblick lang sprang es wie ein Funke aus seinem Blick – „auch, wenn ich jetzt los bin!“
Carl Eugen überhörte die Einschränkung. Er hätte gern gesagt: „Ach, Mann, wir sind beide alt geworden – und die Zeit, meine Zeit, geht zur Neige!“ Aber er unterdrückte den Satz und bot Franziska den Arm, um sie zur Karosse zu führen. Er stieg aufs Pferd, trotz der Schmerzen mit dem gewohn-

ten, kräftigen Schwung, und zog im Abreiten den Hut.
Hahn, den man zu dieser Szene befohlen hatte, sah ihm nach und warf seinen Blick auf Schubart: „Da ist's auch zu spät", dachte er bitter und winkte seinen Wagen herbei; zu Fuß zu gehen, fiel ihm schwer. Ehe die Kutsche heran war, trat er zu Schubart hin und nahm ihn beim Arm: „Sie sind noch nicht ganz da, Bruder, ich seh's", redete er auf ihn ein, „es ist wie bei Jeremia: ‚Wenn der Herr die Gefangenen Zions erlösen wird, dann werden wir sein wie die Träumenden.' Grüßen Sie die Frau Helene und die Kinder, Schubart. Und lassen Sie uns beide verbunden bleiben!"
Schubart nickte; der Kopf war ihm bleischwer.

Schatten

Nicht lange nach Schubarts Befreiung brach in Frankreich die große Revolution aus, die alles Bisherige wegfegte, mit einem nie gekannten Impetus und wilder Begeisterung, darin sich alle Elemente des Menschlichen befreiten, auch die brutalsten, die mehr und mehr die Herrschaft gewannen – Blut floß und war wie ein unhaltbarer Strom, dem immer neue Quellen zuströmten. Das Heer der aufgewühlten Masse wälzte sich gegen die elsässische Grenze und drohte das württembergische Mömpelgard zu überrennen. Prinz Friedrich, als Gouverneur dieses Landesteils, schickte Eilkuriere an Carl Eugen. Zuverlässige Berichte, schrieb er, meldeten das Vorrücken der Rebellen – aber es fehle an Geld für die Landesverteidigung. Er bitte den obersten Kriegsherrn und Marschall um Hilfe: 200000 Gulden seien dringlich vonnöten.

Der Herzog wandte sich an seine schwäbischen Landstände. Aber die waren zu arm, um die gewaltige Summe aufzubringen.

Franziska lief aufgeregt im Salon hin und her. Sie hatte genug gehört, um zu wissen, worum es ging. Aber ihr war ja Schweigen befohlen. Sie sah, wie der Herzog mit seinen Räten zusammensaß, sich stundenlang besprach und konsilierte, und spürte seine

Gereiztheit. Als er abends zu ihr herauskam, sagte er: „Auch wenn auf meines Bruders Liebden Verlaß wäre – der Prinz . . . dem ist nicht zu trauen: ich wollt' sonst meine privaten Gelder wohl angreifen dafür."
„Carl", Franziska legte ihre Hand auf seine Hand, „da sind meine Juwelen, die du geben könntest; nur ein paar, die von dir sind und voller Erinnerung, behielte ich gern. Wenn's um den Bestand des Landes geht, um Mömpelgard, dann sollt' ich doch auch helfen."
Der Herzog sah sie gerührt an und überlegte.
Anderntags ging ein Schreiben nach Mömpelgard ab. Prinz Friedrich nahm es entgegen und öffnete es. Er stampfte wütend mit dem Fuß und warf das Papier auf die Fliesen.
Friedrich Eugen hob es selber auf; er erkannte das Siegel. „Was ist?" fragte er ängstlich, „du bist ganz außer dir?"
„Darf ich nicht die Contenance verlieren, wo einer sich so à la canaille benimmt?"
„Friedrich, du sprichst von deinem Onkel und vom regierenden Souverän!"
„Soll er sich als ein Mann zeigen", schrie der Prinz, „und nicht als Puppe seiner Maitresse!"
„Seiner Gemahlin", verbesserte der Vater leise, „aber was schreibt er denn nun?"
„Er ist bereit, aus eigenen Mitteln und den ‚Opfern seiner Teuren' das Nötige zu schicken, wenn – ja, wenn wir ihr den Titel einer Durchlaucht zuerkennen! Da kann er lang warten, der Erpresser!"
Im Schreiben, Streiten, Argumentieren vergingen

acht Tage und mehr. Dann rückten die französischen Truppen ein und besetzten Mömpelgard. Prinz Friedrich mußte fliehen. Sein Vater war schon vorher gereist.
Franziska hatte nichts von Carls Bedingung gewußt; aber Friedrich hielt sie für die Anstifterin.
Schubart, der – wie er in seiner „Chronik" schrieb – *„mit schüchternem Zehentritt kaum wieder auf dem Boden der Freiheit wandelte"*, berichtete getreu in seinem „brausenden", originellen Stil über die Vorgänge in Frankreich – zuerst begeistert, allmählich besorgt; und da ihm der Herzog eine Art von Zensur- und Pressefreiheit zugesichert hatte, wurde seine Sprache immer kühner: Carl Eugen las, was der Dichter berichtete:

„Die Tuilerien, einer der schönsten Gärten der Welt, waren in wenigen Stunden Graus und Verwüstung. Waffen, Waffen! So donnerte es gen Himmel, daß die Geister des Friedens ihr Antlitz verbargen. Der stärkste Auftritt, daß ihn nur der Geist eines Shakespeares oder Schillers ganz darzustellen vermöchte, war bei der Bastille, diesem furchtbaren Gebäude, wo der hagere Jammer und das bleiche Elend und der stiere Wahnsinn und die wilde Verzweiflung und die stumme schwindelnde Angst solange ihre grauerlichen Zellen hatten ... dieses Schreckgebäude erstürmte das Volk, tötete den Befehlshaber Launay und seinen Major; ... die Bestürzung des Königs über diese Nachricht war sehr groß ... Gleich darauf schrieb er folgenden Brief: ‚Ich werde meine Truppen zurücknehmen und die Herren Reichs-

stände sind dafür Bürge. Ich liebe mein Volk, es ist tapfer; ich bin sein Vater und ich verzeihe ihm. Louis.'"

Carl Eugen seufzte. „Möcht nicht in seiner Haut stecken – ich glaub's kaum, daß es so hinaus geht. Wenn ich nicht mehr lebe, bis es bei uns dazu kommt, ist's mir lieb. Die Schwaben sollten ja einsichtiger als die Franzosen sein", er beugte sich zu Böhnen vor, der neben ihm stand. „Aufklärung, Wert des einzelnen, Recht auf sein eigenes, gemäßes Dasein – das müßte sich doch binden lassen an das große System, ohne das nun einmal die vielen nicht unter einen Hut zu bringen sind. Verstehen Sie das nicht, Kammerherr?" Er legte die Chronik beiseite. Nachher, als er allein war, griff er zu seinem Reisetagebuch und schlug auf, was er in Paris notiert hatte:

„Dienstag 26. April . . . Ganz unbegreiflich mag es wohl jedem Frembden sein, Frankreich besonders aber Paris in einem Zeitraum von zwey Jahren so ganz geändert und eingeschmolzen zu finden, wo sonsten ein König und seine Minister ganz despotisch herrschte, da findet man jetzo einen König, der außer dem Nahmen nichts der Krone ähnliches führet, ministers, die ohne alle Gewalt und Einfluß nur das thun müssen, was ihnen die Gewalt in Handen habende Gesellschaft gebietet . . . Das Militair ist im Grund verdorben, die Disciplin ist verlohren und kein Oberer wird geachtet. Die Kirche ist dahin und die Priester werden gezwungen, Lohnknechte zu sein. Kein Adel soll mehr sein und der Staat verliert

seine Stütze. Alle dieße Einrichtungen haben einige hizige Köpfe gemacht, die sich unter zwölffhundert, die die sogenannte Nationalversammlung ausmachen, auszeichnen wollen und die Frankreich, das so schöne Königreich, in Bälde vollends im Abgrund bringen werden." Er griff nach der „Chronik".

„Und was schreibt hier der Schubart dagegen, der naseweise Schwätzer: ‚*Was er (der unbekannte Pariser Freund) vom Gerichte über die deutschen Aristokraten spricht, ist ganz wahr. Die Sturmglocke wird seinerzeit auch ihnen zum Schrecken hallen.*'"

„Schubart, Mensch!" knurrte er vor sich hin – „wüßtest du, daß ich dir das Leben gerettet hab' vor den jesuitischen Dunkelmännern, als ich dich für zehn Jahr' eingesperrt – und jetzt hast du's so eilig, mich ans Messer zu liefern! Aber man hat schon zuviel Wirbel gemacht mit ihm – soll sich vollends zu Tod saufen, wie er mag . . ."

Zwei Tage darauf setzte er sich hin und schrieb ohne Sekretär an seinen Hoftheaterdirektor: *„Lieber Schubart, Sie haben mir quasi und im recht deutlichen Vergleich mit denen Franken in Ihrer Chronika das Ende geweissagt.*

Aber ich hab's Ihnen nur einen Augenblick verübelt; sollt ich Sie noch des neuern einsperren müssen – es würde mir nicht gefallen, Schubart. Will sparlich umgehen mit meinen Schwaben, wenn Sie's mir gestatten und nicht gar so wütig brummen wider mich. (Nicht für Ihre Chronika!) CE."

Schubart revanchierte sich wenig später durch ein Gedicht auf Carls Genesung von einem Gicht- und Asthmaanfall:

„Als Krankheit einst Carls felsenfeste
Natur erschütterte; als er aus schwergepreßter
Brust den Odem
Ziehn mußte und die Gicht
Mit Vipernwut in den Gelenken nagte,
Da blieb des Herrschers Seele groß.
Er sah des zweiten bessern Lebens Aufglanz
Ihn schreckte nicht die Nacht der Fürstengruft."

Daß Gebete der Landeskinder den Engel mit der Schale voll Lebenssaft herniederflehten und Carl genas – das war der Schluß des würdigen Poems. Franziska nahm den Zustand ihres Mannes ernster. Immer wieder schrieb sie im „Tagbuch" von seinen schlaflosen Nächten, dem heimtückischen „boden Kra" und dem bösen Husten. Einmal schreckte sie nachts auf. Carl Eugen hatte gerufen. „Schubart", verstand sie, „wir gehen beide hinunter." Anderntags sagte sie dem Herzog nichts von seiner Traumrede.

Franziska hatte, wie zu jedem Jahresanfang, auch 1791 eine christliche Betrachtung ins „Tagbuch" eingetragen, und notierte zum Schluß: *„Der herzog und ich versicherten uns aufs neie unseren eifer uns in allem Guten zu befleißigen, aber mein bester herzog musten den Gantzen Tag fast zu bette bleiben, ich war also bestendig bey Ihnen, abends zeigte sich neben husten noch Bodenkra, der Leib medikus Jäger und professer Klein waren hir . . ."*

Doch Carl schonte sich nicht. Ins Frühjahr fiel wieder eine seiner vielen Reisen; noch ehe das Wetter milder und stetiger war, brach er auf. „Ich muß, Franzel", sagte er in gequältem Ton, „ich will in die Kinderheimat, und du sollst mich begleiten, liebste Frau."

„Nach Brüssel", entfuhr es ihr, und er hörte wohl den erschreckten Beiklang in ihrer Stimme.

„Ja, freilich, Brüssel, Holland, die Normandie – Franzel, es ist schön dort!"

So reiste man also ab, mit kleiner Suite, unter einem nebligen Himmel: Den Rhein hinauf, ins Niederländische, wo fette Grasweiden mit schwarzweißem Vieh die flachen Horizonte gliederten, Windmühlenflügel wie sonderbare Käfer gegen das gelbe Abendlicht standen und die breitere, behäbige Lebensart der Menschen Franziska fast ungeduldig machte. Man erreichte das goldgegiebelte Brüssel mit dem weiten Marktplatz, um den sich die schmalen kostbaren Fassaden drängten, in der Mitte das Rathaus mit seinem glänzenden Treppenaufgang und dem Vorplatz, auf dem die Grafen Egmont und Horn enthauptet worden waren.

Franziska blickte schaudernd nach der Stelle, wo Blut geflossen war – zum wievielten Mal, seit Menschen Glaubensthesen und Verfassungsregeln durchsetzen wollten? –, und die Macht, diese unheimlichste und scheinbar unwiderstehlichste Versuchung der Männer, ein Opfer verlangte.

Man stieg beim Stadtkämmerer ab, und Franziska beobachtete erleichtert, daß Carls Augen heller wurden in der vertrauten Luft, durch die der Meerwind strich.

Auf der Rückfahrt erreichte eine Eilstafette das

Paar. Carl Eugen streckte den Kopf aus dem Fenster, reckte die Hand und befahl Stillstand. Der Kurier sprang ab, nestelte ein umfängliches Schreiben aus dem Rock, verneigte sich und überreichte das Papier. Franziska sah zu, wie er das Siegel aufbrach. Er schaute sie an und sagte langsam: „Endlich!"
Sie erfaßte noch immer nicht, um was es ging, zumal ihr erst jetzt das Siegel bekannt vorkam und einen Schrecken einjagte; nichts Angenehmes war seither aus Rom gekommen.
Carl Eugen schluckte; er suchte nach einem Wort, beugte sich über das Schriftstück und nahm plötzlich Franziskas Hand. „Es ist die Bestätigung – jetzt ist alles gut!"
Franziska schlang den Arm um seine Schultern und las, ihr Gesicht an das seine gedrückt, das Dekret, von dem sie kein Wort verstand. Der Herzog übersetzte, während die Begleiter ehrfürchtig zuhörten. Nun also hatte Carl Eugen erreicht, worum er so lange vergeblich gekämpft hatte: Dem Dreiundsechzigjährigen gab die Kurie schließlich doch noch ihre Zustimmung zu seiner Liebesehe, die ihm elf Jahre lang, seit dem Tod der ersten Herzogin, verweigert worden war.
Nach einer guten Weile fuhr der Wagenzug wieder an, gemächlicher als seither, als läge das Ziel schon hinter ihm. Gemessen klangen Carls Worte, gelassen winkte er den Leuten am Straßenrand, als sei eine Unrast von ihm abgefallen, aber mit ihr zugleich auch die Spannung, die den verbrauchten Mann bisher angetrieben hatte.

In Württemberg nahmen alle Kreise die Botschaft mit Freude entgegen, die Landstände, die Geistlichkeit, die Offiziere, die Höflinge, das Volk. Freilich schien es, als brauche man diese Bestätigung von außen nicht mehr, da doch die Franzel, Schwabens guter Geist, schon lange „dazugehörte".

Die fürstlichen Brüder hielten sich still; Friedrich Eugen und die Seinen, weil sie formell schon zugestimmt hatten, Ludwig Eugen, weil er vom Papst in einem Brief zu brüderlicher Eintracht ermahnt worden war. Carl benachrichtigte alle Höfe, Franziska alle, denen sie vertraute – Niemeyer in Halle, Lavater in Zürich, manche befreundeten Fürstinnen.

Jetzt mußte baldigst eine Staatsreise nach Wien geplant werden, denn die erklärte Herzogin und legitime Gemahlin eines Reichsfürsten hatte sich dort zu zeigen; bisher war das nach habsburgischem Hofzeremoniell nicht denkbar gewesen. Man bat um die Genehmigung der Vorstellung. Dabei wurde der päpstliche Beschluß genau dargelegt: Auf Grund einer Deduktion des Konsularadvokaten Riganti und der Gutachten des Kardinals Campanelli und des Abtes Zaccharia habe die Congregatio sancti officii auf einstimmigen Antrag des Kardinalskollegiums die Entscheidung gefällt, daß Franziskas erste Ehe für nichtig erklärt werden könne, weil die evangelische Trauformel nicht den Vorschriften des Tridentiner Konzils entsprochen habe.

Carls Gesandter, Oberst von Mylius, erreichte außerdem den päpstlichen Dispens für die ohne Einwilligung der Kirche geschlossene Ehe mit dem Herzog; damit war auch das letzte Hindernis gefal-

len. Im August wurden die Gatten mit allen Ehren durch Leopold II. in der Wiener Hofburg empfangen. Ein halbes Jahr später starb der kränkliche Kaiser.
Indessen hatte Schubart mit aller Kraft die bunte Fülle des neugewonnenen Lebens ergriffen, er besaß Geld, verschenkte viel und lud lustige Freunde zu Gast, kleidete Helene mit Genugtuung in modische Pracht, die sie gar nicht mochte, und reiste, so oft es ihm sein repräsentables Amt erlaubte, im Land herum.
Im Stuttgarter „Adler" saß er oft noch als später Gast. Ein kalter, windiger Herbstabend des Jahres 1791 hatte ihn wieder einmal lang dort festgehalten. Ihm gegenüber thronte der Schieferdecker Baur, Meister vom Stuhl einer polnischen Loge, ein ausdauernder Trinker von großer Leibesfülle. Schubart sah den Freund an: „Da merk' ich erst, wie ich bin, Baur", fing er an, „wie ich geworden bin." Er spiegelte sich im bauchigen Römer. „Alles verzerrt ins Faunische, die Stirn geschrumpft, die Nase knollig, der Mund gespreizt wie die bocca der italienischen Brunnen; zuviel ist verschlossen worden und will jetzt ans Licht – aber Baur, die Quelle sprudelt nicht mehr, ist ein flaches Rinnsal, und bald rieselt's nur noch matt daher . . ."
„Deklamier' nicht so viel, Christian", meinte Baur, „du verträgst nichts mehr. Es liegt nur an dir, wie du dein Talent verteilst, mit deinen Kräften haushältst. Nimm bloß noch einen Korn zum Schluß, die Helene wartet ja nicht auf dich, die redet dir eher zu, unter Leute zu gehen."

„Helene? – Die hat eh nicht viel von mir, die klagt oft, daß ich nur zwei halbe Tag an der Chronik schreib' und das übrige Amt liegen laß'; ich hab' zuviel Schwungkraft auf dem Asperg gelassen, ich mag nimmer."
„Hast doch alles erreicht, hast auch den tüchtigen Sohn . . ."
„Der's zu keiner Größe bringt", murmelte Schubart verbittert.
Baur fuhr unbeirrt fort: „. . . das Julchen und ihren braven Kaufmann, den Cellisten, und zwei Enkel und . . . deinen Ruhm. Mann, deinen großen, europäischen Ruhm!"
Zwei Tage danach schwang sich Schubart wieder auf – sein Genie riß ihn mit, „riß sich los", wie Baur es ausdrückte, und war in keine Bahn zu lenken. Er redete, diktierte, komponierte, entwarf. Und dann, plötzlich erlahmte er: Aufbrausen und Zusammenfallen war das Gesetz seines Lebens.
Am 10. Oktober 1791 starb er an einem Schleimfieber, wie die Diagnose lautete, an einer an sich harmlosen Erkältung, der sein gedunsener, träge gewordener Leib nicht mehr gewachsen war.
Sein Begräbnis war ein Triumphzug, und Carl Eugen ließ ihn gern mit Gepränge zu Grabe tragen. Vier Jahre nur hatte der Dichter seine Freiheit überlebt.
Franziska ließ sich vom Herzog berichten, wie Schubart gestorben war; daß er, der zeitlebens den Spiegel der Umwelt zu seiner Bestätigung gebraucht hatte, am Ende noch einen Spiegel verlangte. Helene habe in ihrer Verwirrung nicht gleich einen gefun-

den – und als er dann den brechenden Augen vorgehalten wurde, erfaßten sie nichts mehr. Nur der Arzt beobachtete das Glas, um den letzten Hauch des Sterbenden zu erkennen; aber der Spiegel blieb klar.

Franziska schüttelte traurig den Kopf und sah zum Herzog hinüber. Carl stand auf und streckte sich stöhnend. „Warum so bedrückt, Franzele? Die Höfe sind uns gewogen, die liebe Frau hat da erstaunlichen Erfolg gehabt . . . und hat die Leut' mit Herz und Verstand für sich eingenommen. Denk an Hamburg und dann an England. Das war ein Fest in London, weißt ja, was sie hinterher berichtet haben."

Franziska erinnerte sich gern an die englische Reise vor zwei Jahren, an die Überfahrt in einem neblig flirrenden Schattenlicht, an das ruhige Schaukeln des Seglers, das sie genoß, ohne seekrank zu werden. Am englischen Hof hatte sie mit ihrer schwäbischen Warmherzigkeit zuerst keinen Widerhall gefunden, sie war unsicher und erschrocken verstummt, da sie nur etwas Französisch, aber kein Englisch verstand und glaubte, der Dolmetscher mache sich lustig über sie. Aber als Georg III., der durch seinen amerikanischen Kolonialkrieg viele Sympathien verloren hatte, sich in seiner seltsam feierlichen und sprunghaften Art mit ihr unterhielt, gewann sie auf einmal Mut. Ihre unverbildeten Maßstäbe hielten auch hier stand: Dieser König war ein sonderbarer Kauz und gab ihr, gerade weil er sichtlich von der Norm abwich, ein Gefühl der Rechtfertigung. So wie dieser, überlegte sie, war

Leutrum auch, aber niemand würde erwarten, daß ich mit diesem hier lebe ... Daß Georg seinen fähigsten Minister, den älteren Pitt, entlassen hatte und fast willenlos dessen Sohn regieren ließ, sagte ihr nicht viel. Doch daß die Eingeweihten und die Familie von seiner beginnenden Geisteskrankheit flüsterten, spürte sie schon.

Man hatte nach dem Besuch in schmeichlerischen Briefen an Carl ihre Bildung, Anmut und Würde gelobt und ihre „unschätzbaren" Juwelen gerühmt. Aber obwohl das anglikanische England und die Kurie sich dem rebellischen Frankreich gegenüber als Verbündete fühlten, waren die privaten britischen Sympathien kein Gegengewicht gegen Roms religiöse Bedenken gewesen, gegen Dogmen und kirchenjuristische Bestimmungen. Pius der Sechste war kein Mann der gefälligen Weltpolitik; ihm galt nur das Primat der Kirche. Er hatte sich entschieden gegen die österreichischen Reformen gewandt, den von Joseph II. aufgehobenen Jesuitenorden wieder eingeführt, und sein Mitspracherecht im Reich gegen eine deutsche Bischofskonferenz durchgesetzt. „Der Papst war damals schwerer zu gewinnen als irgendeiner", stellte Carls römischer Unterhändler resigniert fest, „aber er wurde überzeugt."

Franziska konnte sich nicht ungetrübt freuen. Sie befaßte sich heimlich mit magischen Zahlenspielen, wie sie gerade in Mode waren, und rechnete aus, welche Daten günstig wären für Gottes Gnade. Sie hatte sich in die Vorstellung verliebt, daß ihre Schicksalsjahre die Quersumme zwanzig hätten, bei ihrem Geburtsjahr, 1748, stimmte das; und sie hoffte nun auf das übernächste, auf das Jahr 1793, das sie als ein Glücksjahr herbeisehnte. Gern hätte sie den Pfarrer Hahn deswegen befragt, der ja in derlei Zahlenprophezeiungen erfahren war, aber Hahn war 1790 an seinem schweren Magenleiden gestorben.

Wenn sie allein saß und sich mit ihren Büchern und Berechnungen plagte, schickte ihr Carl Eugen manchmal den Kammercellisten Kaufmann. Der wußte zu erzählen, daß der berühmte Tonsetzer Mozart kürzlich in Wien verstorben sei. Daß er so früh habe hingehen müssen, sei ein Unglück für alle, denen seine Musik eine Offenbarung bedeute.

Sie ließ sich daraufhin ein paar Partien aus der „Zauberflöte" vorspielen, Melodien, die Kaufmann für sein Cello notdürftig zurechtgemacht hatte und zu denen ihn ein Flötist und ein Geiger des herzoglichen Orchesters begleiteten. Franziska hörte geduldig und mit mäßigem Musikverständnis zu, sah, wie Kaufmanns blasses, mageres Gesicht dabei glühte und seine Hand am Cellobogen zitterte.

Einmal kam Carl herein. „Was tut Er denn so enthusiasmiert?" fuhr er den hingerissenen Cellisten an, „ist's Ihm um den Kompositeur oder um die Zuhörerin?"

Kaufmann schaute verschreckt auf. „Verzeihen Durchlaucht, wenn mich die göttliche Klangfülle verwirrt hat", stammelte er.

„Ja, ja, schon gut, Kaufmann, hab's nicht so gemeint", brummte der Herzog gutmütig, „was macht die Seinige? Ist sie wieder in den Wochen?"

Es gehe dem Julchen nicht allzu gut, erwiderte der

Musikus bedrückt. Carl lenkte mit einem bedauernden Kopfschütteln ab. „Den Maestro da, den Mozart aus Salzburg, den hätt' ich sollen hier haben, wär' noch besser gewesen als mein Jomelli damals" – er nahm Kaufmanns Notenblatt und las darin –, „er hätte auch bei mir was Großes werden können; aber die Burschen müssen ja in alle Welt laufen – der Schiller hat hier auch nicht guttun mögen. Übrigens hat er anfragen lassen, Franzel, ob ich ihn tolerieren werde, so er käme . . .", er wartete, und da sie schwieg, sprach er weiter: „Angefragt hat er, ja, und ich hab' zu schreiben befohlen, er soll tun, was er will, ich würde ihn übersehen."
„Ist er schon hier?" fragte Franziska gespannt.
„War, ja, er war hier, ist aber, glaub' ich, wieder abgereist; er lebt jetzt in Jena als Professor – und liest Geschichte. Die Historie ist heut' in aller Munde." Er schwieg nachdenklich. „Er sei dies Jahr im Mai schwerkrank gewesen, ist aber wieder besser geworden . . ."
„Seine Eltern drüben", sagte sie mitfühlend, „sieht man auch nur noch selten, seit er weg ist – die Mutter hab' ich gern gehabt, hat auch Sinn für –" sie stockte und verschluckte das Wort Pietismus – „für das fromme Wesen", ergänzte sie schnell.
Carl Eugen ging auf und ab. „Seine Antrittsvorlesung über den Sinn der Geschichte hab ich gelesen: Gut, große Gedanken drin! Aber spiel Er nur weiter, Kaufmann, ich hab' noch zu tun." Er ging und schlug ungewollt die Tür im gleichen Augenblick zu, als Kaufmanns Cello die Vortakte zu Sarastros Arie begann.

Im Sommer lebte man in Hohenheim wie immer ländlich, naiv, selbstzufrieden hin: „*Es wahr heide ser frisch, daß der hertzog den gantzen Tag Ihren überrock anhaben musten, auch waren sie heide wieder ser mat und husteden in der nacht viell, nach mitag geng ich bald in das dörfle u. draf 2 Kie und 1 Geis im Dörfle an, die der hertzog dissen Somer über dalassen wolden, ich pagde auch etwas aus . . .*“ Franziska notierte, daß der Leibmedikus „*wegen dem Cadar*“ Seiner Durchlaucht gekommen wäre, daß man desungeachtet in den Stall gegangen, daß man „*hirsen gesäd*“. Aber „*schon in den Jahren zuvor*“ und vollends zu Beginn des Jahres 1792, „*blieben mein liebster hertzog bis mitag ligen, um zwölf uhr stonden sie auf und wirden in das Schloß gegangen sein, wenn das wetter nicht so Feicht gewesen wäre*“ – kleine Sorgen, kleine Unpäßlichkeiten, langsam heraufwachsendes Unheil.

„Kirchheim unter Teck“, las Franziska. „Ach, Böhnen, es wär mir so gleich, wo ich hin müßt’, wenn er nicht mehr bei mir ist, am liebsten möcht ich’s nicht mehr erleben, wenn’s Gottes Gnade mir gönnen wollte!“
Sie saß im Blumenzimmer der Solitude, einer blauen, goldberankten Rotunde, und schaute über die herbstlichen Wälder gegen Gerlingen hinunter, auf dem Schoß ein Schreiben, das ihr Böhnen eben gebracht hatte. Es war die gesiegelte Wittumsurkunde, vom Herzog „für den Fall meines Todes ausgefertigt“ und unterschrieben. Er hatte mit ihr schon einmal darüber gesprochen, aber sie wollte

nichts davon hören, es sei unwichtig, zu schmerzlich für sie, unnötig auch, da sie ihn nicht überleben werde, und er sei ja so munter jetzt, voller Einfälle, daran sei überhaupt nicht zu denken ... Während sie so auf ihn eingeschwatzt hatte, wußte sie selbst, daß sie ihn nur vertröstete, und er wußte es auch.
Der Witwensitz der württembergischen Herzoginnen, das Kirchheimer Schloß mit dem Lustgarten, sollte ihr einmal zufallen, samt einer Apanage von 200000 Gulden, Fuhrpark und Hofstaat, Wein, Wild, Geflügel, Mehl, Eiern und Früchten, und was sonst zu einer fürstlichen Haushaltung gehörte. Stadt und Amt Kirchheim garantierten dafür.
Böhnen stand mit gesenktem Kopf vor ihr. Sie reichte ihm das Schreiben und wischte mit dem Taschentuch über die Augen. „Ich bin wie lahm", flüsterte sie bedrückt, „wenn er's so nah sieht! Das kann doch nicht sein!"
„Gewiß, Durchlaucht, es kann nicht sein, das meinen die Ärzte auch. Ein momentaner Schwächeanfall hat Serenissimus so deprimiert, daß er glaubte, eiligst solche Bestimmungen herausgeben zu müssen; vorbereitet waren sie sicher schon lange."
„Lassen Sie mich zu ihm!" rief Franziska. Als sie das improvisierte Krankenzimmer im oberen Stock betrat, winkte Carl, im Bett sitzend, ab. Er sei eben zur Ader gelassen worden, ließ er ausrichten, und das sei kein Anblick für die liebste Frau. Sie stellte sich an den Türpfosten und wartete, die Hand am Mund, um nicht laut zu seufzen. Böhnen trug ihr einen Stuhl herbei.
Da hörte sie die heisere, veränderte Stimme des

Herzogs: „Geh hinüber, Gute, leg dich hin, es ist nichts!“
Franziska ging gehorsam, wie er es befohlen hatte. Sie bat den Kammerherren, der bei ihr geblieben war, um Tinte und Papier. „Ich muß etwas aufschreiben, auch für die Brüder, daß alle wissen, wie er mich beschenkt hat!“ erklärte sie dem Neffen. „Es wird gut sein, Frau Tante, wenn Sie es dadurch noch einmal schriftlich befestigen, man weiß nie, wie es einmal kommen kann, will's Gott, in Jahren erst.“
Sie saß in ihrem kleinen Schlafzimmer, das nicht weit von dem des Herzogs lag, und schickte den Diener an die Tür, um zu hören, wie es drinnen stehe. „Nur eine Wallung“, erfuhr sie, „wie das bei Serenissimi vollblütiger Konstitution durchaus possibel gewesen ...“
Sie sah es anders. „Ich kann nur immer weinen“, entschuldigte sie sich bei Böhnen. Der Kammerherr verbeugte sich mit einem bedauernden Blick und ließ sie allein.
Franziskas Dankbrief las der Kranke erst einen Tag später, als er wieder aufstehen konnte. Er ließ sich von seinem Leibdiener um das Schloß herumführen und trat an die Brüstung, wo er den vollen Blick über das Land hatte. Dort stand auch ein gepolsterter Sessel für ihn bereit. Carl nahm umständlich Platz – er war steifgliedrig geworden. „Ein Brief von der Franzel?“ Er lachte. „Sie ist doch sonst nicht so indirekt.“ Dann schaute er besorgt zu dem Diener auf. „Ist sie etwa krank geworden?“
„Es geht Ihrer Durchlaucht ausgezeichnet, nur ihr

Gemüt . . . Durchlaucht meinen halt, sie müßten sonst heulen", berichtete der Mann treuherzig.
Carl Eugen schüttelte den Kopf, an dem die seitlichen Haartollen wie immer stramm und vorschriftsmäßig gedreht waren. „Bring Er eine Decke heraus, Daniel! Es ist schon kühl, das spürt man. – ‚*September 1792, gegeben Schloß Solitude*'", las er dann, noch immer lächelnd. „‚*Die gnädige Meinung von Ihrer Durchlaucht, mir einen Wittumb von Ihrer herzoglichen Familie versichern zu lassen, erkenne ich in ihrem gantzen maß. ich hoffe nicht, das Traurige schicksal erleben zu müssen, später als Ihre Durchlaucht in die Ewigkeit . . . einzugehen. Da Sie aber sagen, Sie wären nicht andes beruhigt, so folge ich Ihrem wunsch und bitte und verlange nichts anderes als was Sie so Großmütig mir schenkten; ich verbitte mir alles, alles was Sie . . . Ihren Herzoglichen angehörigen anders als Obiges zur Verbindlichkeit gegen mich machen wollen. Aus Freundschaft weihe ich Ihnen mein Gantzes leben, Verbindlich soll Sie aber nichts anderes gegen mich machen, als bloß mein Betragen, das ich nicht unter der Fürsten Würde herunterzusetzen suchen werde.*'"
„Daniel! Bitt Er die Durchlaucht, zu mir zu kommen, so sie will!" rief Carl, und stemmte sich im Stuhl hoch.
Der Diener rannte. Franziska kam mit wehenden, offenen Locken angelaufen, eben den Händen des Friseurs entronnen, und kniete neben dem Kranken aufs Pflaster der Terrasse nieder. Sie erkannte ihren Brief, hob ihm das gerötete Gesicht entgegen und

hatte schon wieder nasse Lider. Carl Eugen strich ihr über die Stirn, sein Blick hing an dem ihren, das Papier fiel zu Boden.
„Da schreiben wir einander, Franzele“, sagte er zärtlich, „und sind uns doch so nah!“
„Ja, freilich, das eine Mal darf ich nicht hinein zu meinem liebsten Herzog, wenn er leidet, und dann kann ich nicht zu ihm, weil ich ... weil ich ...“
Er lachte: „Heulen muß! So sind die Frauen – heulen wegen jedem Spinnenfuß! Und es war wahrhaftig nicht der Wert meinetwegen!“
„Ja, ich könnt schon wieder lustig sein!“ lächelte sie und hatte blitzende vergnügte Augen, „sobald ich bei meinem Carl bin, wird mir's wohl!“
„Hm“, machte er, „so muß es bleiben: Eins des anderen Luft und Lebenslicht!“
Der Winter brachte dem Herzog neue Schmerzen, Atemnöte, Ängste. Die Franzel blieb beständig um ihn, still und unaufdringlich, wie die Luft, die er brauchte. Carl ritt kaum noch aus, ließ sich gelegentlich im geschlossenen Wagen durch die verschneiten Felder fahren, um die vertraute Gegend „nicht aus den Augen zu verlieren“, wie er das begründete.

Durch das frostklare Land eilten die Nachrichten aus Paris, die wie Feuervögel flackernd die Gemüter aufscheuchten.
„Eine furchtbare Riesengeburt!“ sagte Weber zu seiner geduldigen Frau, „so schaudervoll, als hätten sich alle Bosheiten und Greuel in einem Beulengeschwür gesammelt und seien jetzt ausgebrochen! Sie

wollen Blut sehen und meinen, so das Gift von Jahrhunderten hinauszuschleudern – alles wühlt und wälzt sich, und der Schlamm dringt herauf!"
Emma hörte ungern zu; sie mochte solche Gespräche nicht und überließ das dithyrambische Schwelgen lieber den berufenen Dichtern – das war schließlich des Schillers Sache und des verstorbenen Schubarts Ton. Ihr Weber sollte Schule halten und singen, allenfalls ein Leichencarmen verfassen, das ihm bezahlt würde.

Da brachten Kuriere und Gazetten die Nachricht, der französische König Ludwig XVI. sei enthauptet worden. Man hätte ihn, hieß es, nicht ungern fliehen oder beim Tuileriensturm umkommen lassen; aber da es beide Male anders ging, mußte man das tun, was die Welt erschütterte. Er sei sehr gefaßt gewesen, hörte man, sehr ruhig und überlegen, was dem schwachen, harmlosen Mann niemand zugetraut hätte.
Franziska schrieb an die Herzogin von Mecklenburg: „*Seitdem ein so unschuldiger König hat können Ermordet werden, ist mein Glaube an die Welt Gantz gefallen, und wenn ich das Unglück einer Königin überdenke, die der Willkür der Barbaren sich überlassen siehet, so finde ich mich gantz stumpf gegen alles, was die Welt geben und nehmen kann.*"
Franziskas Geburtstag war diesmal ohne große Festlichkeit vorübergegangen. Wieder hatte Carl ihr geschrieben – er tat das zu jedem zehnten Januar, und sie bewahrte diese Zeichen der Treue sorgsamer auf als ihre Juwelen; der Brief war kurz: „*Zwei*

Worte, denn mehr gewähren die Augen nicht, allerliebste Frau!“

Aber trotz Podagra und Schwäche, halbblind und krumm, reiste er, als folge er dem überlieferten Gesetz der Herrscher, nirgends dauernd seßhaft zu sein und immer wieder irgendwo im Land aufzutauchen, allgegenwärtig und unvermutet, so wie die mittelalterlichen Kaiser von Pfalz zu Pfalz gezogen waren; es war freilich auch Altersunruhe dabei, unbewußte Angst, vor dem „Bald-nicht-mehr-Können“, was ihn antrieb. Er hatte sich selbst nie nachgegeben; das Schlafen im eiskalten Raum auch in den strengsten Wintern hatte ihm seine Franzel nicht abgewöhnen können, so wenig wie das lange Reiten in Schnee und Regen.

„*Wenn ich stillhalte, lebe ich nicht mehr*“, schrieb er einmal.

Und doch blieb jetzt vieles ungetan, was er sonst eifrig betrieben hatte: Pläne und Verordnungen mußten angemahnt, Briefe immer wieder vorgelegt werden; die Korrespondenz mit anderen Höfen lag brach. Wien hatte Franziska das Großkreuz der Malteserritter verliehen, einer nachgelassenen Bestimmung des verstorbenen Kaisers zufolge, und sie freute sich Carl zuliebe über die Ehrung, die er schon lange beantragt hatte; ihr selber bedeutete der Orden nicht viel.

Ein trüber, dunstiger Sommer lagerte über den Wiesen, in Hohenheim wurde Heu gemacht; Franziska sah zu, wie die Frauen die Haufen schichteten, wie die Wagen beladen wurden; früher hatte sie selber mitgetan, aber dieses Mal mochte sie sich nicht lang vom Herzog trennen. An einem gewittrigen Morgen ließ er sie rufen. Er saß am Schreibtisch.

„Du, Franzel, ich hab' da ein Poem vom Schubart gefunden, das ich gern in deiner Stimmlage hören möcht. Willst mir's lesen?"

Er schob die Schriftstücke weg, als wären es keine Staatsakten und Malefizsachen, und stützte den Arm auf.

Franziska fing an: *„Warst so schön, breitwipfliger Baum, als dir schwollen die Knospen –"*, sie las das ganze schwermütige Gedicht, das der Gefangene an die Linde im Burghof gerichtet hatte, „aufdringend" aus seinem geplagten Herzen:

„Und nun bist du halbnackt,
Der Herbststurm blies in deinen Scheitel,
Und deinen Schmuck, die goldnen Blätter,
Wälzt nun wogend der Odem des Sturms.
Ach, mein Herbst ist gekommen,
So früh ist schon mein Herbst gekommen.
Das Schicksal blies mit starkem stürmendem Odem
Und meine Blätter fielen.
Heiser ist mein Gesang,
Die geflügelte Rechte
Lahmt . . . Der schwarze starre enthaarte Ast
Vermag nicht mehr zu schatten die Lieben!"

Carl legte das Gesicht in die Hände.

„Wir sind doch beieinander", sagte sie, als wüßte sie keinen besseren Trost für seine innere Müdigkeit.

Das Ende

Der September 1793 war hell, durchsichtig flirrte die Luft, Wolkenbögen spannten sich über den Himmel wie Kranichflügel. Das Laub gilbte langsam, die Vögel zogen davon; in den Weinbergen um Stuttgart feierte man schon die Lese der frühen Sorten. Böller krachten, und der fauchende Wind trug ihren Knall bis herauf nach Hohenheim.

Im Oktober hatte Carl Eugen eine Jagd angesetzt – Franziska wehrte sich gegen den „absurden Unsinn". „Du richtest dich zugrund' – und mich mit", klagte sie und sah den Gebeugten, Erschlafften angstvoll an.

Er stöhnte, als er aufs Pferd stieg, obwohl ihn der Reitknecht stützte. Sie blickte ihm nach wie einem, der in den Krieg zieht, und lachte sich selber heimlich aus deswegen; er winkte zurück, den hochroten Kopf mühsam im engen Kragen drehend, und lüftete das kleine Hütchen. Dann hörte sie nur noch das Getrappel der vielen Hufe auf dem harten Boden, den ein Nachtfrost krustig überglast hatte. Die Meute jaulte, ein Horn wurde geblasen . . .

Franziska ging langsam in ihre Räume zurück. „Ich hab' gemeint, anno dreiundneunzig sollte ein Glücksjahr werden", flüsterte sie vor sich hin, „aber bis dato hat's nichts Gutes gebracht: In Frankreich haben sie den armen König geköpft; meine Mutter ist gestorben; der liebste Herzog kränkelt und ist galligen Gemüts. Was soll da noch werden, bis es zu End' ist, das Jahr?"

Sogar für den Oktoberanfang kam die Dämmerung zu früh. Franziska stand unruhig ausschauend am Fenster, wartete auf Hörnerton und Pferdetrappeln und sprach unbewußt mit sich selber. „Das hätte er nicht tun dürfen, noch einmal fortreiten, wo ihn schon die Mainzerreise vorigen Monat so mitgenommen hat! Jetzt sind's acht Stunden! Der Böhnen sollt' doch imstand' sein, ihn zu überreden!"

Draußen klatschten nasse Blätter von den Bäumen, ein Ast schlug an die Scheibe wie ein Fingerklopfen. Sie beugte sich hinaus, um das Ungewisse und Bedrohende aus der Nähe zu erkennen, was sich da rührte. Ein Zweig ragte vor dem Fensterkreuz, ohne Laub, dürr vergabelt, in der heraufziehenden Nacht. „Der schwarze, starre, enthaarte Ast . . .", wiederholte sie sich, „wie beim Schubart."

Da hörte sie Pferdehufe und lief zur Tür. Der Vorreiter sprang ab und verlangte laut, man solle das Bett wärmen und die Ärzte rufen, Serenissimus fühle sich nicht wohl. Franziska hastete hinunter. Aber noch ehe sie den Mann ausfragen konnte, waren die übrigen schon heran. Man half dem Herzog vom Pferd, schwer hing er in den Armen der Reitknechte. Böhnen stützte den Hilflosen, man schleppte ihn ins Haus; ächzend drehte er sich an der Zimmertür nach Franziska um und ließ sich dann mit unterdrücktem Wimmern ins Bett heben. Der Leibchirurg Klein kam, nach ihm auch Professor Jäger. Beide machten unbewegte Gesichter. „Ein schwerer Anfall seines Podagra", entschieden die Ärzte; aber noch eine andere bedenkliche Komplikation mache dem Durchlauchtigsten Beschwer, eine heftige Blasenentzündung, die man mit wassertreibenden Mitteln, mit Wärme, Dampf und allerhand Aufgüssen zu bessern hoffe. Leider befürchte man noch eine Nierenschrumpfung.

Drei Tage darauf ließ man ihn zur Ader; das Blut zeige Entzündungsphänomene, stellte Jäger fest. Doch am Nachmittag fuhr der Herzog nach Stuttgart. Und trotz seiner Leibschmerzen tat er das noch zweimal, um das neue Schloß zu besichtigen, an dem gebaut wurde. Aber dann ließ er den Hofprediger Bleibimhaus rufen. Er sprach lange mit ihm, versicherte, er stehe in den nächsten Tagen wieder auf, aber er wolle einmal nicht ohne Bewußtsein hinübergehen, sondern Beichte tun, solange er noch alle Sinne habe; eilig sei's ihm nicht mit dem Sterben, gewiß nicht – er gedenke jetzt, wo er endlich seit zwei Jahren die beste Herzogin ohne Widerspruch des Heiligen Vaters besitze, erst recht ein gutes gottgefälliges Regimentum zu führen, worin alle Irrtümer des früheren unterzugehen und sich harmonisch aufzulösen hätten. Der Geistliche selber brach das Gespräch ab: Es ermüde und erschöpfe den hohen Herrn zu sehr.

In der Schillerschen Wohnung saßen der Hauptmann und seine Frau bedrückt nebeneinander und horchten hinaus. Heute sollte ihr Friedrich von Ludwigsburg heraufkommen, wo er zu Besuch war.

Er hatte von des Herzogs Krankheit gehört und hätte ihn gern besucht; aber der wollte ihn ja ignorieren.
„Ein großes Subjektum nennt er ihn aber doch“, murrte der Vater Schiller und drehte den Kopf nach der Uhr, die auf dem Kamin stand. Der kreischende Wind rüttelte am Laden.
„Wenn sich nur der Fritz wenigstens erholen könnt’ hier bei uns“, seufzte die Frau. „Und Serenissimus darf ihn nicht merken, er soll sehr mißmutig sein, seit er malad ist.“
„Der Herr Sohn hat von je kühne Stücklein vollbracht, und es wird ihm auch diesmal gelingen!“ meinte der Vater Schiller stolz; er trommelte mit den Fingern auf der Tischplatte, seufzte und wurde plötzlich blaß. „Das Herz tut nicht mit“, flüsterte er und klammerte sich an die Stuhllehne.
Die Frau lief und brachte Tropfen, Digitalis und Baldrian, die der Leibarzt des Herzogs verordnet hatte. Darüber hörten die beiden Alten das Pferd nicht, das draußen durch das dürre Gras trabte. Erst als Schiller leise die Tür aufmachte, fuhren sie zusammen.
„Vater! Vater!“ rief der Dichter erschrocken – „Mutter, was hat er?“
„Nichts, was dich angeht“, brummte der alte Mann unwirsch und schob die Frau weg, um dem Sohn die Hand hinzustrecken. „Setz dich, Fritz, oder willst dich Professor nennen hören?“
Friedrich schüttelte den Kopf, das rötliche Haar fiel ihm in die Stirn. Er nahm einen Hocker und schaute prüfend und abwartend zwischen den Eltern hin

und her; dann schloß er erschöpft die Augen, fuhr sich übers Kinn und fragte: „Hat er das öfter?“

„Leider“, meinte die Mutter, „aber es gibt sich immer wieder schnell.“

„Man kriegt bloß die Doctores nimmer so leicht ins Haus, seit alles nach dem hohen Kranken lauft“, beschwerte sich der alte Schiller. „Den hat's auf der Jagd erwischt, hätt' sollen auch schlauer sein; und jetzt haben sie ihre Not damit, den abgelebten Leib wieder zu kurieren.“

Den Sohn wunderte der obstinate Ton. „Ich war heimlich in Hohenheim und bin an der Meierei vorbeigegangen“, sagte er ernst, „und hörte ...“, er schwieg plötzlich und sah die Mutter an – „man hört's bis auf den Weg“, murmelte er und schauderte, „wie er schreit.“

„Schreit?“ fragte der Vater entsetzt, „das wird *er* nicht sein, so ein harter Soldat, wie er immer gewesen ist!“

„Laß, Vater“, Friedrich legte seine lange Hand auf die des Alten, „er war's; und mich plagt's, als wärst es du!“

Tag und Nacht hörte man das grausige Stöhnen, das die Ärzte nicht stillen konnten.

Diener mußten den Schäumenden halten, daß er sich nicht weh tat. Franziska saß am Bett. Ihre Arme waren zu schwach, um seine Last zu tragen, nur ihr Gesicht lag an seiner Brust, sobald er ruhiger wurde.

Man verständigte die Verwandten. Ludwig Eugen reiste eilig von seinem Schloß Wallerstein im Bayri-

schen nach Bönnigheim, um als möglicher Nachfolger näher bei Hohenheim zu sein.
In den Nächten standen die Wildhüter und Flurschützen am Waldrand und schielten nach den erleuchteten Fenstern hinüber.
„Jetzt war es wieder!“ sagte einer, „mir graust's!“
„Wie ein Hirsch, wenn er röhrt“, hauchte kaum hörbar ein anderer. Der Wildhüter sah ihn tadelnd an.
„Und da – wieder!“
Für eine Weile war es still. Vögel flogen mit schweren Flügeln klatschend gegen die Stämme. Die Männer mochten nicht heimgehen. Wieder dröhnte das Schreien.
„Gott gnad' ihm, wenn's noch lang so geht!“
Es dauerte noch mehr als fünf Tage. Ohnmachten erlösten den Gequälten manchmal für kurze Zeit von seiner Marter, starke Dosen von Morphium betäubten ihn. Aufgedunsen und gelblich gefleckt lag er da und wartete auf den neuen Zugriff des Schmerzes. Franziska saß am Bett.
Im Land knieten die Bauern vor den Schemeln und beteten, die Kinder mußten in der Schule singen: „Wenn wir in höchsten Nöten sein.“ Franziskas Schwestern erschienen, flüsternd und hilflos, und reisten wieder ab; sie hatten die Herzogin nur durch den Türspalt erspäht: Sie saß am Bett.
Dann kamen und gingen die Leibärzte, konsilierten und konferierten, destillierten und klistierten und sahen dabei aus wie riesige Raben, die um ein gefallenes Großwild kreisen.
Endlich wurde der Leidende still, sein Antlitz fiel

zusammen zu einer hageren Maske. Die Augäpfel schienen wie gläserne Kugeln unter den verklebten Wimpern hervor, die Lider schwollen rot an, die Lippen sanken ein.
Wagen fuhren vor, Abordnungen, Kronjuristen, neue Ärzte. Auch Hoven kam und drückte Franziska die Hand. „Zurückgetretenes Podagra", lautete die Diagnose. „Urämie", sagte Hoven draußen, „der Harnstoff ist ins Blut übergegangen – Selbstvergiftung, die Spasmen werden noch zunehmen."
Die Krämpfe steigerten sich auch wirklich bald. Höflinge und Doktoren beugten sich, geschüttelt von Mitleid, über das Lager; die Geistlichen, Bleibimhaus und Albrecht, knieten davor; wenn der Herzog für Augenblicke zu sich kam, redeten sie auf ihn ein, tröstlich oder streng, wie sie ihr Amt auffaßten: als Liebende oder als Richter. Franziska hielt seine Hand fest.
Manchmal versuchte er, den Kopf zu heben. „Franzele", hörte sie seine geborstene Stimme, „bist noch da?" Und, zum Geistlichen gewendet, sagte er heiser: „Pfarrer, Sterben ist kein Kinderspiel!"
Der Hofrat Jäger meldete sich: „Hoffen, Durchlaucht! Auch die Hoffnung ist ein Faktor der Heilung!"
„Hoffnung?" hauchte der Leidende, „das sagt ihr, wenn ihr nichts mehr wißt. Ich spür's besser ... Ach, nur wenig Hoffnung!" Er schloß die Augen. Die Krämpfe setzten aus.
Im Vorzimmer hatte sich Prinz Friedrich niedergelassen: gewichtig thronte er hinter einem eigens herbeigeschafften schweren Tisch. Seine kleinen,

scharfen Augen waren hellwach. Er beobachtete jede Regung an der Tür, horchte auf jeden Laut. Dazwischen studierte er das Hausgesetz für Erbfälle und machte sich Notizen. Er schrieb an seine Eltern und berichtete ihnen über die Vorgänge im Krankenzimmer und über den Fortgang des Leidens, den er freilich nur aus dem Abstand erlebte, und beschwerte sich bitter, daß er das alles mitanhören müsse; doch, fügte er hinzu, sei es seine Pflicht als Sproß des erlauchten Hauses, hier Wache zu halten. Indessen dauerte das Kommen und Gehen an. Franziskas Augen brannten, seit sieben Nächten war sie ganz ohne Schlaf, nur für Minuten wagte sie, den Kranken zu verlassen. Der Duft der Essenzen und Arzneien, die Kälte im Raum, den der Leidende ungeheizt wollte, die Dünste vom Krankenlager, die ungeheure schmerzhafte Spannung – das alles zehrte an ihr; manchmal meinte sie zu schweben, es war ein unwirklich alpdruckhaftes Gefühl.

Aber am unheimlichsten schien ihr die fast lautlose Gegenwart im Nebenraum, dieses erbitterte Warten und Lauschen. Sie wußte nicht, daß Hohenheim auf Prinz Friedrichs Befehl schon durch ein Truppenkontingent abgeriegelt war.

Eines Abends wurde Carls Stimme klarer, er befahl, den Kabinettsekretär von Reischach zu holen, er wolle diktieren. Der Gerufene kam sofort, in einem Augenblick, als Friedrich das Vorzimmer verlassen hatte, und machte sich bereit.

„Zusatz zum Testament", sprach Carl deutlich.

Franziska zog sich zurück. „Es geht auch um mich", sagte sie, „und da gehör' ich nicht her."

Mit eiserner Energie gab der Herzog seine Anweisung: eine Ergänzung zur Wittumsurkunde für die Herzogin, die ihr weitere Sicherheit geben sollte. Es handelte sich um große Beträge, vor allem um den Schmuck, den er ihr gekauft hatte und der ihr bleiben sollte, mit Ausnahme der Hausjuwelen. Außerdem mußte sie Gelder zurückerhalten, die sie aus eigenen Ersparnissen vorgeschossen hatte. Eigenhändig schrieb Carl auf den Umschlag: „Letzte Verordnung." Dann entließ er den Beamten.

Danach bat er den Hofprediger Bleibimhaus, seine Beichte zu hören und ihm das Abendmahl zu reichen.

Er wußte jetzt, was kam. Als das Unerbittliche sich näherte, hatte er noch einmal allen Lebenswillen, alle Illusionskraft und Selbsttäuschung aufgerufen, um nichts davon zu sehen; selbst, als er „kein Kinderspiel", sagte, hatte er noch nicht ganz daran geglaubt; aber jetzt war kein Ausweg mehr offen: Nicht die Kunst der Ärzte, nicht Franziskas Gebet und Gottes Gnade, nicht die eigene Zähigkeit. Er selber, dieser *eine* Mensch Carl Eugen, würde aufhören und nicht mehr sein. Er senkte erschöpft das Haupt. Kein Befehl, keine Diplomatie, kein armseliges Flehen und Krümmen – nichts mehr lag jetzt zwischen ihm und dem unsichtbar drohenden Tor der Ewigkeit. Und was blieb? Kein Sohn, kein rechtmäßiger Erbe. Die Buben und Mädchen, die in den Bauernstuben aufgewachsen waren, Kinder seiner wildesten Jahre, sie mochten eine Saat sein aus dem alten, begabten Stamm, aber das Land und die

Franzel – die ließ er „unbedacht" zurück. Die liebste Frau, die ihm keinen Erben hatte schenken können, sollte den berechnenden, hochmütigen, gewalttätigen Verwandten überlassen sein! Er spürte, wie sie auf sein Ende warteten. „Hab's ihnen auch nicht leicht gemacht!" murmelte er, ohne es zu wissen. Er schlug die Lider auf und tastete nach Franziska, die sich eben wieder zu ihm beugte. „Halt dich an den Ludwig; ich hab' ihn drum gebeten – er ist der Nächste!" Sie verstand ihn nicht gleich: der Nächste auf dem Thron oder der Nächste – im Tod? dachte sie erschrocken.
„Ich will jetzt schlafen ...", hörte sie ihn flüstern. Sie deckte ihn zu. Man hatte ihm stärkere Opiate gegeben. Zwei Tage später rief er in dringender Eile noch einmal den Sekretär. Ein ausführliches und klar gegliedertes Kodizill wurde vollendet, das alle Legate regelte. Sieben anwesende Zeugen, darunter der Erbprinz, sollten es gegenzeichnen und die Ausführung des letzten Willens garantieren.

Friedrich wurde um seine Unterschrift gebeten.
„Was?" rief er auffahrend, „jetzt noch Anordnungen? Das gilt nicht mehr, er will bloß der Hohenheim die Apanage erhöhen und hat ihr schon unmäßige Summen zugeschanzt; ruiniert das Land und ich soll's gutheißen?" Er bemerkte den erstaunten Blick des Höflings, der ihn um seinen Namenszug gebeten hatte. „Ein Sterbender ist dazu nicht mehr imstand', der muß sich um die ewigen Dinge kümmern", erläuterte er, mühsam beherrscht.
Franziska hörte den Disput, ohne alles zu verste-

hen. Sie kam herein und fragte, was es gäbe; der Herzog beunruhige sich.
„Sie?“ knurrte der Prinz und stemmte die Hand auf den Tisch, „was wollen Sie? Hier gibt es nichts zu erschleichen!“
„Ich weiß gar nicht, was da drinsteht, Hoheit“, sagte Franziska mit dem gleichen, abwesenden Blick, den sie seit Tagen hatte, „ich will ja nichts, als was der liebe Herzog will.“
„Natürlich“, fuhr Friedrich dazwischen, „das dürfte auch genügen!“
Man bat den Erzürnten ans Bett. Carl wandte sich stöhnend um und sagte kaum verständlich: *„Muß ich in diesem Augenblick noch Unangenehmes hören und mich plagen lassen?* Bitte, unterschreib doch!“
Friedrich lief ohne Antwort hinaus.
Das Testament blieb unbestätigt.
Schon seit Stunden kauerte Franziska fast unbeweglich neben dem Bett, die Hände gefaltet. Manchmal nahm sie Carls Finger und küßte sie. Wenn er die Augen aufschlug und sein „Franzele?“ hauchte, senkte sie ihr Gesicht auf das seine. „Hörst mich, liebster Herzog?“
„Bet, Franzel“, bat er. Sie sprach Liederverse, die ihr der Augenblick eingab:

„Christi Blut und Gerechtigkeit
Das ist mein Schmuck und Ehrenkleid
Damit will ich vor Gott bestehn
Wenn ich zum Himmel werd eingehn!“

„Kommen sie alle mich anklagen?“ fragte er einmal ganz deutlich.

„Die Armen kommen, die du gekleidet hast, die Kinder, die du beschenkt – ich komm', die du so beglückt hast . . ."
„Die Friederike?" fragte er, „der Rieger, die Pirker, der Huber und der Moser, die Soldaten?"
Draußen klopfte es. Franziska rief, man solle jetzt nicht stören.
„Was war da?" fragte er und zerrte am halboffenen Nachtkleid, um Luft zu holen. Der Schweiß trat ihm auf die Stirn, er keuchte. „Der Schubart . . .", fing er noch einmal an. Sie strich über sein Haar und suchte nach einem Wort: „‚Und wenn unsere Sünde gleich blutrot wäre, so soll sie doch schneeweiß werden' – ach, Guter, Guter! Wenn Gott will, nehm ich das alles auf mich!"
Er öffnete den Mund und löste seine Hände von ihr. Da pochte es wieder. Der Kammerherr von Böhnen öffnete die Tür, bleich vor Pein, daß er jetzt lästig fallen mußte. „Seine Hoheit wünschen, daß die Durchlaucht Frau Herzogin . . ."
Hinter ihm stand Friedrich.
„Es wird Zeit, Madame, daß Sie sich einen Rechtsbeistand wählen", sagte er scharf, „ich schlage den Justizrat Weinland aus Eßlingen vor."
Franziska warf einen hilfesuchenden Blick auf Böhnen. „Tun Sie das Nötige, bitte, Neveu!"
Dann endlich waren sie wieder allein, bis der Hofarzt hereinkam, vom Prinzen gerufen; der Beichtvater wurde geholt. Franziska wartete draußen, sie wußte, was jetzt kam: die letzte Ölung, die Wegzehrung. „Dürft' ich mitgehen", betete sie. Professor Klein trat auf sie zu. „Bald ist es vorüber,

Durchlaucht", bedeutete er ihr, „er leidet nicht mehr." Und zum Priester, der eben aus dem Sterbezimmer trat, sagte er: „Exitus letalis – alle Säfte stocken."

Aber das kräftige Herz wehrte sich noch.

In der Nacht vom 23. auf den 24. Oktober starb Carl Eugen in den Armen seiner Franzel. Als die Augen brachen und Jäger die Lider mit festem Druck niederhielt, fiel sie zusammen. Man hob sie auf, aber sie sank mit einer sanften, völlig kraftlosen Bewegung über das Bett und umfaßte unbewußt die Knie des Toten, wie in einer letzen Hingabe.

Reitende Boten stoben nach allen Windrichtungen davon, Briefe wurden gesiegelt, die man vorbereitet hatte, die Fahne auf dem Haus gesenkt, die Dienerschaft unterrichtet. Der Kutscher ging in den Stall und sagte dem Leibroß den Tod seines Herrn an.

Und Prinz Friedrich notierte: „C'en est fait, le duc est mort!"

Die Witwe

Da man Franziska endlich, fast gewaltsam, von dem toten Herzog getrennt hatte, begann eine geisterhafte Geschäftigkeit, ein Huschen und Tuscheln, ein Rascheln und Räumen, von dem sie nichts mehr wahrnahm. Jäger hatte ihr ein starkes Schlafmittel gegeben und sie mit der Kammerfrau in ihre Zimmer verbannt; sie müsse liegen, ruhen, sie werde ihre Kraft noch brauchen; es sei schon Morgen.
Als Franziska nach einer gestaltlosen, traumlosen Zeit am 24. Oktober wieder aufstand, brachte man ihr schwarze Kleider, Tücher und Spitzen, die sie gedankenlos anzog. Dann hörte sie Hämmern und Laufen, Reden fremder Männerstimmen und Schlagen von Türen. „Tragt ihr ihn denn schon weg?“ fragte sie atemlos.
„Das sind die Beamten“, flüsterte die verängstigte Zofe. Franziska trat auf den Flur: Da werkten Unbekannte mit Siegelstock und Wachs, man zerrte Schrankladen heraus und stemmte verschlossene Fächer auf. Entsetzt forschte sie, was da vorgehe? „Befehl seiner Hoheit des Prinzen Friedrich“, hieß es, „alles wird versiegelt!“ Auch in ihr Kabinett drangen uniformierte Leute. „Befehl . . . Ich weiß schon“, sagte sie matt, „was soll's denn?“
„Die Juwelen müssen kontrolliert werden, es

besteht Verdacht, daß einiges weggekommen ist."
Franziska sah wehrlos zu, wie ihre Schatullen und Schmuckkästchen geöffnet wurden, sie gab Weinland, der befangen dabeistand, alle Schlüssel. Böhnen bot schriftlich seine Dienste an, entschuldigte sich, daß er nicht schon früher dagewesen sei, aber man habe es ihm verboten – er sei quasi entlassen und wisse nicht, wie es weitergehen solle. Franziska hatte auch für ihn nur den abwesenden Blick, der ihrer Kammerfrau Angst machte.
Schließlich wurde sie durch einen Geheimrat, der die Durchsuchungung beaufsichtigte, ins Alte Schloß nach Stuttgart gebracht. Man hatte ein paar Räume notdürftig für sie hergerichtet, gerade waren die Hausdiener dabei, Feuer zu machen. Die Fenster waren noch beschlagen vom Herbstnebel, Stühle standen herum, Bezüge wurden eben abgenommen, Vorhänge raschelnd aufgezogen.
Franziska lehnte an einem Tisch und hielt sich schwankend fest – die Zofe legte ihr einen Schal um und führte sie zu einem Sessel. Niemand sonst kümmerte sich um sie, und die gläserne Luft umgab sie wie eine Trennwand, undurchdringlich. Sie senkte verstört den Kopf – ihr war, als sei sie selber gestorben und gehe nun um in einer abwehrenden feindseligen Unterwelt. Sie würde nicht einmal am Begräbnis teilnehmen können . . .
Aber man ließ ihr keine Zeit zur Sammlung; unaufhaltsam, wie Peitschenhiebe, kamen Befehle und Anordnungen, die sie weitertrieben. „Carl!" stöhnte sie, „was soll ich tun?"
Sie raffte sich zusammen, wie man sich auf einer

tödlich gefährlichen Flucht zusammenreißt, erstaunt, wieviel Kraft und Besinnung noch lebt, ließ sich ihr Schreibzeug besorgen – ihr eigenes, ein kostbares Porzellangefäß aus Ludwigsburg, war beschlagnahmt worden: Sie war die verwitwete Herzogin und hatte den Verwandten und den Höfen offiziell vom Tode ihres Gemahls Mitteilung zu machen.

Sie hieß ihre Kammerfrau die arbeitenden Diener fragen, ob ein Sekretarius irgendwo zu erreichen sei; aber man sagte ihr, vorläufig sei jeder Verkehr mit der Außenwelt untersagt.

„Untersagt?" wiederholte die Herzogin erschrokken. „Warum denn? Bin ich eine Gefangene?" Man zuckte die Achseln. Zwar konnte die Zofe der Eingeschlossenen das Nötigste besorgen, doch hatte sie, wie sie bald merkte, nichts mehr zu bestimmen. Weder der Justizrat Weinland noch auch irgendein anderer Rechts- und Stilkundiger stand ihr zur Verfügung. „Was will man denn von mir?" fragte sie verzweifelt. „Ich hab' doch alles in Hohenheim zurückgelassen, allen Schmuck, sogar was ich täglich angehabt hab' – und nichts verschlossen und verborgen, niemals etwas versteckt, hab' nichts für mich wollen."

Die Zofe, ein älteres Mädchen aus Adelmannsfelden, für das sie insgeheim noch immer das „Töchterle von der Herrrschaft" war, fing an zu weinen.

„Still, Mädle, das vertrag ich jetzt am wenigsten!" verwies ihr Franziska das Gejammer. „Bring mir im Marktkorb einen Brief an den Kavalier von Böhnen, den soll einer von den jungen Leuten vom Kauf-

mann mit hinaufnehmen nach Hohenheim in den nächsten Tagen, ich bezahl's ihm."
Es dauerte fast eine Woche, bis Böhnen, auf demselben heimlichen Weg, antwortete. Man habe ihm das Testament nicht gezeigt, niemand habe es zu sehen bekommen, es sei als ungültig erklärt worden und vielleicht existiere es gar nicht mehr. Ihm blute das Herz, daß er der hochverehrten Durchlaucht nicht dienen dürfe; übrigens werde ihre Post kontrolliert.
Franziska schaute mit trüben Augen über den Umtrieb des Marktes herunter, der unter ihren Fenstern gehalten wurde. Auf den grauen Steinen leuchteten die blauen Kohlköpfe und die roten Äpfel, Astern und gelbe Zinnien boten die Weiber feil; manchmal zockelte ein Bauernwagen vorbei oder auch eine lackierte Karosse; Reiter trabten mit klappernden Hufen gegen die Hofapotheke zu, sie konnte, wenn sie sich vorbeugte, den Turm der Stiftskirche erkennen. Aber kein Stundenschlag und kein Hufgetrappel kündigte an, was sie oft unbewußt zu hören meinte: Rückkehr und Einzug des Herzogs, Ende des bösen, unwirklichen, unfaßlichen Traumes.
„Es war nichts mit meinen Zahlenspielen, mit meinen Quersummen und Voraussagen, und ich dachte, das wär' wie dem Hahn seine biblischen Wiederkunftsadditionen; aber es war sündhaft und Gott verzeih mir's, stand nichts davon im Wort Gottes, und ich hab' meine Vermessenheit schwer gebüßt: Ach, wo ich Glück gehofft und Freuden des Herzens, sind's Bitternisse geworden, wie ich sie nie erlebt hab' bisher und nie zu überleben geglaubt!"

Dann brachte der Geheimrat von Rieger eine mündliche Aufforderung der fürstlichen Verwandten, die Friedrich verfaßt hatte, „expressis verbis auf das Testamentum des hochseligen Herzogs zu renoncieren". Ludwig Eugen, der neue Landesherr, residierte bereits im Neuen Schloß und hatte sich eiligst huldigen lassen. An ihn hatte Franziska – allein und ohne Berater – geschrieben.

„Durchlauchtigster Herzog, gnädigster Herr!

Es ist mir von Seiten des Geheimen Raths eine Anfrage wegen dem letzten Willen meines nunmehr in Gott ruhenden Herrn Gemahls gemacht worden. Ich verstehe keine Rechte und beharre in allen Fällen auf das Vertrauen, das ich ohne grentzen in E.H.D. Hertzen und Gerechtigkeit setze, geruhen Sie nach diesem zu handeln und ich weiß gewiß, habe ich gleich alles, ach alles verlohren, so bleibt mit Ruhe der Seele, Vertrauen auf Gott und die Überzeugung von Ihrer Gerechtigkeit. Der seel. hertzog, mein Gemahl, gab mir zum letzten Liebesdienst die Versicherung, daß alle meine Sachen durch das Codizill gesichert seien, und daß die unterschriebene Schrift nicht allein als Akte des mir schon von Jahr zu Jahr geschenkten dienen würde. Ich übergebe also hiemit nochmals E.H.D. meine Sache mit Vertrauen auf Ihr Hertz allein und unterwerfe mich dero Gerechtigkeit mit dem Zutrauen und Respect, mit welchem ich zeitlebens zu verharren die Ehre habe

Stuttgart, den 30. Oktober 1793 Franziska."

Die Antwort des Herzogs war ausweichend und verschwommen – die Veröffentlichung des Testaments solle *„aus vielerlei Rücksichten umgangen werden“.*

Es gab ein langes widerliches Gezänke und Geplänkel, bei dem Franziska ihre angeborene Fairneß wahrte. Sie bat, *einer Frau Gerechtigkeit widerfahren zu lassen, die nie, ich rufe hier die Stimme des ganzen Landes auf, eigennützig gehandelt hat, die Gelegenheit genug gehabt hätte, alles zu sichern und Schätze zu sammeln, die aber dies stets verachtete“.*

Sinnlos, dachte sie. Die Kluft ist zu weit – für sie alle bin ich unebenbürtig, ein Eindringling, der wohl als Maitresse geduldet, aber als angetraute und anerkannte Gattin verhaßt ist. Und – es gibt ein böses Wort, ich merke erst jetzt, wie wahr es ist: Der König ist tot – es lebe der König! O Gott, das ist der Fluch der Gottgesalbtheit! Soviel Weihe geht mit der Krönung auf ein Haupt über, daß nichts Menschliches dagegen aufkommt!

Sie erschrak: Gesalbt! Autorität! Und wo kein Charakter dahintersteckt, kein Wesen? Keine Wärme? Kein – Adel?

Fast ein Vierteljahr lang kämpfte sie um ihre Anerkennung als Erbin und Herzogin, schüchtern und mit den Argumenten des Gefühls – um den Besitz von Hohenheim, das ihre Heimat geworden war, und um die Geschenke Carls. Nicht einmal eine Truhe mit 375 Louisdor, auf die er eigens geschrieben hatte: „Der Gräfin von Hohenheim gehörig“, durfte sie behalten.

Prinz Friedrich schickte ein Billett, das nichts mehr von fürstlicher Haltung zeigte: *„13. Dezember. Durchlauchtigste Frau Herzogin! Ich habe billig bei* *mir selbst Anstand genommen, ob das Schreiben, so E.H.D. an S.D., den regierenden Herzog, meinen hochgeehrten Herrn Onkel, abgelassen haben, irgendeine Erwähnung verdiente, oder ob stillschweigende Verachtung das Los der darin enthaltenen Unwahrheiten sein solle. Allein da mir die Erfahrung mehrerer Jahre bewiesen, daß es mangels an Erziehung oder sonstiger Ursachen, die ich nicht ergründen will, es für Euer Liebden gänzlich unmöglich zu sein scheint, den Ton und Handlungsart anzunehmen, so die Stelle, zu der Sie die äußerste Nachsicht und Gnade des herzoglichen Hauses erhoben hat, heischte – so will ich nur noch zu Euer Liebden fernerer Belehrung diesselbe hier versichern, daß Männer wie ich ... in ihrem Selbstgefühl hinlänglich gegen die Ausbrüche des weiblichen Jähzorns und Habsucht Beruhigung finden.*“ Endlich verbat er sich *„alle Communication“*, jeden Verkehr, jede Verbindung.

Franziska antwortete nicht mehr.

Auch die „Hoheit“, die anfangs herzliches Mitgefühl für die Witwe empfunden hatte, wurde unter dem Einfluß ihres Sohnes mehr und mehr gegen Franziska eingenommen. Auch sie „verweigerte jede Relation“. Und endlich kam der Geheimrat Rieger und übergab ein juristisch formuliertes Schreiben, wonach sie *„Dinge veruntreut hätte“*, und Franziska höchstens auf dies und jenes noch Anspruch habe: Sie wurde nicht nur zur Unerzogenen, Niedrigdenkenden und Unbeherrschten, sondern auch zur Verbrecherin und Diebin gestempelt.

„Wenigstens das Porträt meines seligen Herzogs

werden sie mir doch lassen, um das ich sie gebeten hab'", sagte sie zu Weinland, dem inzwischen der Zutritt zu ihr wieder erlaubt worden war. „Wie gut, daß ich noch das Medaillon mit seinem Bildnis bei mir trage."

Zwei Monate lang wurde gestöbert, aufgebrochen, registriert, verglichen. Dann erwies sich einwandfrei und nicht mehr zu vertuschen, daß nichts fehlte. An Entschuldigung dachte niemand.

In dem Vergleich vom 9. und 10. Januar 1794, einem Gespräch, nach dem Franziska völlig erschöpft zurückblieb, behielt sie nur die *„ihr eigentümlichen Güter"* Ensingen und Sindlingen – das aus ihrem elterlichen Besitz stammte – und die Gelder in ihrer Kommode, dazu einige Ringe *„von geringem Wert"*, die ihr nachweislich von fremden Personen geschenkt worden waren, auch ein paar Möbel aus der Meierei und der Köhlerhütte, die sie mit nach Sindlingen nahm. – Im Frühling 1794 zog sie dorthin. Sindlingen bei Herrenberg kannte sie aus Kindertagen und liebte es. Ein wenig von der toten Mutter schien dort noch lebendig. Bei den Pferden auf der Weide glaubte sie die alte Dame neben sich zu spüren; etwas Weicheres und Zärtlicheres als sie ihr je gezeigt hatte, war in ihrem Andenken gegenwärtig. Die Zupackende, Nüchterne gewann neue Züge, verdeckte, nie betrachtete, wie man Verstorbene umfassender sieht, reiner und geschlossener in ihrer Art, in einer vollendeten Form. Dieser verheilte Kummer, dieses ruhigere Erinnern half ein wenig gegen das immer wache, immer schmerzhafte Leid um Carl Eugen. Und

ohne es bewußt zu suchen, flüchtete sie manchmal in die vertraute Sphäre.
An einem schönen Nachmittag setzte sie sich an einen Waldrand und schaute zu den Höfen hinüber. Eine Feldmaus wischte wie ein Schemen aus einer Furche, duckte sich und flitzte zurück. „So ein verscheuchtes Tierle“, sagte Franziska traurig, „alles hat Angst voreinander, keins wagt recht zu leben, wie es wollt' und sollt' – sonst erwürgen sie einen oder jagen einen in die Enge. Und mich haben sie geplagt und gedemütigt und verhöhnt. Soviel Übel ist in der Welt, und der mich gehalten, ist tot – kommt nimmer, hat mich lassen müssen wie einen Baum im Sturm. Wittib, das ist ein elendes, jammervolles Los.“

Sie spürte, wie ihre innere Kraft nachließ, wie sie sich verlor an das unabsehbar Schwere und Hoffnungslose; wie Blei lag die Zukunft vor ihr, wie schwarze Sturmvögel zogen die Gedanken.
Im August verschrieb ihr der Doktor eine Kur in Karlsbad. Ein wenig getrösteter kam sie zurück; dorthin waren wenigstens keine diffamierenden Briefe gekommen, sie hörte kaum von den Schikanen gegen ihre treuen Bediensteten, sie war ein geachteter, geehrter Gast. Aber der Winter stand bevor, Sindlingen würde eingeschneit sein, die großen Kachelöfen mußten gefeuert, die Fenster verhängt werden; die Schwester von Pflug konnte kommen, gewiß, Böhnen und seine Frau Sophie, die immer kränkliche, würden sie besuchen und auf Wochen dableiben. Die Biedenfeld, die Gemmingen

würden zum Spiel erscheinen, sie konnte lesen – aber Carl war nicht da.
Im „Tagbuch“ schrieb sie: *„In Gottes Namen fange ich ein neues Jahr an, o daß es das Letzte nach seinem Weisen wille sein möchte! Ihm über Gebe ich mich gantz mit allem was ich habe und halte Ihm in allen seinen figungen stille. Heute erwachte ich frie, sahe die sonne in Ihrer gantzen bracht in meiner Kleinen wohnung aufgehen . . .“*
Im Mai 1795 starb unverhofft – wie von einem Blitzschlag gefällt – der neue Herzog Ludwig Eugen. Ihm folgte Friedrich Eugen, der dritte Bruder, der Gemahl der „königlichen Hoheit“ und Schwiegervater des künftigen Zaren. Jetzt war Franziskas unversöhnlicher Feind Prinz Friedrich der nächste am Thron, nicht mehr wie bisher nur „präsumptiver“, mutmaßlicher Nachfolger . . .
Herzog Friedrich Eugen wohnte in Hohenheim. Die Bäume wurden gefällt, das niedlich-verspielte, pathetisch-idyllische Zierwerk in den Anlagen verfiel: Carls Handschrift wurde unkenntlich gemacht. Inzwischen war der Witwensitz der württembergischen Herzoginnen in Kirchheim unter Teck, der ihr unbestritten verblieben war, für Franziska instandgesetzt worden. Friedrich Eugen betrieb die Übersiedlung der Schwägerin. Der Kavalier von Böhnen hatte ein paarmal hinreisen müssen, um die Einrichtungen zu prüfen und die Arbeiten zu überwachen; dann war es soweit.
„Kirchheim, Donnerstag 22. Januar 1795“, notierte sie im „Tagbuch“: *„Um 6 uhr reiste ich von meinem Lieben Sindlingen ab, mein hertz wahr durch den*

abschit der Einwohner da äußerst Gerührt, Balt war ich Zu Böblingen, da stig ich im Oberforsthaus bey der Frau von Reischach ab bis meine pferde Gevutter wahren . . .“ und abends vermerkt Franziska: *„Ich wußte selbst nicht wie mir wahr.“*

Am 24. schrieb sie: *„Alle Nacht habe ich hier noch mein Laager verändert, also schliff ich heite in dem Garten Zemer, den tag durch geng nichts merkwürtiges vor.“*

Langsam, sehr langsam, gewöhnte sich Franziska an den neuen Wohnsitz. Sie fand allmählich zu einem gewissen Gleichmaß zurück, hatte Geschmack an bescheidenen Geselligkeiten, lebte sich in die schöne Landschaft ein, in die gute Atmosphäre des Städtchens unter dem vulkanischen Kegel der Teck, die so manche kriegerischen Bilder in der Vergangenheit gesehen hatte.

Im Sommer war sie oft im Garten; ohne Pflanzen und Jäten und Schneiden und Häckeln konnte sie nicht sein; sie entwarf Pläne und überwachte die Gärtner, bestellte Schößlinge und ließ Sträucher und Bäume setzen. Es sollte doch ein wenig, kaum merklich für die anderen, an Hohenheim erinnern.

Die Lieferungen, die ihr versprochen waren, trafen anfangs pünktlich ein und waren ordentlich und brauchbar, wie ihr Haushofmeister feststellte. Aber – schon am 23. Dezember 1796 starb auch Herzog Friedrich Eugen, fast ebenso unverhofft wie sein Vorgänger, und der Erbprinz wurde regierender Fürst. Jetzt änderte sich vieles für die einsame Frau: Die Lieferungen kamen verspätet an, der Wein war von schlechter Qualität, das Mehl verdorben, das

Obst angefault. Kleinliche Intrigen machten ihr zu schaffen – und immer wieder mußte sie sich mühen, ihr Gleichgewicht, die ihr mitgegebene natürliche Heiterkeit und Gelassenheit zu behalten. Oft erfuhr sie, daß ihre Briefe geöffnet und gelesen worden waren. Man ließ sie wissen, der Fürst habe die Macht, sie ohne weiteres auf den Hohenasperg zu setzen, wenn sie sich unbotmäßig betrage . . . Franziska nahm ihre Schatulle auf die Knie und suchte Halt und Hilfe in Carl Eugens Worten: *„Allerliebste Freundin!“* las sie zum hundertsten Mal, *„wenn schon der Körper leidet, die Denkungskräfte geschwächt sind, so wallet doch das Herz, theuerste Frau . . .“*

Wären nicht die Schwestern, die freilich gegen den herrschenden Herrn wehrlos waren, wären nicht Böhnen und die Nichte Sophie, die Biedenfeld und ein paar unabänderliche Getreue um sie gewesen, sie wäre in der Kälte, die sie anwehte, erstarrt und versteint. Nicht einmal ihr Geburtstag wurde bemerkt, obwohl sie selber gewissenhaft auf alle Gedenktage achtete, Geschenke schickte und schrieb . . .

„Ach ja, verbirgt man sich selbst nicht lang genug ‚die Wirklichkeit‘?“, dachte sie plötzlich, „und dann bricht's herein: Grauen, Qual, Schmerzen und Nöte, die man kaum mitansehen kann, und alles Furchtbare endet mit der Leere, dem Alleinbleiben und dem hämischen, banalen Gekicher der anderen, die nichts oder doch fast nichts verloren haben.“

Sie bückte sich nach ein paar Veilchen, die tiefviolett

aus dem Gras aufleuchteten. Böhnen sprang hinzu und pflückte rasch einen winzigen Strauß für sie. „Meine Frau liegt wieder“, sagte er im Aufrichten bekümmert, „sie hustet diesen Frühling mehr als seither.“

„Arme Sophie“, Franziska strich über die Blüten, „sie war schon als Kind ein zartes Dingle. Grüßen Sie sie von der Tante, und bringen Sie ihr das da, Neveu!“ Böhnen verbeugte sich und nahm die Blumen. Franziska nickte ihm zu und ging allein weiter; über ihr trillerte eine Amsel. Gelbe Himmelschlüssel standen am Wegrand. Die ersten Tulpen sprengten die grünen Knospenhüllen, rot leuchtend blitzte es zwischen den langen, schmalen Blättern, eine Narzisse hatte sich geöffnet. Droben zogen Schleierwolken, ein Vogelkeil schnitt quer darüber hin, vor ihren Füßen flatterte ein Spatzenpaar auf. Sie blieb stehen, um das Gezirpe und Gezwitscher nicht zu stören. Aus den Tannen schimmerte das rosige Brustgefieder eines dicken Dompfaffen . . .

„Musik hätt' ich gern heut abend“, sagte sie vor sich hin und schaute sich nach Böhnen um, der noch immer nicht zurück war.

„Geispizheim, liebe Baronin“, rief Franziska. Die Dame kam mit fliegenden Röcken über den Kiesweg gelaufen. „Durchlaucht haben gerufen?“

„Ja, Liebe, ich hab gerade einen Wunsch verspürt und möcht' ihn bald erfüllt sehen, so's möglich wär!“

„Durchlaucht?“

„Ja, schauen Sie sich doch nach einem anständigen Dirigenten um für unser Orchesterle, ich versteh

nicht viel davon – aber: Musik hätt' ich gern ..."
Frau von Geispizheim redete mit der Frau von Biedenfeld und dann beide mit dem Kavalier von Böhnen. Und als Juliane von Troyff, die jüngste der Bernerdintöchter, zwei Tage danach von Tübingen nach Kirchheim kam und sich mit der Herzogin auf die Teck fahren ließ, brachte Franziska wieder die Rede auf den Dirigenten. Juliane hatte bei jedem ihrer Besuche beobachtet, wie verstört die „große Schwester" noch immer war, wie unheilbar die Wunde schien und wie unselig das armselige Gezänke und Gestichel auf sie wirkte, das vom Stuttgarter Hof herübergetragen wurde; es sah aus, als wollte man der Unglücklichen auf jede Art die Ruhe und Sicherheit nehmen, die jetzt langsam wieder in ihr wachsen wollte.
„Musik?" fragte sie leise, „das wär' doch schön für dich, Franzel. Da kenn ich einen Musikus, der meinem Sohn Stunden gibt, den Auberlen, hat einen guten Ruf, ist ein freundlicher Unterhalter, spielt auch die Neuen, den Haydn und sogar den Mozart aus Salzburg – hat aber Weib und Kind, eine Tochter, glaub' ich."
Acht Tage später wurde der Konzertmeister Auberlen auf den Witwensitz der Herzogin von Württemberg geladen; er reiste in der Kutsche mit der Sängerin Lombardi Bianchi, einer Bekannten seiner Frau, wie er gleich bei der Ankunft dem kritisch blickenden Böhnen versicherte, seiner Frau, die – so wurde insgeheim erzählt – zu den eifersüchtigen Künstlergattinnen gehörte. Auberlen war ein kleiner, untersetzter Mann mit einem heiteren, rötlichen Gesicht;

er hatte auf Wunsch ihrer Mutter die zwölfjährige Nanette, das Töchterchen, mitgenommen und gleich den ihn neugierig umschwirrenden Hofdamen präsentiert, ein wohlerzogenes, ein wenig blasses und langnasiges Kind, das artig seinen Knicks vollführte.

Man wies den Musikus ins Vorzimmer und bot der Sängerin einen Fauteuil an, während er stand, neben sich das schüchterne Mädchen.

Böhnen erschien. „Er hat im herzoglichen Wagen die Fahrt erstaunlich rasch vollbracht", sagte er mit einem abschätzenden Blick. „Er hat wohl Eile, hier anzukommen? Aber ich muß Ihm im Namen Ihrer Durchlaucht sogleich ankündigen, daß nur Er allein ohne seine Familie hierherziehen dürfte, so Er das Gefallen Ihrer Durchlaucht finden sollte, damit Er das zuvor weiß!"

Auberlen schaute ärgerlich auf.

„Und auch in Sindlingen, wo Ihre Durchlaucht den Sommer zubringen, kann Er nur ohne Anhang auftreten. Zudem – das ist Ihm ja nicht neu, wird Er müssen bei der Tafel servieren, wie die übrigen Offizianten!"

Das scheint ein recht musenfeindlicher Kavalier, dachte der Musikant erschreckt. Wenn die Herzogin dem gleicht – aber da ging die Tür auf und Franziska trat lächelnd herein, im rosagestreiften Kleid, hochgegürtet, wie man es neuerdings trug, Spitzen ums Dekolleté, ein wenig rundlicher geworden, seit Auberlen sie einmal aus der Ferne im Hoftheater zu Ludwigsburg gesehen hatte. Wirklich, sie lächelte reizend; Böhnens Aversion galt also

mehr dem „leichten Musikervolk" im allgemeinen, tröstete sich der Vorgestellte. Schubart fiel ihm ein: Der hatte wohl keine gute Nummer bei denen vom Hof gehabt, und – wer weiß? – auch bei der Herzogin nicht?
„Also?" fragte sie und deutete auf einen Stuhl, während sie sich selber setzte. „Komm her zu mir, Mädle", sagte sie zu dem scheuen Kind, „und wo ist die Madame Sängerin? Er ist doch mit ihr gereist?"
Madame Bianchi habe sich derweilen im Garten aufhalten wollen, da das Engagement für sie ja noch ungewiß sei, bemerkte Auberlen.
Franziska fragte ablenkend: „Wie heißt Er eigentlich mit dem ganzen Namen?"
„Samuel Gottlob Auberlen."
„Samuel Gottlob . . .", wiederholte sie und sah den gedrungenen Mann nachdenklich an. Und wie zu sich selber sagte sie: „Hätt' auch Daniel heißen können!"
Auberlen schaute erstaunt auf: Eben hatte er an Schubart gedacht, Christian Friedrich Daniel Schubart . . . Er hatte ihn gekannt und war von ihm in einer Zeit größter Not an den Rat Martin zu Ulm empfohlen worden.
Auberlen beobachtete Franziskas zuckenden Mund – also doch kein angenehmes Erinnern, wenn sie vom Aspergdulder spricht, dachte er und fügte rasch hinzu: „Gottlob heiß ich, weilen meine teure Frau Mutter sich allzulang hat plagen müssen, bis ich hab' mögen in diese Welt fahren, und da mein Vater sorgenvoll gewartet und derweil an seiner Orgel phantasiert, rief er, als man ihm einen Sohn

ansagte: Gottlob!"
„Ein schöner Name", meinte die Herzogin. „Und dann? Aber bleib Er doch sitzen!"
Er verneigte sich und machte ein paar Schritte zur Tür. Dann fiel ihm ein, daß er Empfehlungen von Lavater auszurichten habe, den Carl und Franziska vor Jahren in Zürich besucht hatten – „von dem Kenner der kindlichen Seelen und der menschlichen Physiognomie", setzte er mit einem neuen Bückling hinzu. Von Schubarts früh gespendetem Lob schwieg er lieber.
„Und was haben Sie sich überlegt, soweit es die Konzertmeisterstelle hierorts angeht?" erkundigte sich die Herzogin. Auberlen warf einen kritischen Blick auf Böhnen, einen fragenden auf die Hofdamen, die sich angelegentlich mit seinem Töchterchen Nanette unterhielten.
„Verzeihen die Durchlaucht, ich muß jene zwei Bedingungen, die mir der erste Herr Kavalier genannt, zuvor mit meiner lieben Frau bereden . . ."
„Hm, Er will also Bedenkzeit, Herr Gottlob?" Franziskas Stimme schwang so klingend aus, daß es dem Musikalischen durchs Ohr ins Innerste ging wie Honig. „Wie Ihre Durchlaucht wünschen!"
„Gut, schön. Aber wenn Sie in der Stadt ein Konzert geben, so werde ich Ihnen meinen ganzen Hofstaat hinschicken."
Auberlen dankte gerührt, dann hob er den Kopf. „Nur halten zu Gnaden, Frau Herzogin, ohne die Meinigen kann ich nicht hier wirken." Damit war er, sich bis zu den Knien verbeugend, draußen;

Nanette schlüpfte ihm nach, kaum daß sie zitternd vor Franziska in ihre Röcke versunken war. Die Bianchi hatte man gar nicht hereingerufen.

Ein paar Wochen danach wurde er wieder herbefohlen. Bei schlechtem Wetter ritt er von Tübingen nach Kirchheim unter Teck und kam gegen Abend dort an, „*in einen Mantel gehüllet, mit einem Säbel gegürtet, mit Straßenkoth beinahe überzogen, mußte ich sofort zu Ihro Durchlaucht*“, berichtete er später, „*da sie mich als Ritter wohl sehen wollte . . .*“

„*Da kam sie selbst heraus*“, schrieb er nachher, „*um wieder einen schönen Beweis ihres edlen Hertzens bliken zu lassen. Sie bat freundlich, doch in ihr Zimmer zu tretten. Dann – bezeugte sie ihre Freude über meine schnelle Reise und sagte mit einer Anmut, die sich nur fühlen, aber nicht beschreiben läßt: ‚Mir ist es sehr angenehm, daß Sie sich entschlossen haben, als Konzertmeister in meine Dienste zu tretten, und zu Ihrer Beruhigung will ich Ihnen gleich sagen, daß sich Ihre Familie nicht von Ihrer Seite trennen soll. Mir ist es ebenso angenehm, hierin eine schöne Gelegenheit zu finden, von Ihrem guten Hertzen überzeugt zu werden und überhaupt eine gute Meinung von Ihnen zu fassen. Wenn Sie diese Treue und Anhänglichkeit gegen Ihrer Familie nun auch auf mich und meine Umgebung anwenden werden, so verspreche ich mir viele reine Freuden von Ihrer Gegenwart!‘*“

Auberlen erinnerte sich später mit Unbehagen daran, daß der Herr von Böhnen schon wieder einen Einwand hatte, und vermutete – was er sich kaum eingestand – der Kavalier neide ihm die Gunst der hohen Frau. Wo man ihn denn unterbringen solle? fragte der *„geizige Mann"* dazwischen.

„Dafür habe ich bereits gesorgt", sagte Franziska, *„sanft verweisend"*, wie Auberlen notierte. Und dann wurde der Amtsantritt des Musikers auf Ostern in Sindlingen festgesetzt; er bezog dort ein äußerst bequemes, reinliches Quartier mit Weib und Kind, eine heizbare Stube *„mit schöner Aussicht auf die schwäbische Alpenkette"*. Seine Frau war stolz und zufrieden; manchmal zitterte sie freilich davor, daß die „Herrschaften" sie besuchen könnten, und verkroch sich lieber in ihre kleine Küche. Nur wenn sie ihren Gottlob Samuel allein um sich hatte, fühlte sie sich überlegen: Ein paar Fehltritte des vergnügten Vaganten gaben ihr Argumente genug, um ihn zu gängeln ... Der glänzenden Erscheinung der Herzogin hatte sie nichts Ähnliches entgegenzustellen (Frau Auberlen drückte sich gern ein wenig geschraubt aus), dieser fünfzigjährigen Anmut und inneren Sicherheit, dieser lieblichen Heiterkeit. Das freilich waren Worte ihres Gottlob Samuel, nicht die ihren ... *„Sie kam mir auf der Treppe schon entgegen"*, berichtete er, *„und fragte, ob ich etwan nicht zufrieden sei? Und Ich rief: ‚Durchlaucht haben mehr für mich getan, als ich je verdienen kann!'"*

„So, so", brummte die Frau. Der Musikus schaute sie ängstlich zweifelnd an.

Im Jahr 1796 rückten die Franzosen heran, sie besiegten den österreichischen General Mack. In dem kleinen Sindlingen brach eine Panik aus – wenn

sie kämen, plünderten, die fürstlichen Gemächer durchwühlten?
„Ach, das hab ich alles schon einmal erlebt“, sagte Franziska zu Frau von Biedenfeld, „und damals war's kein Revolutionsheer, sondern die deutschen Beauftragten der eigenen Verwandten.“
„Ich vertrau Ihm, Auberlen“, meinte die Herzogin eines Abends, „und so Er in Tübingen bleiben und Botschaft schicken wollte, wenn sie einmarschieren, wär ich Ihm dankbar.“

An Himmelfahrt kam er zurück nach Kirchheim. Die Gefahr war vorüber. Unterwegs im Buchenwald wurde ihm heiß, er stieg aus und führte den Gaul. Da sah er es hell schimmern, blau und gelb und rosa unter den Zweigen, und als er näherkam, erkannte er Franziska mit ihren Damen.
„Der Wohlklang mit Roß und Wagen“, rief sie ihm entgegen. „Fahr Er nur gleich in sein Logis – dort ist alles schon bereitet!“ Es war wirklich alles „bereitet“, „aufs Zierlichste“, wie der Überraschte nachher sagte, und neu möbliert, als er mit Weib und Kind einzog. Jetzt freute sich Auberlens Frau, und Nanette hopste vor Vergnügen.
Auberlen wurde mit Musikstunden beauftragt, er bildete die Hofdamen im Gesang und auf dem Pianoforte aus – die Rosenfeld und Hoheneck, die Geispizheim und die Seckendorf, Franziskas Nichte. Es gab ein freundliches, beinahe freundschaftliches Hin und Her zwischen dem Hof und dem Haus des Konzertmeisters, und sogar seine Frau, die scheue und mißtrauische Madame Auber-

len, überwand ihr Unbehagen und erzählte im Dorf, sie wäre in ihrem ganzen Wesen verwandelt worden, nachdem sie die Herzogin bei sich gesehen hätte, und all ihr Gefühl ströme jetzt Franziska in Liebe und Verehrung zu.

Auberlen war gern in Kirchheim. Jeden Abend begleiteten er und seine zwei Musikanten die Mahlzeit mit einem kleinen Divertimento, und Franziska war nicht anspruchsvoll; es mußte nur sauber und rhythmisch exakt klingen. Nach dem Mittagessen spielte er der Herzogin allein vor, während sie stickte oder strickte, und er sei – schrieb er später – damals durch ihre Gespräche glücklicher gewesen als je zuvor in seinem Leben.

Sie redete gern von ihrem lebhaften Schriftwechsel, sprach von ihren Briefpartnern, von Lavater, der noch in dem bitteren Jahr 1793 in Hohenheim gewesen sei, von Gleim und Hagedorn, den Dichtern, und von der Karschin in Berlin: „Das ist eine seltsame Frau, als armes Kind hat sie Kühe gehütet und einen unstillbaren Drang nach Büchern und Bildung verspürt, Verse auswendig gelernt – und in zwei unglücklichen Ehen heimlich weitergelesen, gegen den Willen der Männer, bis sie endlich zu einer gerühmten Poetin geworden, der der König Friedrich von Preußen nachmahlen ein Haus geschenkt."

„Ich kenne einige Briefe von der Frau Karschin", sagte Auberlen, während er seine Noten aufräumte, „auch mit dem Dichter und Minister Goethe hat sie korrespondiert, aber den Gleim hat sie, mein' ich, geliebt!"

Ob sie an den auch Gedichte gesandt hätte? wollte Franziska wissen.
Der Musiker kannte eines davon und sprach es gleich vor: „Es ist ein Morgenlied, Durchlaucht:

Deckt noch der Schlaf dein Auge zu
Mein Liebster, o, um süßer dich zu denken,
Laß ich die Trunkenmacherin, die Ruh,
Aus ihrem Kelch mich minder tränken.
Du wachst vielleicht durch Glockenschlag
Aus sanfter Ruh, aus süßem Schlaf gestöret
Ich wache, weil mein Herze Nacht und Tag
In sich laut . . . deinen Namen höret!"

Auberlen begann auf dem Klavier zu präludieren, schlug ein paar Akkorde an und summte eine eben erfundene Melodie zu den Liebesworten; Franziska hörte lächelnd zu und lächelte weiter, mütterlich und mit Nachsicht, als er den Endreim in immer neuen Variationen wiederholte: „. . . in sich laut deinen Namen höret!"
Inzwischen häuften sich beängstigende Nachrichten: Die Franzosen rückten wieder heran, die Kämpfe näherten sich, und man riet der Herzogin, auszuweichen. Es würde keine „Flucht" sein, beruhigte Böhnen, man könne sich Zeit lassen und von Ort zu Ort ziehen, wo man eben gern verweile; aber es wäre doch gut, die Richtung auf Wien zu nehmen.
Franziska entschloß sich zu reisen.
Auberlen erschrak; jetzt würde sie sicher alle entbehrlichen Angestellten entlassen, vorab die Musici, denn die Künste waren, wenn die Not wuchs, leider am entbehrlichsten. Aber Franziska behielt ihn im

Dienst, versprach, auch nach der Abreise für ihn zu zahlen, und nahm gerührten Abschied – von ihm und den Seinen, von Sindlingen und allen, die ihr dort nahegestanden hatten. Am 19. Juli 1796 fuhr der Wagenzug ab, „um den dringendsten Unannehmlichkeiten zu entgehen", wie Böhnen das nannte. Zur Suite der Herzogin gehörten er, seine zarte, immer kränkliche Frau, zwei Hoffräulein, eine Garderobiere, ein Diener, ein Koch, ein Friseur, zwei Heiduken, drei Stallknechte, ein Bediensteter für das Kavalierspaar und elf Pferde.

So kam man nach Blaubeuren; Franziska hatte bestimmt, daß bei dem Klosteroberamtmann Scholl gespeist würde; der hagere Mann, der einst auf Befehl Schubart verraten hatte und seither unglücklich und gemieden lebte, sollte damit „ein wenig erquickt" werden, meinte sie. Und dann ging die Route über Bechingen und das schöne, donauumkränzte Dillingen nach Augsburg, wo Prinz Ferdinand von Württemberg „aufwartete". Bei Söcking war's „magnifique", in Geißenfeld schmutzig, im schönen Regensburg jedoch riet der Gesandte der Herzogin ab, sich nach Karlsbad zu wenden, da die Stadt bald gefährdet sei – die Franzosen würden „nach Böhmen drücken". Aber man spielte dennoch unterwegs Tarock, man besah die Eremitage im „wilden Wald" von Gut Rein, wo der Eremit kürzlich *„mit einem Mädchen davongeloffen seye"*.

Dann gelangte die Gesellschaft nach Melk, und der Anblick des schönen unzerstörten Klosters am weitarmigen Strom tat Franziska wohl. Am 16. August fuhr man in Wien ein. Böhnen suchte gleich die

Hofburg auf, sprach mit dem Fürsten Colloredo und kam mit der Botschaft zurück, daß Franziska am nächsten Morgen im Appartement Ihrer Majestät der Kaiserin zur Audienz empfangen werde. Da sie auf der Reise wären, so möchte Ihre Durchlaucht nur ohne „Parure und Geschmuck“ erscheinen; Böhnen, der diese freundliche Anweisung überbrachte, fügte hinzu: „. . . letzteres verbietet sich freilich von selber, da kein Schmuckwerk mehr da ist!“

Franziska nickte; es wäre schön gewesen, so glänzend und großartig zu erscheinen wie einst an Carls Seite, doch da er fehlte, war es nicht mehr wichtig. Das Zeremoniell am Kaiserhof war umständlich. „Als wollt man eine Dicke gewaltsamlich in ein Korsettlein schnüren!“ bemerkte Franziska. Nach manchem Antichambrieren und Anfragen des Reisemarschalls wurde die Herzogin endlich von der Kaiserin empfangen, sehr huldreich, wie es hieß, und danach trat auch der Kaiser ein; Franziska hatte von Franz II. gehört, er sei kalt, kleinlich, rechthaberisch. Aber er wirkte so ehrenhaft und treuherzig auf sie, daß sie ihm gern ihr warmes Lächeln schenkte. Franziska verabschiedete sich bald, zumal sie sah, wie wenig Zeit das hohe Paar zu haben schien. Aber unter der Tür traf sie ein hübsches, sechsjähriges Kind, die Prinzessin Marie Louise von Österreich, die der Herzogin von Württemberg mit einem Knicks aufwartete.

Dieser Besuch war ohnehin nur eine Formsache gewesen, eine Probe gleichsam, ob die Witwe auch nach Carls Tod angenommen und anerkannt würde, eine vorsichtige Schutzmaßnahme gegen Übergriffe, die vielleicht noch von Stuttgart kommen konnten. Danach vergingen Wochen mit der Suche nach einem passenden, standesgemäßen Haus oder kleinen Palais; es gab eins, das Casanova besessen hatte, eins, das dem Grafen Kinsky gehörte, Gärten nach dem Muster des Belvedere ... aber Franziska konnte sich nicht recht entscheiden. Indessen war sie viel auf Assembleen und bei Diners, spielte Tarock mit einem englischen Miniaturmaler, unterhielt sich gemessen und freundlich mit dem Fürsten Colloredo, der *„um so gefälliger war, wenn der Pater nicht dabeistand"*, wie Böhnen notierte.

Im März 1797 schien sich der politische Himmel zu klären, man brach auf, um wieder ins Kirchheimer Schloß zu reisen.

Franziska nahm sich – kaum angekommen – den Konzertmeister vor: „Zu Wien spricht man viel von den Musiken in den großen Häusern. Weiß Er ein Stück, das derzeit besonders Aufsehen macht unter den Liebhabern der Tonwelt?"

Aberlen nickte: „Gern hätte ich allhier die ‚Schöpfung' des Meisters Haydn aufgeführt, Durchlaucht, wenn ich die Zeit hätte und das Werk in unsere bescheidene Struktur transponieren könnte. Darf ich in Euer Durchlaucht Namen an den Maestro schreiben?"

Der Eifrige schrieb, Franziska ließ sich unter die Subskribenten aufnehmen, und Haydn schickte die Noten, von der Herzogin großzügig beschenkt. Mit „Kühnheit und Mut transfigurierte" Auberlen die „Schöpfung" und dann kam der festliche Abend zustande – das großartige, geistklare Werk des Komponisten ertönte, bescheiden zurechtgemacht, liebevoll einstudiert und eifrig und tonsauber gespielt, in Kirchheim ... ein Ausklang und Abgesang, denn danach mußten die Musiker samt einem großen Teil der Dienerschaft wirklich entlassen werden.

Es wurde stiller im Wittumssitz. Franziska lebte wie eine Gutsherrin, immer noch gärtelte sie gern, ordnete an, was verpflanzt und neu bestellt werden sollte, verschönerte die Anlagen, gab kleine Gesellschaften. Ihre Besucher waren meist die Geistlichen der Umgegend und deren Frauen, oft auch die eigenen Schwestern und Nichten. Sie lud sich manchmal eine Schar Kinder ein und beschenkte sie, mahnte zum Bravsein und anständigen folgsamen Wesen, lehrte die schüchternen Mädchen und Buben Lieder und Verse, und manchmal war es, als sitze sie selber wieder zu Füßen des dürftigen treuen Weber und lasse sich die Buchstaben und Zahlen beibringen; soviel Geduld wie sie hatte der freilich kaum gehabt.

„Weber?“ fragte sie die Nichte Seckendorf einmal, „ist der nicht in Kornwestheim gewesen?“

„Seine Emma ist tot, der Sohn ausgewandert.“

„Ach? Ich hätte wohl Lust, ihn einmal wiederzusehen“, murmelte Franziska.

Weber wurde herbefohlen. Ein müder, faltiger Greis trat über die Schwelle. „Durchlaucht ...“ die Stimme zitterte ihm, als er ihre runde Hand küßte. „Setz Er sich doch, alter Freund.“ Er nahm sich einen Stuhl. Es war eine Weile still.

„Da sind wir nun“, sagte Franziska endlich, „nach einem langen, schweren Leben – und ist doch auch schön gewesen, Weber?“

„Ist doch noch immer schön für die Durchlaucht!“ meinte er überzeugt. „Wo soviel Licht war, soviel innere Klarheit, die Heiterkeit des reinen, unverstörten Gemüts ...“

„Er redet ja wie der Schiller!“

„Ja, der. Vor zwei Jahren ist er gestorben, an einem Anfall seiner Krämpfe, sagt man, der große Mann, das gewaltige Ingenium, der Geist unserer Zeit ...“

„Er ist tot!“ rief die Herzogin, „Ja, hab's gehört – so sterben die Großen! Und war noch keine Fünfzig!“

„Sei im Kassengewölb' zu Weimar begraben und wisse keiner recht, wo. – Und ich hab' mich einmal so an ihm erschreckt“, schwatzte Weber weiter, um sie von dem Schauder abzulenken, den ihr sichtlich das Wort vom Gewölbe erregte. „Damals im Bopserwald, ehe mein Karl geboren wurde, der jetzt in Amerika lebt. – Der Schiller hat sein letztes Stück nicht mehr vollendet, hat alles müssen verlassen, hat ...“

„Ach ja –“, seufzte Franziska und sah den zu früh Verbrauchten mitleidig an, „und da hat ihn der Schiller erschreckt? Das muß doch bald gewesen sein, denn sein Karl ist doch, glaub' ich ...“

„Es war anno 80 im Herbst, und die jungen Leute lasen ‚Die Räuber‘ laut vor; aber das Stück hab' ich damals noch nicht gekannt und nicht erwartet, daß es könnt' berühmt werden – mich hat's ganz verstört.“

„Es verstört einen manches, was man hernach ganz gut versteht", meinte die Herzogin und schaute ihn an. „Sogar das hab' ich annehmen lernen, daß mich mein Vater an den Leutrum hat verkaufen müssen, weil er so in Not gewesen ist. Weiß er noch, Weber, wie Er mich hat retten wollen? Und mir ein Gedicht gebracht hat? Weber, das ist das einzige, was ich dem Durchlauchtigsten nie hab' sagen mögen, er wär' vielleicht doch ... eifersüchtig worden, was meint Er?"

Weber bückte sich nach seinem Taschentuch und wischte umständlich die Brille ab. „Serenissimus? Der Herzog? Auf mich?" Es war, als schrumpfe er in sich hinein vor Staunen; sie lachte. „Ich hab's noch, das Verslein, und man hat's nicht gefunden, als man all meinen Schmuck geräubert und geräumt hat nach meines Herzogs Tod – es war zwischen den Hauben ganz unten." Sie stand auf und kramte den Umschlag aus einem gefalteten Papier. „Da, les Er!" forderte sie ihn auf.

Der alte Lehrer las, was er damals tollkühn geschrieben hatte:

„Der demutsvoll zu Deinen Füßen kniet
Weiht dir, verehrte Franzel, dieses Lied
Laß mich dir dienen, laß mich mit dir weinen!"

„So", sagte sie, „und jetzt nehm Er's mit. Ja, zum Mitweinen hätt' ich Ihn oft brauchen können, Guter! Und Er hat das harmlose Verslein schwer büßen müssen, als mein Vater Ihn verjagt ... hat mir arg leid getan – aber jetzt geh Er, sonst heulen

wir noch beide: Er um die Prügel damals meinetwegen, und ich um alles, was hinunter ist – ganz, für immer!"
Weber ging hinaus, er verbeugte sich ein paarmal und wagte nicht, Franziskas Hand zu küssen; das gefaltete Papier steckte er sich ins Kolett, unters Hemd, daß es auf seiner Brust noch ein wenig knisterte. Die Emma würde das gutheißen, wenn sie heruntersah aus der ewigen Klarheit.

Zwei Jahre später kehrte die Herzogin von einer Reise nach Herrnhut heim; sie ehrte und liebte die Herrnhuter und die Pietisten, und auch die Hahnischen Brüder in Sindlingen dankten ihr viel. Jetzt, endlich, wo es weder der Staatsräson noch den Aversionen des „lieben Carl" mehr zuwiderlief, gab sie ihrer Sehnsucht freie Bahn, dem Verlangen, mehr und Sicheres zu hören über die göttlichen Dinge und Führungen ...
Böhnen saß neben ihr im Wagen, als sie über die unebene Straße gegen Kirchheim zu ratterten. „Die gnädigste Frau ist sehr fatiguiert", sagte der Kammerherr besorgt, „ihre Farben sind wie erloschen, Durchlaucht, wenn ich mir das gestatten darf zu sagen, so grau das Antlitz!"
„Böhnen, was reden Sie da für sonderbare Sachen? Grau? Als ob nicht alles verlöschen müßt', wenn's aus der Welt geht – soll's doch, soll's blaß werden, was vorher wichtig gewesen ... so nur das Licht von dorten nicht verlischt, Böhnen."
„Aber ich würde doch raten, gnädige Frau", setzte Böhnen noch einmal an, „den Arzt zu fragen."

„Warum? Meinen Sie, wegen dem bißchen Rückenweh? Das hab' ich schon lang, Böhnen." Sie schob sich zurecht und stöhnte kaum hörbar dabei.
„Durchlaucht haben Schmerzen?"
„Das lohnt doch nicht, Axel", rief sie ungeduldig, „irgendeine Frauensache – ist nichts Besonderes in meinem Alter!"
„Vielleicht haben Durchlaucht auch Steine – der Doktor von Hoven vermerkte neulich, es wär ja kein Mirakel, so die Gnädigste es mit der Galle hätten, bei den Stuttgarter Umtrieben!"
Franziska lachte gepreßt. „Gallensteine königlichen Ursprungs. Da wär' wenigstens etwas königlich an mir und tät meinen Stand heben!" Sie wurde ernst. „Ja, seit er König ist, der Neffe Friedrich, seit drei Jahren, gelt' ich noch weniger als zuvor: Keinen Geburtstag hab ich mehr, kein Brief und Gruß findet den Weg nach Kirchheim, als hätt' ich etwas dawider gehabt, daß ihn der Kaiser Napoleon auf den Thron gehoben hat!"

„Als er damals Kurfürst wurde, waren Sie noch eingeladen, Durchlaucht", meinte Böhnen nachdenklich, „aber bei der Krönung hat man dem ganzen Hof eine Goldmedaille verliehen, bloß der Herzoginwitwe nicht."
„Immerhin, Böhnen, seien Sie gerecht! Der Kaiser Napoleon hat an den Minister Talleyrand geschrieben, er habe viel Geist!"
„Geist?" echote Böhnen skeptisch, „er spricht gut Französisch, c'est tout!"
„Hab's nicht mögen", sagte Franziska, „daß er dem

Jerôme Bonaparte seine Tochter gegeben ... bin auch nicht zur Hochzeit gefahren."
„Ich weiß, ich weiß", Böhnen wischte sich die Stirn, „es hätt der Durchlaucht bloß eine königliche Demütigung eingetragen."
Nicht lang nach diesem Gespräch wurde Hoven gerufen; er kam aus Nürnberg, wo er königlich-bayrischer Obermedizinalrat war; er befragte die Herzogin – freilich ließ sie keine gründliche Untersuchung zu, deutete einiges nur an, sprach von Fügungen und natürlichen Mitteln.
Im Herbst spürte sie das Abnehmen, das Hinfließen der Kraft, wie einen seichten Strom, der langsam verrinnt und versickert, spürte ein Versanden ihres Widerstandes.
Karlsbad brachte nur eine scheinbare Erleichterung. Unruhig getrieben dehnte Franziska ihre Reise noch aus, nach Frankfurt, Leipzig und Dresden. Endlich – um Trost und Bestätigung ihres Glaubens zu finden – reiste sie noch einmal.

„Ich muß nach Herrnhut!" bestimmte sie, gegen Böhnens Widerstand. Sie fuhr und fühlte jede Unebenheit der Straße als quälenden Stoß, jeden Dunst als erstickenden Druck. Schon länger plagte sie Atemnot, die sie ihrer abnehmenden Behendigkeit zuschrieb.
In Herrnhut erlebte sie die starken innigen, fast rauschhaften Gebete und die weissagenden Bibelauslegungen. Aber sie konnte das lange Sitzen nicht aushalten, mußte bald gestützt und geführt werden und folgte doch, oft leise seufzend, den Gottesdien-

sten. Als ein greiser Bischof der Gemeinde sprach, flüsterte sie: „Ich möcht' so alt nicht werden."
Aber dann spannte sie sich krampfhaft an: „Jede Faser und Ader brauch' ich dazu", sagte sie zu Böhnen, der trübsinnig – in Gedanken an seine verstorbene Frau – neben ihr stand. Sie befahl die Heimfahrt. Aber das Gewohnte besserte nichts: Sie schlief wenig in Kirchheim, obwohl sie nicht mehr allnächtlich das Schlafgemach wechselte wie damals beim Einzug. Ein bohrender und weitausgreifender Schmerz nahm ihr die Ruhe, ein Ziehen, das vom Unterleib ausgehend in Rücken und Beine wühlend sich ergoß.
Franziska schrieb an Hoven, den Freund Schillers: „Ich vermöchte noch die Reise zu Ihnen zu tun und will es lieber dort versuchen, ob es leichter wird."

Sie kam erschöpft an und nahm mit Böhnen und ihren Damen Quartier im größten Gasthof der Stadt Nürnberg. Hoven besuchte sie schon am zweiten Tage und durfte nun endlich die Ursachen ihrer Plagen feststellen. Während sie noch lag und scheu die Decke über sich zog, richtete sich der Arzt auf. Sein gutes, unregelmäßiges Gesicht war starr. Er schaute zu Boden und dann in das Gesicht der Liegenden. „In Ihrem Alter, Durchlaucht, wenn wir das Sechzigste überschritten haben, müssen wir mit dem natürlichen Lauf der Dinge wohl rechnen", sagte er sehr sachlich. „Aber es sind der medizinischen Kunst Mittel in die Hand gegeben, Leiden zu lindern."
Franziska schrak zusammen; aufgeregt durch eine

kreatürliche Angst, die sie nicht beherrschen konnte, schloß sie die Augen.
„Hoven, lieber Doktor, ich wart' auf keinen großen Trost. Nur ein bißchen Zeit noch zum Erinnern, zum Andenken – und, wenn's sein kann, ohne eine Qual, die mich menschenunwürdig macht."
Hovens Augen wurden ganz hell; er legte ihr die Hand auf den Arm und lächelte sie an. „Es ist nicht so nah, wie die Durchlaucht meinen, und kann wohl noch gebessert werden. Und ich werde Ihrer Durchlaucht zu völliger Verfügung stehen, zu ihrer täglichen Dienstbarkeit und Unterhaltung, wie Sie es wünschen – Hoffnung ist bei den Lebenden."
Sie dankte und schwieg; Hoffnung – gern wollte sie hoffen, sie lebte gern ... Er verabschiedete sich schnell; er habe viel zu tun.
Franziska schlief tief in der folgenden Nacht. Hovens beruhigende Medikamente wirkten lösend und betäubten das Stechen und Drängen in ihr. Sie träumte sogar von dem Waldhang, den sie als Mädchen mit den Schwestern erstiegen hatte, um auf den Vater zu warten; Weber kroch da unten in der Taltiefe, die Buchenstämme waren hellgrau und lichtgefleckt, und irgendwo oben, über ihr, in einem nur geahnten Blau, kreiste ein Vogel, kreiste, drehte Bogen und seltsame Zirkel – und umrundete etwas Ragendes, Weißbeschienenes. Da sprang der Traum. Sie hörte Gesang, wie er in Herrnhut geübt wurde, Stufen einer Tontreppe, hörte es tönen: „Jerusalem, du hochgebaute Stadt – Wollt Gott, ich wär' in dir!" Damit wachte sie auf.
Jetzt wußte sie wieder von Hovens Untersuchung,

von seinen Worten: „Hoffnung ..." Und in einer plötzlichen Eingebung fügte sie hinzu, was Carl Eugen damals gesagt hatte: „Ach, nur wenige Hoffnung!" Aber sonderbar – es traf sie nicht, ließ sie ganz gleichmütig. Wenige Hoffnung – die größte doch! Die herrlichste: Wiedersehen.

Sie zeigte dem Arzt sowenig wie ihrer Umgebung, was sie wußte. Munter unterhielt sie sich mit dem Doktor, wenn sie zusammen speisten, nachdem sie jedesmal zuvor seine Mittel eingenommen hatte. Böhnen zog den Arzt heimlich beiseite und befragte ihn besorgt: „Ich kann nur noch Palliativa geben", sagte der sehr ernst, „mehr ist nicht mehr möglich – und wäre bei diesem Leiden auch nie möglich gewesen ..."

„Ahnt sie es?"

„Ich glaube nicht, es ist Unterleibskrebs. Schweigen Sie auch, Kammerherr, und lassen Sie keinen etwas merken ... ich selber – ach, daß ich habe Arzt werden müssen und kann so weniges tun!"

Bei den gemeinsamen Mahlzeiten wunderte sich Hoven über Franziskas Munterkeit. Man redete von Carl, immer wieder, und von seiner großen Schöpfung, der Hohen Carlsschule; von den bedeutendsten Schülern, von Schiller, dem Frühvollendeten. Hoven besaß Briefe von ihm und brachte sie ihr mit. „Dort oben habe ich Ordnung gelernt, Einfügung, Zeiteinteilen, Disziplin", sagte der Doktor, „alles Dinge, die ich in meinem Beruf bitter nötig hatte. Aber es war mehr als die ‚Sklavenplantage', wie sie der Schubart genannt hat: Der Herzog hat den einzelnen ganz entwickeln wollen, und allen

zugleich einen Begriff geben vom Zusammengehen und Ineinandergreifen und von einem organischen Staatsgefüge."
Franziska, in einer Art Überwachsein, spürte sofort, was er meinte, denn sie wollte ja Carl Eugen verstehen. „Organisch – wie ein Körper", sagte sie, „und wo eins sich nicht fügen kann, ausartet, wuchert, schwelt, da steckt es alle an – meinen Sie das?"
Er tat, als verstehe er das Bild nicht, mühsam verbarg er seinen Schrecken: So genau wußte sie, was in ihr vorging!
„Gewiß, Hoheit. Aber ein jeder sollte für sich Raum haben, Luft, Durchblutung, Wohlsein – das auch."
„Es ist gar nicht so einfach", grübelte sie weiter und spielte mit einem Brötchen. „Das müssen die Regenten fertigbringen, bei ihrem eigenen Volk und zwischen den Völkern."
„Ja." Er schaute sie prüfend an: Das Gesicht war eingefallen, um die Augen lagen bläuliche Ringe, die Lippen waren schmal geworden, eine gelbgraue Blässe zeichnete die Partie um den Mund, violette Streifen hoben die Nasenflügel weiß aus ihrem Bett. Sie spürte, daß sie beobachtet wurde. „Die Mixtur tut mir gut, Doktor", beruhigte sie ihn, „ich hab' mich bloß ein bißle ärgern müssen; da ist wieder eine Fuhr' verdorbenes Mehl vom Hof geschickt worden, und der Wein ist neu und gärt schier noch im Faß. Aber das sind kleine Zäcklein an der Königskrone – sollen mich nicht mehr irritieren."
Hoven nickte bedauernd. „Seine Majestät sind ein

seltsames Gemisch aus großen Anwürfen und kleinen Gedanken."
Franziska lehnte sich zurück. „Ja, was hat's alles gegeben an Wechsel und Wandel, seit mein liebster Herzog nicht mehr da ist! Da ging's mit dem Wiener Reichshofrat gegen die Stände und die Landschaft, und dann mit den Österreichern gegen den Napoleon, und danach wieder mit und für ihn, weil's so in den Plan paßte – sie sagen ja, weil er mußte – und dann hat er doch ein Riesenstück Land dazugewonnen, noch einmal soviel wie Württemberg vorher war, samt der Königskrone."
„Und der Preis?" fragte Hoven.
„Ja, freilich – das Heilige Römische Reich ... zu Wien ist man bescheiden geworden indessen." Sie wurde plötzlich blaß, ihre Hände zitterten neben dem leeren Teller.
„Schmerzen, Durchlaucht?"
„Kaum, wenig ... bestellen Sie mir einen Mineralbrunnen, Hoven, ja?"
Er winkte dem Kellner. Als sie getrunken hatte, schwieg sie müde.
„Ich bin eine unhöfliche Patientin, Guter", entschuldigte sie sich, „verzeihen Sie!"
Er begleitete sie in ihr Zimmer und sorgte dafür, daß sie sich hinlegte. Einen Augenblick blieb er auf dem Gang stehen und faltete die Hände. „Sie muß es jetzt ganz durchleiden, und ich kann ihr kaum helfen! O Gott, wo ist der Sinn?"
Ein paar Tage später saßen sie wieder einander gegenüber, auch Böhnen hatte sich eingefunden.
„Sie wollten mir doch vom Schiller sprechen,

Freund Hoven?“ fing die Herzogin an, „Sie wollten mir die Briefe mitbringen?“

„Ich habe sie noch von neulich in der Tasche, Durchlaucht . . .“

Franziska lächelte zu Böhnen hinüber: „Sie verehren ihn auch?“

Der Kavalier nickte. Er kannte die Dramen und einiges von Schillers Philosophie, wenn auch nicht allzu gründlich.

„Ach, Doktor, lesen Sie vor – wir werden hier ungestört sein“, bat Franziska mit ihrer immer noch zarten, schwingenden Stimme.

Hoven zog das Briefpäckchen heraus, blätterte, und von ihrem Blick ermutigt, las er: *„Jena, den zehnten Oktober 1792. Lieber Freund – keine Zeit wird die glücklichen Jahre, die wir im Schatten des Helikon miteinander verlebten, in meinem Herzen auslöschen können. Das waren die Zeiten der Hoffnung, und keiner von uns – denke ich – hat Ursache, sich der Erfüllung zu schämen.“* Hoven stockte. „Er nicht, er war unser Größter – und der Herzog hat's erkannt“, murmelte er wie zu sich selber.

„Leider –“, er las jetzt langsamer und gehemmt von seiner bitteren Erinnerung an den Freund, den er nicht vor einem schweren Sterben hatte bewahren können – *„leider kann ich dich nicht auf ähnliche Art bewirten: Du machst die Lahmen gehen, die Toten auferstehen, ich – mache Verse und philosophiere.“*

Böhnen lachte leise; aber Hoven sah Franziska an und ergänzte Schillers Satz: „Ja, Verse und Philosophie – aber Du hast damit Welt und Wesen, Menschen und Götter gedeutet und ihnen ihre Bahn gewiesen! ‚*Schwer*' – fuhr er fort, „‚*schwer hat mich die hippokratische Kunst für meine Apostasie bestraft. Da ich nicht mehr ihr Jünger seyn wollte, so hat sie mich unterdessen zu ihrem Opfer gemacht. Sie hat mich gezwungen, zu ihr zurückzukehren, aber leider nur, um ihre schwere Hand zu empfinden – wenn mir hier nicht bald geholfen wird, so mache dich immer darauf gefaßt, daß ich zu dir komme und mir Genesung hole. Lebe wohl – mein unvergeßlicher Freund! Auf immer der Deinige*

Schiller.'"

Die Tischrunde schwieg. Franziskas Augen wurden naß. „Der Schiller", flüsterte sie, „ob er jetzt mit meinem liebsten Herzog zusammen ist – und singt, in höherem Chor?"

Hoven unterdrückte ein leises Lächeln: „Der Herzog singend, ein seliger Geist – aber, was sind Form und Gestalt vor den ewigen Augen? Ich jedenfalls weiß, daß ich in jeder Form dem großen Ganzen angehöre, welches das Werk der höchsten Macht, Weisheit und Güte ist", dachte er.

„Sie sinnieren, Herr Medizinalrat?" fragte Böhnen.

Franziska mischte sich ein: „Wo der Schiller die Gedanken angeführt, laufen sie weiter – auf schönen Bahnen wie Sterne."

Hoven schaute sie erstaunt an.

König Friedrich ließ dem Leibarzt schreiben, man möge die Durchlaucht ermahnen, ihren Nürnberger Aufenthalt nicht über Gebühr auszudehnen; er sähe sie nicht gern außer Landes.

„Das werde ich ihr nicht ausrichten", beschloß der Arzt bei sich selber, „aber zur Heimkehr raten muß ich – sonst vergeht sie mir unter den Händen. Und die Pflege in den letzten Wochen in einem Gasthaus . . . ich werde sie begleiten!"
Hoven sprach mit dem Kammerherrn. Er beredete die Hofdamen, sie möchten unauffällig auf die Abreise hinwirken – doch die Durchlaucht solle ja keinen Verdacht schöpfen, sich nicht gedrängt fühlen. Endlich brachte er selbst die Sprache darauf, daß doch nun der Winter fortschreite, die Wagenfahrt bei Glatteis gefährlich und für sie als Kranke beschwerlich sei, und daß er das klare Wetter jetzt eben zu benutzen rate. Franziska zuckte zusammen, senkte dann aber schnell die Lider. „Ich wär' schon längst gereist, Hoven, wenn ich nicht – wenn . . . verzeihen Sie, Freund!" Sie weinte und hielt das Taschentuch vors Gesicht. Dann warf sie den Kopf zurück: „Es ist nur wegen dem fatalen Neujahrstag – den fürcht' ich so!"
Der Reisemorgen war klar und kalt, die Straßen beschneit, die Luft heiter. Franziska ruhte liegend in der Kutsche, Hoven saß neben ihr, Böhnen auf dem Bock; hinter ihnen fuhren die Damen. Franziska schlummerte; manchmal nur schreckte sie auf, schaute den Begleiter verwirrt an und träumte wieder; er hatte ihr starke Opiate gegeben.
In Kirchheim verließ sie kaum mehr das Bett, manchmal weinte sie vor sich hin, nur halb ihrer selbst bewußt. Wie ein Schleier, der immer dichter fällt, verdeckten die barmherzigen Gifte den Schmerz. Mager, unkenntlich fast, lag sie wie hinge-

weht in den stützenden Polstern. Am Christfest ließ sie sich das Weihnachtsevangelium vorlesen, in den letzten Tagen des Jahres 1810 reichte ihr der Geistliche von Kirchheim das Abendmahl. Sie wurde kaum wach, aber stammelnd wie ein Kind wiederholte sie die Worte, die sie einmal in ihrem „Tagbuch“ geschrieben hatte: „. . . *wills Gott, zu meiner Erlösung und ewigen Seligkeit!*“ Das war 1785 gewesen, als sie nach der Trauung mit Carl wieder am heiligen Mahl hatte teilnehmen dürfen, als sie nicht mehr um seinetwillen ausgeschlossen war.
Der Geistliche, der die entsühnende Formel sprach, konnte kaum Herr werden über seine Bewegung. Als er an Silvester wieder gerufen wurde, fand er die Todkranke reglos, mit weit offenen klaren Augen. Am Neujahrstag 1811 starb sie.

Lichter brannten, Hoven saß am Bett. Er rief die Nächsten herein, die draußen gewartet hatten. Der Schein der Kerzen fiel auf das wächserne Antlitz, die einsinkenden Augen, den noch immer schön geschwungenen Mund. Böhnen weinte; aber Hoven machte ein hinhaltendes Zeichen; er faßte nach Franziskas Gelenk und zählte langsam die verebbenden Schläge. Ein leichtes Beben fuhr über ihr Gesicht, sie rührte sich und drückte die Wange ins Kissen, als suche sie dort etwas wie Zärtlichkeit. „Carl“, verstand der Arzt, „bist da?“
Der stoßende Atem setzte aus, das Weiß der Augen überzog ein irisierender Schimmer. Hoven schloß die Lider mit einer weichen, sicheren Bewegung. Franziska von Hohenheim war tot.

Die beiden königlichen Beamten, die seit Tagen inkognito in Kirchheim gewartet hatten, traten jetzt in fieberhafte Aktion. Die Professoren Klein und von Hardegg bereiteten die Sektion vor. Das Testament, das sich Friedrich noch in Franziskas letzten Lebenstagen vorlegen ließ *(„damit es gewiß den Hausgesetzen entspreche")* hatte sie nicht mehr neu fassen können; nur die Zusätze, die der Staatsminister Graf Taube in des Königs Auftrag gemacht hatte, unterschrieb sie, kaum mehr verstehend, um was es ging, ohne Widerspruch. Böhnen sollte Sindlingen oder das Gut Bächingen erben, dazu eine beträchtliche Geldsumme, auch der Kammerherr von Biedenfeld, der Mann ihrer Nichte von Pflug, wurde reich bedacht, und ebenso die übrigen Kinder ihrer Schwestern, denen auch das in Wien angelegte Kapital, Pretiosen, Silber und Gold, Möbel und Vorräte in Kirchheim und Sindlingen zufielen. Ein grotesker Wirbel begann um die schmale, weiße Gestalt. Friedrich ließ verlauten, die Herzoginwitwe *„sei nach langwieriger Krankheit an einem zwei Tage zuvor erlittenen Nervenschlag mit Tod abgegangen."* Er beorderte den Hofbaumeister Thouret mit einem Begleiter nach Kirchheim, damit sie in der Stadtkirche ein Grabgewölbe erstellten und für eine würdige Beisetzung sorgten – immerhin war man das der Reputation des Hauses schuldig. Aber der Wunsch der Toten, neben ihrem „liebsten Herzog" zu ruhen, wurde nicht erfüllt. Sie lag unter einem Thronhimmel, mit dem Herzogshut zu Füßen, im Schloß aufgebahrt; am 6. Januar bestattete man sie mit fürstlichem Aufwand – eine

Ehreneskorte, die Angehörigen und königliche Abgesandte begleiteten den Sarg. Fürstenhut und Malteserkreuz wurden vorangetragen. Aber – „C'en est fait", wie Friedrich am Sterbebett Carl Eugens geschrieben hatte. „Damit ist's getan", möchte man übersetzen, obwohl vielleicht „vollendet", „überstanden" gemeint war ...

Kaum war die Gruft vermauert, als auch schon die Kirchenbesucher und Neugierigen auf der unbezeichneten Stelle hin und her gingen; Böhnen und die Nachkommen mühten sich, wenigstens eine Abschrankung zu erreichen, die umständlich „genehmigt" werden mußte – bald danach kannte kaum einer mehr die Grabstelle.

Quellenverzeichnis

„1780. Der Gräfin von Hohenheim Eigenhändiges Tagbuch“ (Original im Wttbg. Hauptstaatsarchiv Stuttgart) und Ausgabe v. A. Osterberg, Stuttgart 1912

Stiftsköpfe, schwäb. Ahnen des deutschen Geistes aus dem Tübinger Stift v. Ernst Müller, Salzer Verlag, Heilbronn 1938

Herzog Carl Eugen und seine Zeit, 2. Bd. Eßlingen 1907, herausgegeben v. Gen.major Pfister

Herm. Missenharter: Schwäb. Essays, Postverlag Urach 1946

Originalbriefe der Herzogin Franziska von Württemberg, Wttbg. Hauptstaatsarchiv Stuttgart

Originalbriefe des Herzogs Carl Eugen, Wttbg. Hauptstaatsarchiv Stuttgart

Die Verhältnisse der Herzogin Franziska von Hohenheim, Wttbg. Hauptstaatsarchiv Stuttgart

„Die Damen der Könige“, Renée Madinier, Neff-Verlag, Wien, München, Stuttgart

Madame de Pompadour E. u. I. Goncourt, Vollmer-Verlag Wiesbaden

Gedichte an Herzog Carl Eugen, Wttbg. Hauptstaatsarchiv Stuttgart

Ch. Fr. D. Schubart in seinem Leben u. seinen Werken, v. G. Hauff, Stuttgart 1885

Sämtliche Gedichte v. Chr. Fr. D. Schubart, Frankfurt 1825

Zur Geschichte v. Adelmannsfelden, Leihgabe des Grafen Adelmann

Reiseberich des Kammerherrn Frhrn. C. A. v. Böhnen, 1794. Wttbg. Hauptstaatsarchiv, Stuttgart

Staatsarchivdirektor *Dr. R. Uhland:* Geschichte der Hohen Karlsschule, 1953

– Herzog Carl Eugens Tagebücher seiner Rayssen in den Jahren 1783–1791, Rainer Wunderlich Verlag, Tübingen

Heimatbuch Kirchheim/Teck, Veröffentlichungen im „Teckboten"

Nicolas Guibal: Eloge des N. Poussin, Paris 1783

Max v. Boehn: Deutschland im 18. Jahrhundert, Bruckmann-Verlag München

– Die Mode, Menschen und Moden im 18. Jahrhundert

Emma Vely (Emma Simon): Herzog Carl-Eugen und Franziska von Hohenheim, Stuttgart 1876

Justinus Kerner: Bilderbuch aus meiner Knabenzeit. Verlag Hugo Andres Co, 1849

F. M. de Voltaire: Lettres philosophiques, Rouen 1734

Samuel Gottlob Auberlens Leben, Meinungen und Schicksale, von ihm selbst beschrieben, Ulm 1824

v. Hoven, Fr. Wilh.: Biographie des Dr. Friedrich Wilhelm v. Hoven, von ihm selbst geschrieben, Nürnberg 1840

– Grundsätze der Heilkunde, Rothenburg 1808

Phil. Math. *Hahn,* Eines ungenannten Schriftforschers vermischte theologische Schriften, Winterthur 1789/90

(Versch. Schr. üb. Hahn.)

Schiller: Sämtliche Werke, Ausgabe v. Phil. Reclam

jun. Leipzig 1880. Über die aesthetische Erziehung des Menschen, Nachw. v. Benno v. Wiese, Scherpe, Krefeld 1948
Benno v. Wiese: Die deutsche Tragödie v. Lessing bis Hebbel, Hamburg, Hoffmann und Campe
Ernst Müller: Der junge Schiller, Rainer Wunderlich Verlag, Tbgn. 1946
Benno von Wiese: Die deutsche Novelle von Goethe bis Kafka, Bogelverlag, Düsseldorf 1956
Josef Uriot: Beschreibung der Feierlichkeiten, welche bei Gelegenheit des Geburtstags des Herzogs Carl Eugen angestellet worden, Stuttgart 1763
Hermann Kurz: Schillers Heimatjahre, Westermann, Braunschweig 1918
Ottilie Wildermuth, Bilder und Geschichten aus Schwaben, Stuttgart 1862, Band 1–3 u.a.m.

Personenverzeichnis

Angehrn, Benedikt Maria v., aus Hagenwil, Abt des Klosters Neresheim

Auberlen, Samuel Gottlieb, geb. 23. 11. 1758 in Fellbach, Konzertmeister

Baur, Leopold, gest. 1791, Freund Schubarts, Schieferdecker, arbeitete 1748 am Dach des Neuen Schloß in Stuttgart (soll ein nat. Sohn des Erzbischofs von Trier gewesen sein, wurde Meister vom Stuhl einer poln. Loge). Original, witzig, derb, Trinker.

Bernerdin, Andreas Frhr. v., geb. 1540, gest. 1622

Bernerdin, Andreas Frhr. v., geb. 1582, gest. 1657, schwed. Oberstleutn., von Kaiser Ferdinand II. in den Freiherrnstand erhoben, kaufte 1640 Schloß Sindlingen v. Herzog Eberhard III. und den „Teuflischen Erben" um m/24 fl. „Glaubensflüchtling aus Kärnten"

Bernerdin, Georg Ehrenreich Frhr. v., geb. 1632, gest. 1680

Bernerdin, Wilhelm Friedrich Frhr. v., geb. 1669, gest. 1761

Bernerdin, Friedrich Ludwig Frhr. v., geb. 1691 (2 Kinder)

Bernerdin, Ludwig Wilhelm Frhr. v., geb. 1717, gest. 1775, Vater von Franziska, heiratete 1740 Johanna Dorothea v. Vohenstein zu Adelmannsfelden (15 Kinder)

Bernerdin, Dorothea Charlotte Frfr. v., geb. v. Vohenstein, geb. 1718, gest. 1793. (Stammschloß

i. Rosengarten b. Westheim, Oberamt Schwäb. Hall)

Bernerdin, Marie Frfr. v., geb. 1742, verm. Schertel von Burtenbach, Schwester von Franziska

Bernerdin, Louise Frfr. v., 9. 9. 1744 geb., vermählt mit Staats- und Kabinettsminister v. Pflug (1705–1772), Franziskas Schwester

Bernerdin, Franziska Theresia Frfr. v., geb. 10. 1. 1748 morgens 1 Uhr, gest. 1. 11. 1811 in Kirchheim/Teck. I. Ehe Juli 1765 mit Baron Fr. Reinhard v. Leutrum zu Ertach. Geschieden Jan. 1772. II. Ehe mit Herzog Carl Eugen von Württemberg am 11. 1. 1785, päpstliche Anerkennung 1791

Bernerdin, Eberhardine Frfr. v., geb. 26. 3. 1752, verm. mit Frhr. v. Woellwarth, in II. Ehe mit Frhr. v. Seckendorff, Schwester von Franziska

Bernerdin, Juliane Frfr. v., geb. 26. 8. 1760, verm. mit Frhr. v. Troyff, Hofoberforstmeister, Schwester von Franziska

Bernerdin, Anton Frhr. v.

Biedenfeld, E. H. v., Oberamtm., Kammerherr. Vermählung 1784 mit Franziskas Nichte Louise geb. v. Pflug (Caroline Louise geb. 1767, gest. 1838)

Bleibimhaus, (Bleibenhauss) geb. 1749, gest. 1797, Firmus im Kloster Weingarten, kath. Hofprediger 1785–1795

Böhnen, Karl Ludwig Alexander Frhr. v., (Axel) geb. 29. 3. 1760 (a.a.O.: 29. 5.) in Stralsund, gest. 24. 6.1829. Sohn eines schwed. Obristen, Kammerherr und Reisemarschall. Vermählt mit

Sophia, geb. Freiin Schertel v. Burtenbach, geb. 5. 3. 1773, gest. 26. 5. 1842

Bonafini, Caterina, Sängerin, entlassen Jan. 1772. Vermählt mit Hauptmann v. Pölzig

Brandt, Kammerdiener, gest. Juli 1792, Dekret 18. 11. 1778

Bühler, v., geb. 1748, gest. 1811, russ. Geheimrat und Gesandter in Wien, verm. mit Charlotte v. Schilling

Campanelli, Geistlicher und Kirchenjurist in Rom

Casanova, Giacomo, geb. 1725 in Venedig, gest. 1793 in Dux/Böhmen, Seigneur de Saintgalt

Dugazon, Rosette, Schauspielerin

Flattich, Joh. Friedrich, geb. 1714 in Beihingen, gest. 1793, Pfarrer/Pietist

Gleim, Johann Wilhelm Ludwig, geb. 1719, gest. 1803, Dichter, Kanonikus in Halberstadt

Grollmann, Sophie Henriette v., Hofdame der Herzogin Sophie Dorothea v. W.

Hahn, Philipp Matthäus, geb. 25. 11. 1739, gest. 2. 9. 1790, in Echterdingen, Pfarrer / Pietist, berühmter Mechanikus. (Weltenuhr)

Hardegg, Leibarzt v. Herzog Carl Eugen v.W.

Haydn, Joseph, Komponist, geb. 1732, gest. 1809

Hoven, Friedrich Wilhelm v., geb. 11. 3. 1759 in Bönnigheim, gest. 1840, Doktor, Akademie, Freund Schillers, stammt aus einer holländischen Familie, Vater Offizier. Leibarzt d. Franziska in d. letzten Lebenszeit.

Jäger, Christian Friedrich, Prof. Dr., Pathologe, Dozent an der Hohen Carlsschule, geb. 13. 10. 1739, gest. 7. 9. 1808 in Stuttgart. Leibarzt im

R.R.-Rang, Professor in Tübingen, ab 1797 im Naturalienkabinett.

Karsch, Anna Louise, geb. Dürnbach, geb. 1722, gest. 1791 in Berlin

Klein, Konrad Christian v., Dr. Leibchirurg, geb. in Stuttgart 1740, gest. 1815

Kaufmann, Johannes, geb. 1760, gest. 1834, Kammercellist im Hoforchester Carl Eugens, Schubarts Schwiegersohn

Leutrum, Philipp Christoph, Frhr. v., Herr zu Ertach, Liebeneck, Haidach, Würm, Wolfsgarten, Schwieberdingen, Nippenberg, Mauren, Baden-Durlachscher Geheimrat, Oberhofmstr., Rittersch.rat d. Kantons Kocher,
dessen Sohn: Friedrich Wilhelm Reinhard, geb. 1742, gest. 1812 Pforzheim, heir. Franziska v. Bernerdin Juni 1765.

Montmartin, Friedr. Samuel, Graf v., gest. 1778, ehem. Brandenbg.-bayr. Geheimrat, dann Reichshofrat u. Staatsminister. Berater d. jungen Carl Eugen

Mylius, v. geb. 1748, gest. 1806, Obrist, Jurist, Gesandter C.-E's. in Wien u. Beauftragter (Eheschließung) b. Vatikan

Neumann, Balthasar, geb. 1687, gest. 1753, Barockbaumeister, Plan z. Neuen Schloß in Stuttgart, letzter Bau Kloster Neresheim

Niemayer, Theologe in Halle/Saale, Dichtung „Lazarus" v. Schubert komp., Korresp. m. Franziska

Österreich: Joseph II., Röm.-deutscher Kaiser, geb. 1741, gest. 1790

Österreich: Maria Theresia, Mutter des vorigen, 1717–1780

Österreich: Leopold, Röm.-deutscher Kaiser, geb. 1747, gest. 1792

Österreich: Marie Louise, Gem. Napoleons I.

Pflug, Joh. Christ. v., geb. 1. 3. 1705 in Strehla, gest. 22. 4. 1772 in Tübingen, Franziskas Schwager, sp. Kabinetts- u. Staatsminister, heir. Luise v. Bernerdin

Pius IV. Papst, geb. 27. 12. 1717 in Cesena, gest. 29. 8. 1799 (gef. in Frkr.)

Pölzig, v., Rittmeister u. Kammerjunker, heir. 15. 12. 1771 die Sängerin Caterina Bonafini, ehem. Maitresse Carl Eugens.

Rieger, Phil. Friedr. v., geb. 1. 10. 1722 in Stuttgart, gest. 15. 5. 1782, Pfarrerssohn, Pate Schillers, Obrist u. Gen.major, Chef eines Inf.batt. War n. gewalts. Sturz (Intrigue Montmartins) 4 J. eingekerkert, n. Begnadigung Kommandant d. Hohen Aspergs u. Schubarts Kerkermeister.

Schiller, Johann Caspar, geb. 1723, gest. 1796

Schiller, Elisabeth Dorothea, geb. Kodweiß, geb. 1731, gest. 1802

Schiller, Friedrich, geb. 10. 11. 1759, gest. 9. 5. 1805

Schilling, v., Base von Franziska, später Hofdame der Großfürstin Maria Feodorowna (Tochter d. Herzogs Friedrich Eugen).

Scholl, Philipp Friedrich, geb. 28. 5. 1737, gest. zu Münsingen 22. 7. 1819. Klosteroberamtmann zu Blaubeuren; verm. mit Sophia Henriette Breyer

Schubart, Christian, Friedrich, Daniel, geb. 26. 3.

1739, gest. 10. 10. 1791. Von 24. Januar 1777 bis 11. Mai 1787 gefangen auf dem Hohen Asperg, heir. 10. 1. 1764.

Schubart, Helena, geb. Bühler, aus Geislingen/Steige, geb. 1744, gest. 1819

Schubart, Ludwig, geb. 1765, gest. 1811

Schubart, Julie, geb. 1767, gest. 1801, verh. 1787 mit Joh. Kaufmann, Cellist

Schubart, Joh. Jakob, Vater d. Dichters, Latein-Praezeptor in Aalen, Diakon, gräfl. Limpurg. Cantor zu Obersontheim. Angestellt dort am 18. 8. 1740, verh.

Sponeck, Graf v., Oberforstmeister, Blaubeuren

Streicher, Andreas, Freund v. Friedrich Schiller

Taube, Graf v., Staatsminister

*Toscani,*Louisa, Tänzerin.

Uriot, geb. 17. 3. 1713, gest. 18. 10. 1788, Prof. d. Geschichte und Geographie, Schauspieler, später Bibliothekar Carl Eugens, vermittelt dessen Verbindung mit Voltaire, der seine großen Ersparnisse in Leibrenten bei Herzog Carl Eugen anlegte. Begründer der Württ. Landesbibliothek in ihrer Anfangsform.

Vohenstein, Frhr. v., Ludwig 1720–1737, Onkel d. Franziska, ertrank.

Werkmeister, Benedikt Maria, Hofprediger.

Wieland, Christoph Martin, geb. 5. 9. 1733 in Oberholzheim b. Biberach, gest. 20. 1. 1813 in Weimar.

Württemberg, Karl Alexander Herzog v., 1733–1737 (Regierungszeit).

Württemberg, Maria Augusta Herzogin v., geb.

Prinzessin v. Thurn u. Taxis, gest. 1. 2. 1756

Württemberg, Carl Eugen, Herzog v., geb. 11. 2. 1728, gest. 24. 10. 1793

Württemberg, Friedrich Eugen Herzog v., 1793–1794 (Regierungszeit)

Württemberg, Ludwig Eugen Herzog v., 1794–1795 (Regierungszeit)

Württemberg, Sophie Dorothea Herzogin v., Gemahlin von Friedrich Eugen

Württemberg, Albertine Herzogin v., geb. v. Beichlingen, Gemahlin v. Herzog Ludwig Eugen

Württemberg, Friedrich Wilhelm Prinz v., geb. 1754, gest. 1816. (Ab 1806 König)

Zaccaria, Abt in Rom, Exjesuit, päpstlicher Berater um 1784/85.

Inhalt